本书由西北民族大学"国家民委重点建设学科资助项目"资助出版

本书系西北民族大学引进人才科研项目（xbmuyjrcs201612）的阶段性成果

本书系中央高校基本科研业务费专项资金项目（31920160014）的阶段性成果

Response of civil law to consumers movement:
legislation idea, legal system and legislative technique

消费者运动的民法回应
理念、制度和立法技术

王天雁　著

中国社会科学出版社

图书在版编目（CIP）数据

消费者运动的民法回应：理念、制度和立法技术／王天雁著 . —北京：
中国社会科学出版社，2017. 11
ISBN 978 - 7 - 5203 - 1294 - 3

Ⅰ.①消…　Ⅱ.①王…　Ⅲ.①消费者权益保护法—研究—中国
②民法—研究—中国　Ⅳ.①D923.84②D923.04

中国版本图书馆 CIP 数据核字（2017）第 261940 号

出 版 人	赵剑英	
责任编辑	孙　萍	
特约编辑	李溪鹏	
责任校对	王佳玉	
责任印制	王　超	

出　　版	中国社会科学出版社	
社　　址	北京鼓楼西大街甲 158 号	
邮　　编	100720	
网　　址	http://www.csspw.cn	
发 行 部	010 - 84083685	
门 市 部	010 - 84029450	
经　　销	新华书店及其他书店	

印　　刷	北京明恒达印务有限公司	
装　　订	廊坊市广阳区广增装订厂	
版　　次	2017 年 11 月第 1 版	
印　　次	2017 年 11 月第 1 次印刷	

开　　本	710 × 1000　1/16	
印　　张	17.5	
字　　数	252 千字	
定　　价	75.00 元	

序　言

自中国消费者协会成立至今，消费者运动成为社会主义市场经济中维护消费者利益的重要推动力量，其不但促使立法者、政策制定者和司法官高度重视消费者权益的保护，更显示出消费者维权意识的觉醒。面对消费者运动的呼吁，如何有效地保护消费者的利益，实现消费者和经营者利益的协调，这不仅涉及《消费者权益保护法》的立法目的，更是民事立法需要深入思考的大课题。在《中共中央关于全面推进依法治国若干重大问题的决定》明确提出编纂民法典的政策动议后，制定一部21世纪的符合中国国情的民法典当是中国立法者和法学者的神圣使命。在中国民法典编纂的第一步《民法总则》已然出台的背景下，如何适用《民法总则》维护消费者权益，如何有效协调消费者立法和民法典分则相关篇章立法的关系，恰是民法典编纂中的重大课题之一。

从比较法角度观察，为回应消费者运动的诉求，在欧盟范围内，德国和荷兰都通过修订民法典来落实欧盟的多项消费者指令，将消费者私法的主要内容纳入民法典之中。日本则启动民法典债权法部分的修改，欲将消费者保护法纳入其中。与此同时，欧洲民间学术机构起

---

* 广东外语外贸大学云山领军学者，中南财经政法大学教授、民商法博士生导师。

草的《欧洲合同法原则》和《欧洲示范民法草案》更是将消费者保护作为立法的指导思想在民事主体、法律行为、合同法和侵权法等制度设计中加以落实。虽然这些消费者保护的立法模式未必能够成为消费者保护立法的主流，但是其无疑对消费者保护立法提供了重要的可资借鉴的比较法资源。

消费者运动中出现的这种将消费者保护法纳入民法典的立法动态值得学者深刻反思和检讨。民法典作为市民社会的法典，应当是市民社会生活的真实写照，应当反映当下中国社会的迫切诉求，对于民众生活所涉及的普遍存在的法律关系应当在民法典中能够得到及时和准确的回应。特别是消费者和经营者，作为市场活动的重要参与者和普遍存在的社会"身份"，毫无疑问是当下中国市民社会所存在的重要社会关系。若民法典中缺失其中的规定，则我们不禁要问，民法典对于民众的意义何在？

本书是王天雁博士在他博士论文的基础上修改完成的。恰逢中国民法典编纂和《民法总则》颁行之际，希望该书的出版能够为民法典的制定，特别是分则的相关立法贡献微薄之力，唤起民法典编纂者对消费者权益保护立法的足够重视。通读此书，值得拷问的是：中国民法典当为"谁"而订？消费者保护的规范纳入民法典究竟为纯粹的立法技术问题，还是涉及深层次的理论思辨？消费者保护法纳入民法典之中是否会导致民法典的理念冲突和体系紊乱？等等。当然，对于这些问题，本书作者已经有所回应，但是对于其观点和论证尚有需要推敲之处。就此而言，本书所提出的真问题和难题，并无终点。希望作者以此书出版为契机，加深理论思索，砥砺前行，有新的作为。

前　言

从某种角度来说，消费已经成为现代生产的主要目的和社会经济发展的主导力量，现代社会就是消费社会。但是，随之而来的消费者利益受损的问题也在侵蚀着现代文明的成果，并且促使消费者开始自发组织起来同那些侵害消费者利益的企业和行为进行斗争，这种斗争甚至发展成为激烈的社会运动。为避免消费者的过激行为影响社会的稳定，立法者遂采取积极措施对损害消费者利益的行为进行规制，以避免同类型的消费者运动的再次发生。消费者运动遂成为消费者立法以及民事立法的重要推动力量，以至于在发达市场经济国家，消费者立法已经成为促进消费结构调整和消费需求升级，刺激经济转型发展的重要制度保障。在此过程中，作为市民社会基本法的民法亦顺应消费者保护的潮流，通过积极修改债法实现对消费者的特别保护，此可谓现代民法对消费者运动的回应。在中国，消费者运动虽然起步较晚，但是在包括消费者协会在内的各种社会力量和新闻网络媒体的参与下，已经成为维护消费者权益的重要组织形式。与此相对照，当前中国民法并没有为消费者保护提供足够的法律资源和制度支持，或者说，中国民法并没有完全回应中国消费者运动的需要。在中国全面深化改革的背景下，无论在理念层面，还是在制度和立法技术层面，中国民法都面临着消费者运动的挑战。

本书以现代民法对消费者运动的回应为研究对象，旨在解决我国经济和社会变迁中为回应消费者运动的诉求，民法理念、制度和立法技术的变革问题。

1. 消费者运动及其对传统民法的挑战。消费者问题的大规模爆发是在工业社会中后期，随着生产方式和经济组织形式的转变，以及科技和营销方式的革命性的变化，消费者和经营者之间的经济力量和信息获取能力等方面的差距被无形中拉大，消费者的利益更加容易受到经营者的侵害，从而导致现代社会消费者问题的集中爆发。在这种背景下，消费者运动在20世纪六七十年代蓬勃发展，通过立法和政策呼吁对经营者的不当商业行为和经济力量的滥用行为进行有组织的斗争。中国消费者运动相对于发达国家起步较晚，它是随着经济体制由计划经济向市场经济逐步转型，消费者问题逐渐凸显而兴起的。针对消费者问题的解决，消费者和消费者团体已经逐渐从激烈的对抗式运动逐渐转向制度化和法制化的呼吁，要求通过法律和政策将消费者运动的成果加以落实，实现消费者权益依法保障。这种呼吁的结果是现代法律中逐渐渗透消费者特殊保护的规则，对消费关系中的不公平行为进行强制矫正，甚至为经营者和消费者之间的交易重新设置规则。消费者运动中的这些政策呼吁和立法诉求，对以自由主义和平等保护为宗旨的传统民法在立法理念、制度和立法技术方面带来严峻挑战。

2. 消费者运动的民法回应之理念更新。现代社会进入工业社会中后期，大机器和高效生产技术的采用，规模化经营方式的采用，使得消费者所面对的交易对象多为实力强大的企业和商人。随着科学技术的发展和城市化水平的提高，各种耐用消费品和高科技服务逐渐进入普通市民生活之中。经济基础和社会结构的变化，使得民法典与现实社会的差距越来越大。在社会法学、新自然法学和现代综合法学为特征的法哲学思想的影响下，民法和民法典开始关注社会中有差别的和弱势的个体。在消费者运动的影响下，消费者开始进入民法的视野，为实现实质平等和自由，对其进行特别保护。改革开放三十多年来，中国民法所赖以生长的经济和社会基础都已经发生重大变革，经济体制逐步从计划经济走向成熟的市场经济。伴随着中国社会快速的工业化和城市化，原有的乡村社会正在逐步走向解体，消费者形象成为市民生活的常态。中国民法所面对的社会和经济形态并非近代工业社会时期的自由竞争社会，而是工业社会中后期以大企业和大公司规模化生产和销售为主的，从基本需求型消费到享受型消费的消费经济社会。在中国经济追随世界经济发展潮流的当下，中国民法不仅会遇到发达国家已经解决的历时性问题，亦会面临由于经济开放和全球化所带来的共时性的问题。中国民法的变革所面对的是中国社会从工业社会中后期到后工业社会，中国居民消费结构转型的大跨度经济和社会变革。但是，综观中国民法，民法理念中消费者保护观念的不足和缺失是普遍现象。

3. 消费者运动的民法回应之基本制度变革。在消费者合同领域，针对消费者和经营者之间的商品和服务的交易过程，现代民法在合意瑕疵理论、信息提供义务的法定化和格式条款的私法规制等制度中，通过科学合理地配置有利于消费者权利（主要是知情权和选择权）保护的规则，从信息不对称和谈判能力不对等两个方面矫正消费过程中的结构性失衡问题。在侵权法领域，现代民法主要针对消费者安全权的保障，将无过错责任扩张至产品缺陷责任和服务缺陷责任领域，在部分国家和地区甚至借鉴英美国家的惩罚性赔偿制度解决消费者求偿权中的弱势地位。中国民法应当借鉴发达国家的立法经验，针对我国消费者问题突出的领域，回应消费者保护的社会要求，在民法变革的过程中结合民法典的制定，不断完善相关法律规则。

4. 消费者运动的民法回应之立法技术变革。现代民法体系中已经形成了针对消费者进行特殊保护的规范体系，这表现为消费合同的特殊规则和侵权责任领域消费者保护的特殊责任制度。消费者私法中不同类型的规范体现着不同的立法目的，需要在消费者立法中合理配置。消费者立法体例有两种，即特别法模式和民法典模式，体现出对于民法典价值和功能的不同判断。消费者私法是以保护消费者利益为目的的民法分支。在现代民法体系中，消费者私法已经初具规模和体系特征，消费者私法的体系已然形成，这是消费者私法纳入民法典或由特别法上升到一般法的坚实基础。有别于传统民法以任意性规范为主的规范配置，消费者私法中具有一定强制性的半强制性规范和单方授权性规范发挥着重要的作用。

5. 消费者运动与中国民法改革之具体方案。民法是市民社会的基本法，现代民法应当适应市民社会的变迁。中国民法应当更新理念，将消费者保护观念贯彻民法制度改革之中。中国民法制度变革的过程中，应当在传统民法的基础上改造债法制度，建立消费者合同法律制度，实现侵权法中产品和服务缺陷责任的协调和统一，改革惩罚性赔偿制度。制定一部21世纪的符合中国国情的市民社会的民法典是中国民法典编纂的历史使命，消费者私法采用民法典模式是消费者私法体系化的最终目标，将消费者私法纳入民法典符合现代民法发展的潮流。但是，限于理论准备不足和缺乏成功的立法体例，现实主义的路径更符合中国的现实需求，即先行制定单行法，待民法典制定时将其植入合适的位置，并且在立法技术上衔接好民法典和特别民法关系。

为回应中国消费者运动对于消费者保护的诉求，中国民法应当将消费者保护的理念贯彻在其制度设计当中，采用妥当的立法技术将那些达成共识的消费者保护的一般性规则，植入民法典的法律行为、合同法和侵权法等法律制度之中。

目　　录

导　　论

一　问题意识：消费者运动与中国民法的革新

> "在民法的慈母般的眼里，每一个个人就是整个国家。"
>
> ——孟德斯鸠《论法的精神》

工业化、城市化的快速推进和科技革命的深入发展，使得人们的生活水平和生活质量得到极大的提高，消费类型和消费方式日新月异、形式多样。从某种角度来说，消费已经成为社会生活的主要目的和社会发展的主导力量，现代社会就是消费社会。但是，随之而来的消费者利益受损的问题也在侵蚀着现代文明的成果，并且促使消费者开始自发组织起来同那些侵害消费者利益的企业和行为进行斗争，这种斗争甚至发展成为激烈的社会运动。在这种情况下，为避免消费者的过激行为影响社会的稳定，立法者遂采取积极措施对损害消费者利益的行为进行规制，以避免同类型的消费者运动的再次发生。消费者运动遂成为消费者立法以及民事立法的重要推动力量，以至于在发达市场经济国家，消费者立法已经成为促进消费结构调整和消费需求升级，刺激经济转型发展的重要制度保障。作为市民社会基本法的民法亦顺应消费者保护的潮流，通过积极修改债法实现对消费者的特别保护，此可谓现代民法对消费者运动的回应，或可称作回应型的民法变革。

中国消费者运动虽然起步较晚，但是在包括消费者协会在内的各种社会力量和新闻网络媒体的参与下，已经成为维护消费者权益的重要推动力量。由消费者维权活动所形成的强大的社会压力，亦促使国家通过修改和制定相关法律，实现消费者保护的法制化。但就整体而言，当前中国民法并没有为消费者保护提供足够的法律资源和制度支持，或者说，中国民法并未充分反映当前中国市民社会的发展。在中国继续深化市场改革的背景下，无论在理念层面，还是在制度和立法技术层面，中国民法和民法典的制定都需要对消费者运动的诉求做出积极回应。

1. 民法理念层面，中国民法体系虽然基本形成，但是其并未充分体现消费者保护的理念。无论是《民法通则》，还是《合同法》和《侵权责任法》，并不区分消费者和经营者进行有差别的保护，消费者并未进入民法规范的话语体系。这就意味着，民法所谓的平等只具有形式意义，完全无视社会现实中消费者与经营者之间信息能力和经济实力上的差距。脱离市民社会生活实际的民法是无法满足消费者运动诉求的。

2. 民法制度层面，现有民法规范并未充分体现对消费者的特别保护。尽管《消费者权益保护法》可以为消费者保护提供部分规则，但是以实现对经营者的管制为目标的立法，无法为个体消费者权利的保护提供足够的制度支持，且不说部分制度存在严重缺陷。现行民事法律，由于缺失消费者保护的理念，更是无法为消费者特别保护提供足够的制度支撑。

3. 民法立法技术层面，现行消费者私法规范支离破碎，体系混乱。"问题对策型"的消费者法，更多地体现为混合法的特色，虽然可以实现立法的快速和高效，方便行政执法，却无法实现立法的体系化和科学化，更无法为法官适用法律提供便捷的寻法路径。未来消费者立法亟须整合现有立法，并结合民法典的制定，实现消费者私法的体系化。

中国的现代化不仅是器物层面的现代化，更是制度和文化层面的现代化。法制现代化作为现代化的重要内容，是国家文明程度的重要标志，是"一个国家和社会伴随着社会的转型而相应地由传统型法制向现代型法制转化的历史过程"①。"世易时移，变法宜矣"，伴随中国经济和社会的转型，以及消费者维权意识的充分觉醒，中国民法和民法典必然是以回应中国市民社会的需求，实现消费者权利的充分保障为重要使命。本书以现代民法对消费者运动的回应为研究中心，旨在解决经济和社会变迁过程中为适应消费者运动的诉求，中国民法和民法典理念、制度和技术的变革问题。

二　文献综述

消费者私法是作为现代民法适应消费者运动的需求而衍生的民法分支，或者说是消费者运动在推动民事立法方面的成果总结。总体来看，随着消费者问题的普遍化和严重化，消费者私法的研究受到越来越多学者的重视。但是，由于部门法划分和法学研究的传统，消费者私法更多地被纳入经济法学研究的范畴。消费者私法在民法学研究中并没有获得与现实重要性相对应的学术地位。

（一）文献特征分析：处于边缘的消费者私法研究

通过"中国法学创新网"公布的《经济法·CLSCI 论文数据分析》和"中国民商法律网"公布的《CSSCI 期刊民商事法律科学论文数据统计分析》，可以发现，尽管消费者问题在现代社会已越发严重，但是在学术界仍然未得到足够的重视。无论在民法学界，还是经济法学界，消费者法的研究都属于边缘地位。据"中国法学创新网"统计，2012 年经济法学在 15 种 CLSCI 期刊上发表论文数 115 篇（2011年为 159 篇），其中消费者保护法 6 篇（2011 年为 11 篇），仅占经济

---

① 刘作翔：《法制现代化概念、释义和实现目标》，《宁夏社会科学》1999 年第 3 期。

法学 CLSCI 期刊发表论文数的 5% 左右（2011 年为 6.9%），排在所有经济法科目的末位①。据"中国民商法律网"统计，2013 年 141 种 CSSCI 来源期刊上共发表民法论文 838 篇，其中消费者权益保护法仅 24 篇，占比 2.86%（2012 年为 9 篇，占比为 1.37%），同样处于民法学研究分支的末位。②

　　分析消费者法研究薄弱的原因，一方面，消费者法当属介于公法和私法之间的"混合法"领域。在调整机制上，既有传统民法的个体自我调节机制，又有传统公法的行政调节机制。③ 也就是说，消费者法所要解决的问题，依赖传统民法和公法是无法完全解决的。另一方面，可能是认为民法已足以解决消费者问题，消费者和民法上的自然人并没有本质区别，消费者问题被纳入民法一并解决。正如梁慧星教授所言，"统一合同法，在价值取向上兼顾经济发展和社会公正，强调对消费者和劳动者的法律保护。既注重有利于提高效率，促进生产力发展，又注重维护社会公益，保护消费者和劳动者权益，维护市场经济的道德秩序，不允许靠损害国家、社会利益、消费者和劳动者牟利"④。如此，则可以推测，在民法理论体系中，"消费者"并没有被作为特殊的主体加以对待，消费者法在民法研究中的薄弱似可理解。

　　① 在所有经济法学论文中，经济法基础理论 25 篇（2011 年 18 篇），劳动与社会保障法 22 篇（2011 年 14 篇），金融法 14 篇（2011 年 41 篇），竞争法 16 篇（2011 年 17 篇），财税预算法 11 篇（2011 年 22 篇），环境与自然资源法 13 篇（2011 年 20 篇），消费者保护法 6 篇（2011 年 11 篇），土地房地产管理法 4 篇（2010 年 5 篇），其他论文较为分散，基本上是每一个科目有一篇。另据 2009—2011 年的统计显示，全部 CLSCI 期刊 469 篇经济法论文中消费者权益保护法的论文仅 16 篇（3.4%），更凸显出消费者法研究在经济法研究中的薄弱地位。参见中国法学创新网 http://www.lawinnovation.com/html/fxpd/9248.shtml。

　　② 其他科目知识产权法 251 篇（29.95%），物权 133 篇（15.87%），债权（包括合同）106 篇（12.65%），侵权责任 105 篇（12.53%），交叉学科 60 篇（7.16%），民法基础理论 60 篇（7.16%），婚姻家庭继承 55 篇（6.56%），人格权 44 篇（5.25%），参见中国民商法律网 http://www.civillaw.com.cn/wzgg/content.asp?id=2064。2012 年的情况亦大概类似。

　　③ 金福海：《消费者法论》，北京大学出版社 2005 年版，第 16 页。

　　④ 梁慧星：《统一合同法：成功与不足》，《中国法学》1999 年第 3 期。

（二）消费者私法的国内研究现状

1. 消费者保护的观念已经进入民法理论研究的视野，但是消费者私法体系化的研究成果仍然欠缺，对于民法典中是否纳入消费者保护的观念仍然未能达成共识。梁慧星教授在《从传统民法到现代民法——二十世纪民法回顾》一文中已经提出现代民法的基本特征和现代民法的模式。延续该研究思路，众多学者对现代民法消费者保护的观念从具体人格或"身份"差异的角度进行了初步探讨。① 辜明安教授的《中国民法现代化研究导论》则提出民法现代化的根本在于为实现人的现代化提供坚实的基础和保障。② 基于这些研究，可以得出初步的结论，即消费者保护是现代民法的重要理念和当然内容。

尽管中国民法理论研究中已经开始重视消费者的私法保护理念，但是消费者法的体系化研究仍然多集中于经济法和行政法领域。以金福海教授的著作《消费者法论》和李昌麒、许明月教授的编著《消费者保护法》为代表的体系化研究著作③，以董文军博士《平等视野中的消费者权利研究》、孙颖博士《消费者保护法律体系研究》和李闯哲博士《消费者保护法律制度比较研究》为代表的专题论文④从消费者公益的角度对消费者保护从经济法、行政法和民法等方面进行了综合性的研究。同时，消费者类型化的研究开始逐步展开，例如保险

① 参见洪艳蓉《现代民法中的弱者保护》，《河南省政法管理干部学院学报》2000年第4期；谢鸿飞《现代民法中的"人"》，《北大法律评论》2000年第2期；童列春《私法中的身份调整》，博士学位论文，西南财经大学，2010年；蒋赛静《从契约到身份——论现代民法中身份的复归》，《河北工业大学学报》（社会科学版）2011年第2期；王海军《论现代民法在"从契约到身份"运动中的困境与突破——以民法的终极价值为视角》，《政法学刊》2007年第1期；刘颖《从身份到契约与从契约到身份——中国社会进步的一种模式探讨》，《天津社会科学》2005年第4期；马俊驹《从身份人格到伦理人格——论个人法律人格基础的历史演变》，《湖南社会科学》2005年第6期。
② 辜明安：《中国民法现代化研究导论》，西南财经大学出版社2008年版，第146页。
③ 李昌麒、许明月编：《消费者保护法》，法律出版社2012年版。
④ 参见李闯哲《消费者保护法律制度比较研究》，博士学位论文，西南政法大学，2007年；孙颖《消费者保护法律体系研究》，博士学位论文，中国政法大学，2006年；董文军《平等视野中的消费者权利研究》，博士学位论文，吉林大学，2006年。

消费者①、金融消费者、旅游消费者②和信用消费者③等消费者的权益保护已经形成消费者法研究的子领域。特别在金融危机发生后，对于金融消费者的保护开始引起学者的关注，并且成为消费者研究领域的热点问题，成果颇丰。④ 新的消费形式，如远程消费和电子商务，和特殊的消费者问题亦受到学者的关注。⑤ 这些研究成果大都采用问题对策型的研究方法，就某领域的消费者问题进行全面综合的研究，不仅涉及经济法和行政法领域，而且涉及民法领域。

---

① 例如，姚飞：《中国保险消费者保护法律制度研究》，博士学位论文，中国政法大学，2006 年；肖和保：《保险消费者权益保护的国际走向——兼论我国保险消费者保护的不足与改善》，《消费经济》2009 年第 4 期；王新红、肖婧：《保险利益制度的缺陷及其立法完善——从保护保险消费者角度的思考》，《消费经济》2005 年第 3 期；石富覃、刘志坚：《论后金融危机时代我国保险消费者的保护》，《兰州大学学报》（社会科学版）2012 年第 1 期；郑伟：《保险消费者权益保护：机制框架、国际经验与政策建议》，《保险研究》2012 年第 3 期。

② 例如，罗冬娥：《旅游消费者合法权益保护问题论要》，《求索》2004 年第 7 期；郑赤建、姜军松：《旅游消费者合同及其消费权益的保护》，《湘潭大学学报》（哲学社会科学版）2007 年第 2 期；易军：《我国旅游消费者权益保护研究》，硕士学位论文，中国社会科学院研究生院，2012 年。

③ 例如，王力理：《信用消费者权利法律保护研究》，博士学位论文，西南政法大学，2012 年；李凌燕：《消费者信用立法现状及发展趋势》，《法学杂志》2000 年第 2 期；钱玉文：《论我国消费者信用权的确立——基于对美国消费者信用权的考察》，《河北法学》2010 年第 7 期。

④ 专题性的论文参见刘力《金融消费者权益保护理论重述与裁判研究》，博士学位论文，华东政法大学，2012 年；李沛《金融消费者保护制度研究》，博士学位论文，复旦大学，2011 年；曲一帆《金融消费者保护法律制度比较研究》，博士学位论文，中国政法大学，2011 年；郭丹《金融消费者权利法律保护研究》，博士学位论文，吉林大学，2009 年。相关学术作参见颜苏《金融消费者保护比较研究》，中国政法大学出版社 2013 年版；马国泉《金融消费者保护研究》，法律出版社 2013 年版；颜苏《金融消费者保护比较研究》，中国政法大学出版社 2013 年版；马国泉《金融消费者保护研究》，法律出版社 2013 年版；朱淑娣、万玲《全球化与金融消费者权益行政法保护》，时事出版社 2013 年版；刘媛《金融消费者法律保护机制的比较研究》，法律出版社 2013 年版；陈文君《金融消费者保护监管研究》，上海财经大学出版社 2011 年版；何颖《金融消费者权益保护制度论》，北京大学出版社 2011 年版。

⑤ 这些方面的研究成果，例如，于颖：《远程消费者保护机制研究》，法律出版社 2013 年版；卜璐：《消费者破产法律制度比较研究》，武汉大学出版社 2013 年版；鞠晔：《B2C 电子商务中消费者权益的法律保护》，法律出版社 2013 年版；吴景明、雅客主编：《我国新消费形式下消费者权益保护法律问题研究》，中国法制出版社 2013 年版；陶建国等：《消费者公益诉讼研究》，人民出版社 2010 年版；钱玉文：《消费者权利变迁的实证研究》，法律出版社 2011 年版。限于本书研究范围，不再详细列举。

当然，运用民法理论对消费者法进行研究亦开始引起学者的重视，以张严芳博士的著作《消费者保护法研究》为代表，就消费者法的理论体系、渊源体系、规范内容体系和实施体系等进行了全面的研究，构筑了消费者政策法、消费者合同法和消费者安全法的消费者法体系，但是其将消费者政策法视为民法的内容却难以具有说服力，而且其侧重于消费者立法层面的探讨，并未就消费者法与民法之间理念、制度和立法技术之间理论上的关联进行深入研究和体系化整理。但是，在中国民法典制定的背景下，从学者的建议稿来看，除杨立新教授的民法总则建议稿将消费者权益保护作为民法典的基本原则予以规定外，其他学者的建议稿和立法机关的草案则多通过引致条款将消费者纳入特别法予以保护，消费者保护纳入民法典并未成为学界共识。

2. 消费者私法制度方面的研究多侧重于比较法的考察，立法论研究多于解释论研究，欠缺消费者私法制度与传统民法制度之间的关联性和体系化研究。崔吉子博士在《东亚消费者合同法比较研究》中对韩国、日本和我国的消费者合同法律制度通过比较研究，提出我国消费者合同法应当建立以行政规制为中心的消费者合同法体系。[1]其他制度性研究多集中在撤回权制度或冷却期制度[2]，惩罚性赔偿[3]、产品缺陷责任[4]、格式条款规制[5]等领域。这些研究成果多集中在新

---

[1]　崔吉子：《东亚消费者合同法比较研究》，北京大学出版社2013年版，第149页。

[2]　代表性的专题性论文和作参见张靖《我国消费者保护中的冷却期制度研究》，博士学位论文，湖南大学，2011年；卢春荣《消费者撤回权制度比较研究》，博士学位论文，复旦大学，2012年。

[3]　代表性的作和专题论文见关淑芳编《惩罚性赔偿制度研究》，中国人民公安大学出版社2008年版；金福海《惩罚性赔偿制度研究》，法律出版社2008年版；王喜军、武丽君、阎晓磊《惩罚性赔偿制度研究》，山西人民出版社2013年版；杜称华《惩罚性赔偿的法理与应用》，博士学位论文，武汉大学，2012年；黄鸿图《惩罚性损害赔偿制度之研究》，博士学位论文，中国政法大学，2006年；余艺《惩罚性赔偿研究》，博士学位论文，西南政法大学，2008年；张诺诺《惩罚性赔偿制度研究》，博士学位论文，吉林大学，2010年。

[4]　代表性的作和专题论文参见董春华《中美产品缺陷法律制度基本问题比较研究》，博士学位论文，中国政法大学，2009年；刘静《产品责任论》，中国政法大学出版社2000年版。

[5]　代表性的作和专题论文参见杜军《格式合同研究》，群众出版社2001年版；苏号朋《格式合同条款研究》，中国人民大学出版社2004年版；张建军《格式合同的司法规制研究》，中国政法大学出版社2014年版。

《消费者权益保护法》颁布之前，侧重于对单一制度从法理基础、制度构建和法律适用等方面做深入的研究。这些研究成果是本书全面系统研究消费者私法制度的基础。但是，就中国民法的现代化而言，这些制度在未来民法典制定中的定位和我国新《消费者权益保护法》相关制度的适用和完善，仍然需要充分研究。

3. 消费者私法的立法研究多侧重于立法体例，即采用单行法或民法典模式，欠缺结合民法典的制定，就消费者私法的规范配置和体系安排等进行综合研究。学者对消费者法的立法体例的探讨主要在两个层面上展开，一是消费者法是采用消费基本法 + 消费者特别法的模式（如日本），还是采用一般法律模式（如中国），对此有学者认为应该考虑采用系统化一体化的立法体例，并将其定位为民事特别法。[①] 亦有学者认为一般法律模式对于大多数国家，尤其是法律制度尚不发达的发展中国家是最为适合的一种模式，是适应其经济、法律的发展水平和需求的。[②] 二是消费者法，特别是合同法是单独立法（如日本、意大利、法国），还是纳入民法典中（如早期的意大利民法典、德国民法典、荷兰民法典、魁北克民法典、瑞士债务法典）。对此有学者认为意大利的做法——单独制定消费法典的做法更可取，更具有可操作性。[③]有学者认为"对亟须完善市场经济的中国而言，以自由为导向的、技术中立的民法典更有吸引力。加之在现代法律体系中，除了补充型特别民法外，其他特别民法完全可以归入社会法、经济法范畴"[④]。亦有学者提出德国债法现代化的经验，对中国民法以及消费者法的立法思路，具有借鉴意义。[⑤] 总体来说，采用何种立法体例，不仅是一个立法

---

① 张严方：《消费者保护法研究》，法律出版社 2003 年版，第 556 页。

② 孙颖：《消费者保护法律体系研究》，博士学位论文，中国政法大学，2006 年，第 34 页。

③ 齐云：《对意大利〈消费法典〉的双重透视——以民法典与部门法典的关系为视角》，陈小君主编：《私法研究第 13 卷》，法律出版社 2012 年版，第 417 页。

④ 谢鸿飞：《民法典与特别民法关系的建构》，《中国社会科学》2013 年第 2 期。

⑤ 张学哲：《德国当代私法体系变迁中的消费者法——以欧盟法为背景》，《比较法研究》2006 年第 6 期。

技术的问题，还需要结合我国未来民法典的制定，就消费者私法纳入民法典的诸因素进行系统考虑。

　　总体上，中国学者对消费者私法的研究多采用经济法的视角，对消费者保护法的立法体例进行综合性的研究，并未完全将其纳入民法学的知识体系，而以个人主义的视角来构建消费者私法的体系。"消费者法是为解决现代社会中消费者与经营者之间的利益失衡问题而制定的法，是一种'问题对策法'，而非抽象规定人们的普遍行为规则的普通法，因而其解决问题的方法往往综合运用普通法所规定的各种方法。"① 因此，很多学者从传统民法的形式理性出发，静态地看待民法现代化的进程，认为传统的民法知识在面对消费者问题的解决时，往往是"失灵"的，进而将消费者法排除在民法之外。

（三）消费者私法的国外研究现状

　　从国外的立法和学说情况来看，消费者私法的研究在欧盟和日本等地区和国家已经取得较多的立法和研究成果。总体上，伴随着民法现代化的进程，消费者逐渐被民法的知识体系所接纳，在部分国家债法现代化方案中甚至将其植入民法典之中。

　　1. 消费者保护观念已经成为现代民法的普遍观念。随着社会和经济的发展，更重要的是市场经济的不断完善，消费者保护的观念亦会与时俱进。20 世纪 60 年代以来，日本形成了两种关于消费者保护的理论：竹内昭夫主张的消费者保护观和北川善太郎主张的消费者私法论。后者主张从纯粹的私法观念寻求消费者问题的解决方法，为日本消费者私法的立法提供了重要的理论支撑，成为日本《消费者契约法》的主流学说。② 就其原因，有学者研究日本《消费者契约法》制定的历

---

① 金福海：《消费者法论》，北京大学出版社 2005 年版，第 11 页。
② 相关著作和论文例如，［日］北川善太郎：《消費者保護の法構造》，《法律时报》45.12（1973）8-33；［日］长尾治助：《消费者私法的原理》，有斐阁 1992 年版；［日］松本恒雄：《消費者私法ないし消費者契約と言う觀念は可能かつ必要か》，载［日］椿寿夫鹄《现代契约と现代债橧の展望》第 6 卷，日本评论社 1991 年版。参见崔吉子《东亚消费者合同法比较研究》，北京大学出版社 2013 年版，第 99 页。

·9·

史背景后，认为日本福利国家思想失败后，出现了消费者契约规制缓和的潮流，在消费者保护领域实现了向重视市场机制的社会的转换。① 而德国债法改革的立法经验，即通过对私法自治原则进行必要的限制，恢复社会经济主体之间的真实平等关系，保障实质合同自由与公正的实现，使消费者法与整体私法在体系、目的与原则上相协调，对中国民法以及消费者法的立法思路，具有借鉴意义。② 意大利和法国消费法典的制定，似乎都在形成一种潮流，即在消费者契约法领域，缓和规制和私法回归成为市场经济国家保护消费者利益的首选。而在美国，自20世纪80年代以来，新自由主义思潮又在西方国家泛起，越来越多的迹象表明，该思潮又再次从家长制和再分配动机转向自由市场思想。③ 从现代民法的发展来看，起初是通过制定特别民法，例如分期付款买卖法、一般交易条款法、消费者信贷法、产品责任法等单行法对消费者进行特别保护，后期则通过债法修改将消费者法融入民法典之中进行全面保护，消费者保护显然已经成为现代民法的普遍观念。

2. 消费者私法的立法体例仍然存在争议，但是法典化和体系化是主流趋势。在德国，2002年民法典债法现代化方案的起因就是要将欧盟消费者指令纳入民法典中，将消费者法提升到民法普通法的地位。④ 尽管德国债法现代化法的仓促修改令很多学者不满，但是这种立法体例还是得到越来越多学者和国家的关注，甚至仿效。在日本，

---

① 杜颖：《日本〈消费者契约法〉制定的历史背景》，载梁慧星《民商法论丛》第23卷，金桥文化出版有限公司2002年版。另参见赵莹《日本消费者契约法及其对中国消费者合同的借鉴意义》，硕士学位论文，华东政法大学，2012年。

② 张学哲：《德国当代私法体系变迁中的消费者法——以欧盟法为背景》，《比较法研究》2006年第6期。

③ 万群：《美国契约法理论的历史发展及思想渊源》，载梁慧星主编《民商法论丛》（第6卷），法律出版社1998年版。

④ 相关文献参见卢谌、杜景林《德国民法典债法总则评注》，中国方正出版社2007年版；杜景林、卢谌《德国新债法研究》，中国政法大学出版社2004年版；［德］齐默曼《德国新债法历史与比较的视角》，法律出版社2012年版；朱岩编译《德国新债法条文及官方解释》，法律出版社2003年版；杜景林、卢谌《德国民法典评注总则、债法、物权》，法律出版社2011年版。

继 2000 年《消费者契约法》颁布后，2006 年启动债法现代化修正方案，其重要内容就是将消费者私法纳入民法典之中。同期，意大利颁布《消费者法典》，虽然它仅是一部综合性的部门法典，但是其主要内容还是消费者合同法和产品安全法。由欧洲民法典研究组和欧盟现行私法研究组集合欧盟所有成员国的顶尖法学家历经 25 年的时间通力合作完成的《欧洲示范民法典草案》，可以说是集欧洲民法法典化之大成的杰作，代表着欧洲民法学的最高成就。这部草案将消费者私法系统而完整地嵌入了民法典体系之中，可以说代表着现代民法发展的潮流。

消费者保护法领域毫无疑问是一片沃土，各个学科都争相从中获取学术灵感。梳理众多消费者私法研究的成果，笔者认为仍然有众多的问题亟待解决：（1）基础理论层面。仍需要深入分析中国民法现代化中消费者私法的地位和体系问题，这不仅涉及法律技术问题，而且涉及民法的"合法性"问题，即能否适应市民社会的需要。（2）制度研究层面。消费者合同法是消费者法的主体，如何在民法中加以规定，需要结合传统民法制度进行深入细致的研究。（3）消费者立法层面。消费者私法是否纳入民法典之中，不仅是立法技术问题，而且关涉民法典的价值取向和适应性的问题，需要结合中国民法的发展方向进行科学定位。

三　研究的主要内容和基本思路

（一）主要内容

本书共分导论、本论和结论三大部分。导论部分主要陈述选题的问题意识、文献综述、研究的目的和意义、研究的主要内容和基本思路。本论部分主要分析问题的来源、问题的解决方案。结论部分主要交代本书的主要观点、创新之处和不足之处。本论部分共分五章：

第一章为消费者运动及其对传统民法的挑战。考察消费者运动产生的背景，分析其原因，结合当代中国消费者运动的发展动态，分析消费者运动对传统民法的挑战。

第二章为消费者运动的民法回应之理念更新。分析经济和社会变革导致的民法思想基础和观念的更新，在中国社会转型的背景下，就消费者保护观念对中国民法理念的影响进行分析和检讨。

第三章为消费者运动的民法回应之基本制度变革。通过消费者私法的主要制度，即法律行为制度、消费者合同法和消费者安全法进行目的功能以及历史的分析，廓清这些制度与传统民法制度之间的意义联系，为中国未来消费者私法制度构建提供理论依据。

第四章为消费者运动的民法回应之立法技术变革。现代民法体系中已经形成了针对消费者进行特殊保护的规范体系，这表现为消费合同的特殊规则和侵权责任领域消费者保护的特殊责任制度。构建完善的消费者私法保护体系，是民法应对消费者运动的根本策略。未来消费者私法体系化的目标应是实现消费者私法的民法典化。

第五章为消费者运动与中国民法改革之具体方案。未来消费者私法的立法适宜采用现实主义的路径，即先行制定单行法，待民法典制定时将其植入合适的位置，并且在立法技术上衔接好民法和特别民法关系。消费者私法中不同的类型的规范体现着不同的立法目的，需要在消费者立法中科学配置。同时，中国民法应当从法律行为制度、合同法律制度和侵权法律制度方面完善消费者私法。

（二）基本思路

本书从总体上采用"提出问题—分析问题—解答问题"的思路，即在导论提出问题"消费者运动与中国民法的变革"，第一章从消费者运动对传统民法的挑战具体分析问题产生的来源和背景，第二章至第四章则具体分析现代民法对挑战的回应，并对中国民法的相关问题进行检讨，第五章从立法论的角度提出中国民法改革之具体方案，即理念、制度和立法技术方面的变革（见图0.1）。

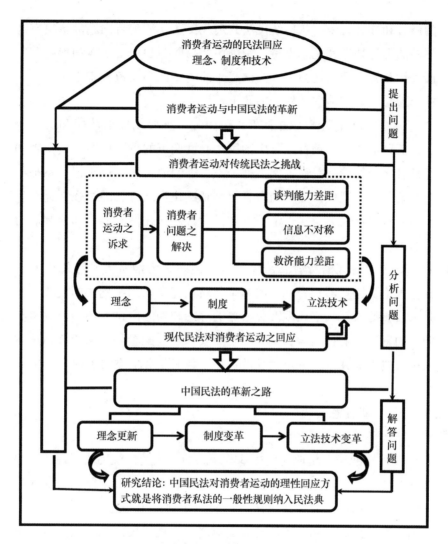

图 0.1　本书研究基本思路及技术路线

四　研究的目的和意义

（一）研究目的

1. 深入探究经济和社会变迁过程中消费者运动对现代民法理念的影响和中国现代民法理念的基本内涵。消费者运动的兴起有其深刻的经济和社会背景，从传统民法到现代民法，消费者问题的解决有着不同的思想基础和观念支持。中国消费者问题和消费者运动伴随着中国经济和社会的变迁而来，民法观念的更新亦必须植根于中国经济和社会现实，顺应消费者保护的要求。

2. 系统研究现代民法消费者保护若干重要制度的功能和历史变迁，探讨消费者运动背景下中国民法制度变革的重要内容。消费者和经营者之间的消费关系事实上处于不平等的地位。为矫正这种不平衡的社会关系，现代民法以消费者权利私法化为线索，通过强制经营者承担更多法定义务，实现消费者和经营者之间在信息能力和谈判能力上的平等。

3. 细致研究消费者私法体系化之路径，为消费者私法的法典化提供理论支撑。消费者私法的体系化路径究竟采用特别法的模式，还是民法典的路径，不仅涉及民法典的理念和功能定位，还涉及民法典制定的其他影响性因素，例如政治因素和规范配置等。消费者私法纳入民法典可能并不是一蹴而就的，而是耗时长久的立法工程。

（二）研究意义

1. 理论意义

（1）有助于深化现代民法基本观念的认识。传统民法到现代民法理念的变迁，有其深刻的经济社会背景和思想基础。市民社会的变迁和消费者运动的兴起导致民法从观念上必须做出与之相契合的回应，将消费者保护观念纳入民法理念变革之中。现代民法观念虽然是传统民法观念的继受，但是其内涵已经发生变化。中国民法理念的更新，是民法制度变革的先导。

（2）有助于强化消费者私法若干重要制度的理论基础和内在关联的认知。消费者私法的制度是围绕着消费者权利构建的，目的在于保障消费者的人身和财产。消费者合同法和消费者安全法是消费者私法之"双翼"，通过建立有利于消费者的制度安排才能充分实现消费者的权利。

（3）有助于明晰消费者私法的地位和体系结构。消费者私法是民法的分支，是以解决消费者问题为意旨。随着消费者私法的不断壮大，逐渐显现出与传统民法不同的特征，从而形成相对独立于传统民法的体系和结构。消费者私法的体系化研究有助于未来消费者立法的科学化，为民法典的制定提供智识基础。

2. 现实意义

（1）有助于理顺消费者私法和民法的相互关系和法律适用问题。消费者私法的体系化梳理可以解决目前司法实践中法律适用的混乱和不一致的问题。通过体系化梳理将消费者私法纳入民法典或者特别法中，可以解决重复立法和规则不统一问题。

（2）有助于消费者立法的体系化和科学化。通过将消费者法区分为消费者公法和消费者私法，有助于立法者明确不同制度的功能及救济机制，进而采用适宜的立法技术实现私法和公法的有效衔接和各司其职。

（3）有助于培育消费自主和理性消费的社会意识。赋予消费者权利意在通过消费者的维权活动实现消费活动的自主性和选择的自由，这有助于培育健全的消费意识。同时，确立消费者自治的观念，可以避免司法和执法活动以"保护"之名义而剥夺消费者的消费自主权。

第一章

消费者运动及其对传统民法的挑战

　　现代社会普遍面临着消费者利益受侵害的社会问题，其不仅表现在危害消费者的消费自主性，而且表现在危害消费者的消费安全性。消费者运动由此而生，其不仅通过群众性的有组织社会运动抵制侵害消费者利益的经营活动，而且通过法律和政策倡导实现消费者问题的制度化解决，从而根本上解决消费者相比较经营者而言在信息和谈判能力上的劣势地位问题。消费者运动中保护消费者利益的呼吁促使现代国家纷纷通过法律和政策的制定和修改解决消费者面临的利益侵害问题，这对以平等保护和私法自治为基本精神的传统民法带来严峻的挑战。

第一节　消费者问题的爆发及其根本原因

　　消费者问题实质上是消费者和经营者之间的利益冲突问题。从理论上讲，自生产和消费分离开始，就存在消费者问题，但是，其大规模爆发却是现代社会的事件。随着现代社会生产方式和经济组织形式的转变，以及科技和营销方式的革命性的变化，消费者和经营者之间的经济力量和信息获取能力等方面的差距被无形中拉大，消费者的利益更加容易受到经营者的侵害，从而导致现代社会消费者问题的集中爆发。

一　消费者问题的爆发

　　在近代以前的商品生产中，家庭手工业占据主导地位，在商品交易中，经营者和消费者大多同为自然人，受交易地域和种类的限制，两者之间的经济实力大体相当，在交易过程中通过讨价还价容易达成对双方都比较公正的交易条件，消费者利益受损多表现为偶发性和个别性，消费者问题被潜藏于日常的买卖活动之中。但随着工业革命的爆发和机器的广泛使用，以17世纪英国资产阶级革命的胜利为标志，人类进入自由资本主义的历史时期。商品生产与交换为获得利润，以现代化机器为生产工具而不断进行扩张，商品的生产率极大提高，同时由于商品的生产与交换需要调动社会大量的资源与部门，生产的社会化和市场化在商品经济中占据日益重要的地位，逐步形成市场经济。在自由资本主义时期，由于市场中经营者规模较小，经济实力较弱，商品的种类以日常生活用品为主，充分的竞争、透明的价格和优胜劣汰的竞争法则使得消费者可以从市场中获取最大利益，不诚信的商人在市场中往往被消费者所唾弃。消费者问题并不突出，偶然的和个别的利益受损问题都可以通过买卖等法律得到有效的保护。

19世纪60—70年代，随着科技发展、劳动力素质的提高、生产和积累规模的扩大、生产过程的社会结合，资本主义国家的行业竞争进入白热化，经过残酷竞争和产业淘汰后，资本逐渐向少数企业集中。特别是第二次世界大战后，生产和销售的集中使得消费者面对强大的企业巨头处于屈从地位而无法获得公平的交易条件，垄断企业滥用其优势地位迫使消费者签订不公平的合同。同时，科学技术的进步使得商品和服务种类日益丰富和结构日益复杂，电子产品、汽车、家用电器等产品更新换代加速，使得消费者很难掌握或者获取商品和服务的技术信息。欺诈和经济压迫使得消费者的利益受到严重的侵蚀，严重侵害消费者利益的重大事件不断发生，消费者问题集中爆发从而成为一种社会问题。

二　消费者问题的基本类型

从法律的角度来看，消费者问题主要是利益性的消费者问题，体现为商品生产和交易过程中，不法经营者恶意损害消费者利益的情形①。消费者问题的解决需要针对问题的类型和性质，对不法侵害消费者利益的行为进行针对性的矫正，在法律中对其有侧重的规制。

1. 从消费者问题产生的领域来看，有来自商品领域的消费者问题，亦有来自服务领域的消费者问题。

在欧盟，根据欧盟委员会 2009 年发布的《欧洲消费者》年度报告②，在 2007—2008 年所做的关于消费者投诉的调查显示③，消费者所面临的消费问题更多地来自服务消费领域。在所调查的八类商品中，投诉问题最多的是新机动车购买（15.5%）和水果蔬菜（13%），而在服务领域，问题最多的是特大城市的交通（27%）、城市交通（23%）、固定电话（22%）和邮政服务（20%）。投诉问题最少的商品则是非酒精饮料、肉和休闲食品。

表1.1　欧盟消费者经历的消费问题调查（过去12个月内）（%受访者）

商品类		服务类	
新车	15.5	特大城市交通	27
水果蔬菜	13	城市交通	23
信息通信技术设备	12.5	固定电话	22
服装和鞋类	11	邮政服务	20
家用电器设备	9.5	零售银行业务	15

---

①　消费者问题可能是结构性问题，也可能是利益性或技术性问题。结构性的消费者问题产生于社会再生产总过程各个环节之间在总量与结构上的不平衡，消费者的正当需求得不到满足，主要表现为市场转型、经济危机或宏观调控过程中生产和消费之间供求矛盾。技术性的消费者问题则是随着科学技术的进步、生产社会化的发展和消费水平的提高而出现的。很多商品在技术、结构等方面日趋复杂，生产经营活动在组织及技术等方面更加复杂。商品生产经营者稍有疏忽或由于某些具体条件的限制，就会使产品的技术性能或服务达不到应有的标准和要求，从而形成消费者利益受损的局面。参见彭华民《消费社会学》，南开大学出版社1996年版，第208—209页。

②　Source：European Commission, Consumers in Europe, *Luxembourg：Office for Official Publications of the European Communities*, 2009, pp. 104 – 106.

③　Source：Consumer satisfaction surveys, Directorate-General Health and Consumer Protection, IPSOSINRA for the European Commission.

商品类		服务类	
娱乐、休闲食品	9	移动电话	14
肉类	7	电力供应	13
非酒精饮料	3	航空运输	12

在中国，根据全国消协组织受理投诉情况统计，2010 年至 2013 年消协受理消费者的投诉量维持稳步上升的趋势，每年在六七十万件。从统计的数据来看，商品类投诉占总体投诉量的比例呈逐年下降的趋势，从 2010 年的 70% 下降到 2013 年的约 60%。商品类投诉中，家用电子电器类、服装鞋帽类等投诉居前列，占总投诉量的 50% 左右，占商品类投诉的 80% 以上，可见"衣食住用行"仍然是消费者投诉的重点（见表 1.2）。比较近四年的变化，家用电子电器、服装鞋帽、食品类、服务建材类投诉略有下降，而交通工具类投诉上升幅度较大，其中 2013 年比 2012 年大幅上升 43%，反映出汽车消费升温的同时消费者利益受损的问题亦随之凸显。

表 1.2　　　　　　　　　　　　**商品类投诉量**　　　　　　　　　（单位：件）①

商品类别	2013 年	投诉占比（%）	2012 年	投诉占比（%）	2011 年	投诉占比（%）	2010 年	投诉占比（%）
家用电子电器	165571	23.6	126283	23.2	138819	22.9	163531	24.5
服装鞋帽	59543	8.5	52452	9.7	53708	8.8	57620	8.6
日用商品	53328	7.6	38131	7.0				
首饰及文体用品	11300	1.6	6331	1.2	50741	8.4		
医药及医疗用品	6492	0.9	5332	1.0				

① 2010—2011 年的商品分类和 2012—2013 年的分类有所不同，致使前者的分类数据和总和数据有偏差。

续表

商品类别	2013 年	投诉占比（%）	2012 年	投诉占比（%）	2011 年	投诉占比（%）	2010 年	投诉占比（%）
食品	42973	6.1	39039	7.2	39082	6.4	34789	5.2
交通工具	38010	5.4	26438	4.9	23687	3.9		
房屋建材	28425	4	24631	4.5	27500	4.5	35424	4.5
烟、酒和饮料	12115	1.7	10077	1.9	6138	1		
农用生产资料	9917	1.4	7574	1.4	11848	2.0	15832	2.0
总计	427674	60.8	336988	62.0	405950	66.8	466512	70

从 2010 年至 2013 年的统计数据来看，服务类投诉占总体投诉量的比例从 2010 年的 30% 上升至 2013 年的约 40%，整体呈上升趋势。其中，生活社会服务类、销售服务类等居于投诉量前列，占总投诉量的 29%，占服务类投诉总量的 75% 左右（见表 1.3）。从总体趋势来看，近四年来，生活社会服务、电信服务、房屋装修及物业服务、金融服务、卫生保健服务、旅游服务投诉占比有所下降，卫生保健服务投诉占比下降趋势明显。销售服务类、文化娱乐体育服务、邮政业服务、互联网服务、教育培训服务、公共设施服务投诉占比均有所提升，邮政业服务投诉量及投诉占比同比增幅较大（见表 1.3）。

表 1.3　　　　　　　　　服务类投诉量　　　　　　（单位：件）

服务大类	2013 年	投诉占比（%）	2012 年	投诉占比（%）	2011 年	投诉占比（%）	2010 年	投诉占比（%）
生活社会服务	60951	8.7	50229	9.2				
销售服务	49914	7.1	39005	7.2	30355	5.0	21189	3.2
电信服务	40619	5.8	31391	5.8	41060	6.8		
互联网服务	30100	4.3	21037	3.9	20654	3.4	20405	3.1

续表

服务大类	2013 年	投诉占比（%）	2012 年	投诉占比（%）	2011 年	投诉占比（%）	2010 年	投诉占比（%）
公共设施服务	14413	2.1	9785	1.8				
邮政业服务	13352	1.9	6507	1.2	6920	1.1	5281	0.8
房屋装修及物业服务	7804	1.1	6303	1.2	8110	1.3		
教育培训服务	6358	0.9	3698	0.7	3416	0.6	3028	0.4
文化、娱乐、体育服务	6173	0.9	3542	0.7				
旅游服务	3561	0.5	2732	0.5	3581	0.6		
卫生保健服务	2442	0.3	6511	1.2				
金融服务	1672	0.2	1905	0.4	3919	0.6	3775	0.6
保险服务	1874	0.3	1764	0.3				
其他商品服务	35577	5.1	22641	4.2				
总计	274810	39.2	207050	38.0	201315	33.2	199743	30

对比欧盟和中国的投诉领域和类型，可以发现，在欧盟，服务消费是投诉的重点领域，商品类投诉主要针对新机动车购买和水果蔬菜，服务类投诉主要针对交通、电话服务和互联网服务。而在中国，尽管近年来商品类投诉在逐步下降，但仍占总投诉量的 60% 左右，家用电子电器类（23.6%）等投诉量居前。服务类投诉总体呈上升趋势，生活社会服务类等投诉量居前（见表 1.3）。

总体上，随着各国逐步进入后工业社会，居民生活水平逐步提高和消费结构发生重大转变，消费者对于高品质消费需求不断增强，从而体现在消费者投诉类别上亦发生变化，消费者问题的领域亦在发生转变。在中国，虽然互联网服务、电信服务和金融服务投诉量逐步上升，反映出后工业社会独特的服务消费问题，但是满足基本生活需求的"衣食住行"和一般耐用品投诉仍居前列。而欧盟国家，满足提高消费品质需求的交通和服务业投诉量则比例较高，反映出处于后工业社会的欧盟国家的独特的消费者问题。

2. 从消费者问题的性质来看，消费者问题主要来自商品服务缺陷和买卖过程。

从欧洲消费者中心网络（The Network of European Consumer Centers，缩写 ECC－NET）[①] 对 2013 年的投诉统计分析来看[②]，该中心网络受理的投诉量近年来一直在上升，2013 年的投诉量较 2009 年上升26.7%。中心该年度共处理投诉 32522 起，比 2012 年增加 9%。2/3 的投诉是在线买卖，前十位的投诉中主要涉及交通（空运 18.3%，汽车租赁 4.5%）、家用电器及维修、休闲体育及文化服务、分时产品和套餐旅游、保健相关设备和产品等，投诉的主要问题为所购产品不送货或服务不兑现（15.4%）、产品或服务瑕疵和迟延（12.4%）、产品或服务不符合要求（10%）、合同取消（8.6%）和附加费用（5%）。显然，在欧盟跨国消费中，主要的消费者问题来自跨国互联网服务及电子商务等领域的消费者合同问题。

在中国，根据全国消费者协会组织受理投诉情况统计[③]，从 2010年到 2014 年，消协受理的消费者投诉量总体呈上升趋势，每年为六七十万件，而且 2013 年相比较 2012 年上升幅度接近 30%。根据投诉性质划分，质量问题、合同问题、售后服务问题占据每年投诉的前列（见表 1.4）。与 2010 年相比较，属于质量、安全、价格、计量、假冒、虚假宣传的投诉占投诉总量的比重（以下简称"投诉占比"）总体呈下降趋势，而售后服务、合同及人格尊严的投诉占比总体呈上升趋势（见表 1.4）。

---

① 欧洲消费者中心网路是给欧洲跨境消费者提供建议的欧洲网络，由欧盟消费者计划和成员国主管机构提供资助。网络覆盖 30 个国家（包括所有欧盟国家、挪威），居住在这些国家的消费者如果在另一个国家购物可以免费获得服务。

② The European Consumer Centers' Network, 2013 Annual Report, *Luxembourg*: *Publications Office of the European Union*, 2014.

③ 数据来源为中国消费者协会网站 2010 年至 2013 年《全国消协组织受理投诉情况分析》整理。

表1.4　　　　　　　　　　投诉问题性质分类情况　　　　　　　　（单位：件）

项目	2013 年	投诉占比（%）	2012 年	投诉占比（%）	2011 年	投诉占比（%）	2010 年	投诉占比（%）
质量	301275	42.9	280511	51.6	304846	50.2	362740	54.40
合同	118558	16.8	57487	10.6	62781	10.3	59640	9.00
售后服务	106365	15.1	76917	14.2				
价格	25989	3.7	29516	5.4	32179	5.3	33720	5.10
虚假宣传	11675	1.7	11074	2	19049	3.1	23469	3.40
安全	8990	1.3	9435	1.7	10216	1.7	14265	2.10
假冒	7766	1.1	7028	1.4	9062	1.5	13876	2.10
计量	6973	1	7691	1.4	7733	1.3	9711	1.50
人格尊严	2526	0.4	1656	0.3	1857	0.3	2637	0.40
其他	112365	16	62023	11.4	159540	26.3	2637	21.90
投诉总量	702484		543338		607263		666255	

从欧盟跨国消费投诉和中国消费者协会受理投诉的情况来看，产品缺陷和买卖过程问题或合同问题都是投诉的重点，亦是消费者问题的焦点。但是，由于所处的经济发展阶段不同，中国和欧盟关注的消费者问题侧重点仍然略有不同。从投诉量来看，尽管质量、合同、售后服务、价格和安全等问题都是两国和地区关注的焦点，但是相比较欧盟，中国消费者更加关注质量问题。而欧盟消费者更加关注互联网时代数字领域、金融和交通等服务消费领域的后工业社会的消费者问题。消费者投诉的这些焦点问题反映出消费者问题的严重程度和需要重点规制的问题领域，这是未来消费者运动的方向，亦是未来消费者政策和法律制定的重点。

3. 从消费者受害的形态来看，根据受害的人数和损害的程度，消费者问题可以分为四种类型。①

（1）多数少额被害。多数被害是基于同一原因而导致的人数众多

① 参见［日］北川善太郎、川昭伍编《消費者保護法の基礎》，青林书院新社 1977年版，第4—5页。

的消费者利益受损的状态。少额被害是消费者利益损害程度较小，多数情况下仅涉及经济利益受损，例如 2014 年发生的福喜食品事件和地沟油问题等，消费者受损是大规模的，但是受损数额都较小。

（2）多数高额被害。此种情形下，消费者人身和财产受到大规模的严重危害，社会影响较为恶劣，例如 2006 年上海瘦肉精中毒事件导致 300 多人中毒；1998 年山西假酒事件导致 200 多人中毒，27 人死亡。

（3）少数少额被害。这种损害的形态在日常生活中较为常见，凡产品质量问题、服务瑕疵皆可导致此类问题的产生，其发生的情形亦多种多样。消费者多凭借自身力量，通过投诉、调解或者诉讼等可以得到个别解决。

（4）少数高额被害。在个别消费者生命身体健康被害（如医疗过失），高额的经济损失（如房屋买卖）存在的情况下，一般可以通过诉讼手段获得充分的救济。

从消费者受损的形态来看，少数高额被害的消费者多通过诉讼途径获得救济，而其他类型的损害由于人数众多或者金额较少，责任主体不明确，消费者受损很难得到充分救济，逐渐成为现代社会消费者受害的典型形态，被称为"结构性被害"——现代经济结构中消费者和经营者之间地位不平等所导致的利益受损，以区别于传统个别买卖中消费者被害的"古典的被害"①。但不论何种类型的损害，对于个体利益的受损，民法都应该为其提供可行的裁判规则。

三　消费者问题爆发的根本原因

现代社会消费者问题的产生，是经济、社会和文化等因素共同作用下所形成的。在早期的市场经济环境下，由于经营者分散，消费者和经营者之间地位平等，身份的互换性决定了消费者问题只是潜在

---

① 这种区分在消费者保护中值得参详，参见［日］北川善太郎、川昭伍编《消费者保護法の基礎》，青林書院新社 1977 年版，第 6 页。

的，并未引发严重的社会问题。但是现代社会，由于经济、科技和市场结构的变化，消费者获取信息的能力、谈判能力和索赔能力受到各种因素的制约，使得消费者和经营者事实上经常处于不平等的地位，消费者问题遂呈现大规模爆发之势。①

1. 信息能力上的差距。首先，由于现代科技的进步，商品更新换代的加快，消费者知识的有限性决定了面对经营者，消费者始终处于信息不对称的地位，商品和服务的高度技术化造成消费者决策的非理性和盲目性。科学技术的进步毫无疑问为消费者提供了更多优质的商品和服务，但也带来了购买和使用上的困难。家用制造、汽车、建材、食品饮料、医疗等行业不断采用新技术和新材料实现产品性能的提升和节能环保的要求，新的术语和用语不断更新着消费者的认知，消费者在购买和使用这些产品和服务时，信息和知识的匮乏使得其决策更加具有非理性，更加依赖经营者的信息提供和告知。同时，新技术的使用，也使得消费者面临着潜在的科技创新带来的风险却处于无知状态。而且这种风险伴随着科学技术的制度化而不断扩散，遂成为现代社会消费者所面临的普遍问题。"从技术—经济'进步'的力量中增加的财富，日益为风险生产的阴影所笼罩。……风险生产和分配的逻辑比照着财富分配时'逻辑'而发展起来。占据中心舞台的是现代化的风险和后果，它们表现为对于植物、动物和人类生命的不可抗拒的威胁。……在这种意义上，危险成为超国界的存在，成为带有一种新型的社会和政治动力的非阶级化的全球性危险。"② 消费者和经营者在交易过程中的信息不对称的问题决定了消费者在交易过程中，对于产品的质量、成分和性能并不具备相关专业知识，而经营者虽然掌握这些信息，但是并没有主动告知的动力，由此决定消费者消费过程往往带有一定的盲目性和非理性。

其次，随着现代营销手段的更新，经营者利用广告，通过互联网

①　参见［日］北川善太郎、川昭伍编《消费者保護法の基礎》，青林書院新社 1977年版，第 3—4 页。

②　［德］乌尔里希·贝克：《风险社会》，译林出版社 2004 年版，第 6—7 页。

等媒介推介其商品和服务，销售方式推陈出新，邮购、上门推销、直销等层出不穷，销售技术的革新和广告宣传导致消费决策受到经营者越来越多的影响。由于科技的进步，产品种类日渐多元化和复杂化，消费者的选择越来越依赖经营者提供的信息。传统营销由于传播渠道有限，消费者被动接收经营者所提供的信息，消费者的决策受到经营者的影响有限。现代营销则利用网络等新兴传播渠道，不受时空和地域限制，消费者可以主动获取所需的商品信息。但是，庞大的网络夹杂着真假难辨的信息，使得消费者更加难以离开经营者而独立做出判断。不法经营者往往利用消费者的无知营造"消费概念"诱骗消费者购买一些非其所需的商品和服务。

尤其值得关注的是，近二十年来，随着新科技革命的深入，互联网技术的普及和移动互联网的发展，人们对环境问题和可持续发展问题逐步觉醒，消费者面临的消费环境更加复杂，而且这种状况随着时间的推移正在逐步深化。在欧盟委员会2011年的调查中①，68%的欧洲公民每周至少一次使用互联网。同时，逐渐增长的消费水平正在促使人们关注诸如气候变化、空气和水污染，土地利用和浪费等环境问题，消费者被鼓励做出可持续和负责任的消费选择。随着经济危机的持续影响，人口老龄化，越来越复杂的市场和选择，以及一些人在数字环境下面临的认知困难，未来数年，整个社会可能不得不面临更加严重的社会排斥②（social exclusion）和消费者脆弱性（vulnerability）以及信息的可获取性（accessibility）所带来的风险。在生产、分配和贸易的全球化的今天，进入他国市场的不安全的产品将更加难以检

① European Commission, the European Unionexplained: Consumers, *Luxembourg: Publications Office of the European Union*, 2013, pp. 11 – 12.

② 社会排斥指的是某些人或地区遇到诸如失业、技能缺乏、收入低下、住房困难、罪案高发环境、丧失健康以及家庭破裂等交织在一起的综合性问题时所发生的现象。最早使用这一概念的是法国学者拉诺尔（RenLenoir）。1974年，拉诺尔用社会排斥（social exclusion）的概念指认那些没有受到社会保障的保护，同时又被贴上了"社会问题"标签的不同类型的人，例如精神和身体残疾者、自杀者、老年患者、受虐儿童、药物滥用者等边缘人、反社会的人和其他社会不适应者。

测。在市场中，消费者的消费信心仍然不足。根据调查，许多欧洲消费者仍然显得谨慎，25%的消费者认为在欧盟销售的大量非食物商品是不安全的，30%的消费者认为他们缺乏相关知识，近50%的消费者不认为他们的权利得到保护。

表1.5　　　　　欧盟消费环境和市场的变化：过去和现在

	1992 年	2012 年
欧盟国家（EU countries）	12	27
欧盟消费者（EU consumers）	345 million	500 million
欧元区国家（Countries in the euro area）	Not applicable	17
申根区域（自由移动）国家［Countries in the Schengen（free-movement）area］	Not applicable	25
基础互联网接入的可能性（Possibility of basic Internet access）	Not applicable	95%
上网的频率（Regular Internet use）	Not applicable	68%
网上银行（Online banking）	0%	37% of EU citizens bank online
网上交易人数（Population buying online）	Not applicable	43%
移动电话使用（Mobile phone use）	Less than 1%	Over 100%
家庭上网（Internet access at home）	Not applicable	73%
商品和服务在线研究（Online research for goods and services）	Not applicable	56%（2010）
汽车拥有量（Car ownership）	345/1000 inhabitants	477/1000 inhabitants
公司数量（Number of companies）	12 million	21 million
欧盟国家间商品贸易量（Value of goods traded between EU countries）	800 billion	2538 billion（2010）
欧盟国家外商品贸易量（Value of goods traded between the EU and the rest of the world）	500 billion	2850 billion（2010）

2. 谈判能力或经济实力上的差距。消费者的选择权可以确保消费者利益的充分实现，但是只有市场处于竞争状态消费者才有充分选择的自由。也就是说，充分的市场竞争可以确保消费者福利的最大化。在简单商品经济和自由资本主义阶段，消费者所面对的经营者主要是分散的和无差别的小规模的家庭作坊或小企业，市场上的商品主

要以初级的日常用品和食品为主，消费者和经营者的经济实力差距不大，谈判能力不相上下。但进入垄断资本主义阶段后，产业规模的扩张和企业实力的增强，消费者所面对的经营者已经蜕变为企业巨头、跨国公司或者行业寡头和垄断企业等。消费者面对这些企业时往往只能是"接受或退出"的选择。垄断的价格、不公平的合同条款和责任规则，造成消费者在面对这些经济中的"庞然大物"时只有忍气吞声，消费者利益受损渐成普遍之势。然而，随着市场进入垄断阶段，市场出现大规模的企业，致使家庭作坊和小资本企业无法与之对抗，同一产业或者关联产业逐渐向大企业集中。这些大企业往往利用其优势地位和进入壁垒，获得产品的定价权，迫使消费者以较高的价格接受较少的产品，甚至不惜制造"市场稀缺"。同时，单个的消费者面对大企业，特别是一些提供生活必需品的企业时，往往处于弱势地位，不得不违背意愿签订一些包含不公平条款的格式合同，这导致现代社会消费者的选择权受到相当程度的限制。而在中国，由于行政活动对经济领域过度干预所形成的行政性垄断则更为突出。这些企业利用其垄断地位获得超额利润的同时，却也在从事滥用垄断优势，侵害消费者利益的行为。①

3. 索赔能力上的差距。由于消费者受害的情况多为小额受害或者大规模受害的情况，消费者在维权的过程中，面临举证责任和诉讼费用等诉讼难题。总体上单个消费者的维权成本很高且积极性不高，这势必对于违法经营者形成放纵，造成"劣币驱逐良币"的问题。若依传统民法过错责任原则，则显然无法为消费者提供充分保障。同时，20 世纪中后期，伴随着连锁经营和超级市场在西方发达国家取得普遍成功，商贸业在第三产业中不断获得新的发展空间，流通革命

---

① 2010 年的"柴油荒"曾被指"石化双雄被疑坐庄操控柴油荒"。因为根据相关部门统计，2009 年中国成品油实际过剩产能近 600 万吨；到 2015 年，过剩产能或达 2.2 亿吨。海关公布数据也显示，中国 2010 年 1 月至 10 月成品油出口量同比增长 19.8%，至2290 万吨，其中 10 月出口量为 188 万吨。这些"刺眼"的数据与蔓延全国的"柴油荒"形成了鲜明对比。

使得生产和消费之间时空距离扩大化。进入 21 世纪，随着第三次科技革命的深入发展和经济全球化的推动，商贸业因网络空间市场的拓展与电子商务的普及获得前所未有的突破与创新，商贸活动进一步突破时间与空间的限制而渗透到各个领域。① 现代流通领域的革命使得处于商品流通末端的消费者所经常面对的并非商品的直接生产者，而是批量买卖商品的多数销售者和中间从业者。多层次多环节的流转使得生产者和消费者的距离越来越远，法律关系越来越复杂，在发生消费侵权事件时，在责任主体之认定、事故之究明、因果关系及故意过失之举证等方面，消费者都面临着维权的困难。

总之，随着现代社会科技的革新，消费者面临着比以往任何时候都复杂的市场环境。尽管政府采取众多的措施来改善消费者的处境，但是消费者利益被侵害的问题仍然日益严峻。在这种情况下，消费者开始自发或有组织地行动起来，与各种损害消费者利益的行为进行斗争，遂发展成为一场社会运动。

第二节　消费者运动的兴起及其原因

消费者运动最初起源于消费者对商品和服务以及提供它们的组织的不满，由于消费者不满情绪的集中爆发和组织化力量的出现，消费者运动逐渐成为维护消费者权益的中流砥柱，并且推动着各国的消费者立法。在现代社会，消费者运动已经成为普遍的社会现象，如同女权运动、独立运动、民权运动等其他社会运动，它是社会冲突的必然结果，不可能轻易消失。

一　消费者运动的概念和特征

何谓消费者运动，由于视角的不同，对于其内涵和外延的认识多

---

① 参见柳思维《流通革命：新世纪商业发展的主旋律》，《南京经济学院学报》2003年第 3 期。

有不同。① 笔者采通说，认为消费者运动，是指由众多消费者参与的旨在通过改变经营者的行为和政府的政策以保护消费者权益的有组织的社会运动。②

1. 消费者运动本质上是一种有组织的社会运动。社会运动，又称群众运动，是由众多的群众卷入或参与而形成一定规模的特殊的社会行为。③ 在消费者运动中，众多消费者通过组织化的方式参与消费者维权活动，从而演变为一种具有相当规模的社会行为现象，促使经营者和政府逐渐重视消费者权益保护问题，这显然是市场秩序从失范走向有序的转变过程。在运动的过程中，消费者的行为目标越来越明确，并且动用大量的社会资源，逐渐形成网络化的社会组织，这标志着消费者运动的兴起。在实践中，这种社会组织的发起者不仅可以是来自民间的社会力量，如各种民间消费者组织的成立，而且也可能是在政府的资助下成立的，如中国消费者协会组织的成立。这种组织化的消费者运动一旦形成，就在消费者保护中产生了强大的影响力，并且对运动的高涨起到推波助澜的作用。

2. 消费者运动的目的是保护消费者的权益免受不法侵害。从法律的角度来看，消费者运动"作为保护消费者利益免受经营者欺诈和经济力量滥用危害的自我防卫性力量，旨在于加强消费者相对于经营者的权利和力量"④，其起因于消费者利益受到经营者不法行为的侵害而产生的社会问题，即消费者问题的普遍化和社会化。这种侵害消费者利益的行为，如滥用经济优势的强迫消费行为、误导消费者购买的欺诈行为、危害消费者人身和财产安全的行为等，在现

---

① Himachalam, D., *Consumer protection in India*, Ambala Cantt: Associated Publishers, 2006, pp. 48 – 50.

② 对于消费者运动（consumer movement）的含义，社会学和经济学者的认识仍然不尽一致，有认为其与 consumerism 或 consumer protection 同义，有认为其仅为 consumerism 的一个子集，本文以后说为准，See Brobeck, Stephen（1990）。The modern consumer movement: references and resources（1. publ. ed.）. *Boston, Mass.: G. K. Hall.*, 1990, p. xvi。

③ 彭华民：《消费社会学》，南开大学出版社 1996 年版，第 220 页。

④ Himachalam, D., *Consumer protection in India*, Ambala Cantt: Associated Publishers, 2006, p. 54.

代社会往往呈现大规模爆发之势，严重损害消费者的利益。在此种情形下，公平交易的规范严重破坏，社会成员的行为失范成为普遍现象，消费者不满情绪的集中爆发，站在消费者的角度，抵制那些欺骗和伤害消费者的行为以保护消费者的权利，成为消费者组织的重要使命。

3. 消费者运动是以社会运动的形式促使经营者行为和政府政策发生转变。在市场经济中，交易行为的"非道德化"和市场理性使得经营者为实现自身利益的最大化而不惜牺牲个体消费者的利益。在与经营者的行为相抗争的过程中，单个的消费者往往势单力薄，因为以分散化的个体形式来对抗高度组织化的生产经营者往往处于劣势地位。在这种情况下，只有以组织化的方式，克服分散性消费者抗争的劣势，借助常规化、日常化和固定化的消费者组织，方能给生产经营者造成强大的外部压力环境，增加违法行为的交易成本，从而实现与经营者对等条件下的交易和斗争。① 在消费者运动的强大压力下，政府为平息消费者的不满情绪，不得不出台众多保护消费者的政策和法律，否则将会面临社会不稳定和选票流失的政治风险。经营者若要继续从事侵害消费者权益的行为，则不但要面对失去消费者的市场风险，而且面临着承担责任的法律风险。

二　发达国家消费者运动的兴起和发展

发达国家的消费者运动从自发到有组织的运动，再到法制化阶段，逐渐成熟和制度化。对于消费者问题的解决对策从最初的消极抵触到现在的积极应对，从零散的对抗到有组织的制度化的法律解决，消费者运动对于各国消费者立法的影响逐渐形成一定的程式和模式。

（一）启蒙阶段

启蒙阶段，也即自发阶段，是消费者的权利意识逐渐觉醒，开始同损害其利益的行为和组织进行抗争的时期。但是，由于自身能力和

---

① 王宁：《消费社会学》，社会科学文献出版社 2011 年版，第 259 页。

分散性，该时期消费者难有作为。该阶段多出现在市场经济的自由竞争时期到向垄断阶段过渡时期。市场上经营者的力量相对弱小且较为分散，市场流行的观念是"买者自负"，只要不是"欺诈"，经营者可以谋取最大利益。1756 年，英国王室法庭首席法官曼斯菲尔德提出："买卖人付完整价金，应该获得完美商品。"这使他成为第一个明确阐述"消费者保护"思想的人。① 在 19 世纪末期，美国社会食品、药品行业卫生条件和生产条件极其恶劣，欺骗的、低劣的、掺假的和危险的食品和药品充斥市场。在第一次世界大战前，放任主义的经济政策和买者自负的市场规则，导致消费者的利益普遍受到劣质食品和药品的威胁。1906 年厄普顿·辛克莱发表的《屠宰场》，描写资本主义大企业对工人的压榨和芝加哥屠宰场的不卫生情况，引起人们对肉类加工质量的愤怒。公众开始自发地抗议那些无良经营者的某些产品，并且要求政府干预和制定新的法律对消费者进行保护，例如1904 年的《肉类检验法》、1906 年的《洁净食品和药品法》《健康肉品法》和 1914 年的《联邦贸易委员会法》等。

（二）组织化阶段

由于消费者问题的集中爆发，越来越多的消费者意识到必须借助组织化的力量同损害消费者利益的行为和企业进行斗争，消费者组织如雨后春笋般诞生并且逐渐形成强大的社会力量。

1. 美国。美国是消费者运动的起源地，也是消费者运动发展历史最悠久的国家，代表着世界消费者运动发展的潮流。② 为保护工作者的利益和促进正义实现，社会正义运动出现了。作为该运动的一部分，1899 年由两个美国著名的社会改革家简·亚当斯（Jane Addams）和约瑟芬·洛厄尔（Josephine Lowell）发起，美国第一个全国性的消费者组织，全国消费者联盟（National Consumers League）正式注册成立。该联盟是一个在市场和工作场所代表消费者利益的私人的非营利

---

① 彭华民：《消费社会学》，南开大学出版社 1996 年版，第 229 页。
② 参见吴景明《消费者权益保护法》，中国政法大学出版社 2007 年版，第 9 页。

的支持团体，它以消费者的角度对涉及的童工、隐私、食品安全和药品信息等问题为政府、商人和其他组织提供政策建议。在第一任秘书长佛罗伦萨·凯利（Florence Kelley）的领导下，该联盟先后曝光了童工和恶劣工作条件的问题，并且推动了多项社会改革①：（1）保护包括整个家庭在内的家庭雇工免受雇主的残酷剥削；（2）推动 1904年《肉类检验法》和 1906 年《洁净食品和药品法》的颁布；（3）起草并发起国家妇女最低工资法案；（4）具有里程碑意义的是 1908 年穆勒诉俄勒冈案中捍卫并最终说服美国最高法院坚持 10 小时工作日法；（5）支持联邦儿童局的成立和童工限制。在新政时期，因经济危机的爆发，美国经济濒临崩溃，商品匮乏，物价飞涨，劣质食品充斥市场，消费者急需帮助。由于他们出版的作品《金钱的价值：消费者收入浪费的研究》获得公众的积极反馈，1929 年 Stuart Chase 和 F. J. Schlink 成立了世界上第一家消费者研究机构消费者研究所（Consumers' Research），每月出版杂志《消费者研究通报》（*Consumers' Research Bulletin*）。后来，由于对 Schlink 等人管理方式的不满，部分员工开始进行抗议并从该组织中独立出来，在 1936 年成立了消费者联盟（Consumers Union），发行杂志《消费者调查报告》（*Consumer Reports*），该杂志获得了市场的认可并超越和取代《消费者研究通报》，成为现在最流行的消费者研究杂志。目前，消费者研究所仍然是一个独立的消费者教育机构，负责增加消费者对于消费有关的问题、政策、产品和服务的知识理解，促进消费者在知识和信息方面的自由。消费者联盟已成为世界上最大的为消费者服务的商品检验机构，致力于维护一个公平、公正和安全的消费市场，通过《报告》为消费者提供可信赖的商品检验信息，帮助他们区分不同类型的商品优劣，从而增强消费者的自我保护能力。②

　　从 20 世纪 60 年代起，由于科技、社会经济、政治、生态和市场

---

① NCL, A Look Back on 100 + Years of Advocacy, http：//www. nclnet. org/history.

② CU, Mission, https：//consumersunion. org/about/mission/.

不满等因素的综合作用，美国消费者运动进入新的时期。20 世纪 60 年代中期食物原料的价格飞涨更加重了全国消费者的不满和超市的联合抵制。生产者和经营者拒绝给他们提供复杂的商品的准确信息，以帮助消费者评估产品和服务的选择，更是受到诸多社会活动家的批评。1965 年 Ralph Nader 出版《任何速度均不安全》，针对汽车制造商拒绝花钱改善汽车的安全条件，如安全带等问题提出批评。1967 年 David Caplovitz 的《穷人付出更多》一书出版，针对穷人在消费过程中花更多的钱才能得到相同的商品和服务的现象进行了社会学的研究，称此为"贫困的惩罚"①。这些书籍的出版，促使美国消费者意识到在做出购买决定时要更加注意他们的权利。在该时期，消费者权利意识的觉醒促使美国消费者运动蓬勃发展，消费者国内组织和跨国消费者组织如雨后春笋般产生。其中最重要的，当属 1968 年成立的美国消费者联合会（CFA），作为非营利性组织，其目标是通过研究、教育和支援来促进消费者的权利，其成员接近 300 个以消费者为导向的非营利组织，涉及的消费者有 5000 万人。该组织有着广泛的活动和兴趣，多集中在通过公民、公民团体、新闻媒体和政府监管机构对商人以及他们的活动、产品和服务进行审查。这些消费者组织通过宣传和游说，推动美国消费者立法的进程，例如 1966 年迫于消费者运动的压力美国国会通过《全国交通和汽车安全法》。

对于美国消费者运动的历史，Mayer 教授在其代表作《消费者运动》中对消费者运动的历史和影响进行了全面的分析（见表 1.6）②，分析了消费者运动爆发和持续的原因，并且预见了未来消费者运动的发展方向。这对我们理解美国消费者运动的进程具有重要意义。

---

① Caplovitz, David（1967）. The poor pay more：consumer practices of low-income families（1st Free Press pbk. ed. ed.）. Prahalad, C. K.（2004）. The fortune at the bottom of the pyramid（2. print. ed.）.

② Mayer, Robert N., The consumer movement：guardians of the marketplace（1. print. ed.）, *Boston：Twayne Publishers*, 1989, p. 13.

表1.6　　　　　　　　　　　美国消费者运动的浪潮

时期	1900—1915	1920s—1930s	1960s—1970s
新的市场特征	全国流通，产品品牌	大量生产，家用电器，使用图片的广告	产品泛滥，个人信用，复杂的新技术，极大拓展的世界贸易
新的媒体	报纸和杂志	无线电广播	电视
关注焦点	食品安全，药品安全，限制反竞争行为	由于非客观的信息和缺乏监管代表，广告受到指责	安全标准，广告的社会影响，消费者损害的补偿
重要人物	Upton Sinclair, Harvey Wiley	Stuart Chase, Frederick J. Schlink, Arthur Kallet, Colston Warne	Ralph Nader, Esther Peterson, Michael Pertschuk, Sidney M. Wolfe
重要出版物	《丛林》（或《屠宰场》）	《金钱的价值》，《1亿豚鼠》	《任何速度均不安全》，《穷人付出更多》
重要组织	全国消费者联盟	消费者联盟，消费者研究所，农村电力合作组织	美国消费者联合会，大众公民（Public Citizen），美国消费者权益委员会
重要立法	洁净食品和药品法，肉类检验法，联邦贸易委员会法	联邦食品、药品和化妆品法，惠勒里亚法案（Wheeler-Lea Act）	国家交通及机动车安全法，信用贷款法，消费产品安全法，马格努森－莫斯保修法，健康肉品法
结束时期	第一次世界大战	第二次世界大战	罗纳德·里根总统任期

　　2. 日本。在日本，消费者运动在第二次世界大战后进入组织化的阶段。第二次世界大战后的日本民众生活潦倒，物资极度匮乏，粮食配给制的供应不足使得黑市粮价居高不下。这场运动最初发端于大阪主妇会的"不买牛肉运动"，后发展成为席卷全国的"反对澡堂涨价""反对电费涨价"等降低物价运动。在此过程中先后成立关西主妇联合会、日本生活协同组合联合会和主妇联合会等以降低物价为目标的消费者团体，并且在后期发展到驱逐劣质火柴为代表的抵制劣质商品活动，消费者运动从降低物价运动逐渐发展到包括商品质量问题的广泛运动。消费者团体的成立对于战后日本稳定物价和提高商品质量发挥了重要作用。1948年日本主妇协会的成立更是揭开日本消费者运动的序幕，消费者运动开始走上组织化的阶段。1950年主妇协会设置日用品审查部，对多种日用品进行比较实验，这对消费者运动影响很大。

　　随着经济的逐步复苏，从1955年开始日本进入经济高速增长期，迎来了大量生产、大量消费的时代。在消费革命的带动下，日本消费者需求旺盛，以电视机（黑白电视机）、洗衣机和电冰箱"三件神器"为代表的家用电器等耐用消费品开始在城乡家庭中迅速普及，超市成为最受民众欢迎的经营模式，而分期付款在逐步改变日本居民的消费观念。以1955年的日本森永奶粉事件和氯碘喹啉事件、1953—1956年日本熊本县水俣事件、1962年的酞胺哌啶酮事件等食品药品类公害事件为代表的假冒伪劣产品和欺诈性销售问题相继发生，危害严重，成为深刻的社会问题。1956年在主妇会馆建成后，日本主妇协会日用品审查部改为日用品试验室，成为日本最早的消费者团体试验室，该试验室在后来追求商品安全性的运动中发挥了很大作用，例如在日本主妇联合的呼吁和建议下，厚生省于1958年对含有色素的腌萝卜进行慢性毒性实验后，正式宣布禁止食用。之后，1956年全国消费者团体联络会及全国消费者大会①成立，并发表《消费者宣言》将"保护作为主权者的广大消费者的权利，实现流通过程的明朗化和合理化"作为协会的目标。1961年，日本消费者教育室从日本生产性本部独立出来成立财团法人日本消费者协会②，将提供选择商品的信息、消除消费者和生产者之间的隔阂、建立相关的消费者行政机构、"确立消费者主权"作为运动的方向。两大消费者组织都把实现消费者的权利作为第一目标，但在运动方法上存在微妙的差异，

①　1956年12月24日，主妇联、日生协等11个团体在新建成的主妇会馆就中小企业组织法案和消费者团体的对策方针等议题交换了意见。会上提出了成立"全国消费者团体联络会"的建议。此后的一个月中，12个都道府县成立了地方消费者团体联络会。1957年2月26日，在主妇会馆召开了"全国消费者大会"，由22个都道府县的代表800人参加，除了采纳反对小企业团体法和环境卫生法等决议外，还通过了主妇联起草的《消费者宣言》。该宣言将"消费者主权"的概念纳入消费者运动中，在日本消费者运动史上具有历史性意义和地位。

②　1958年11月，为有组织地开展消费者教育运动，由生产性本部发起，消费者团体的代表、有关机关的负责人和一些有经验的学者共26人结成了"消费者教育委员会"，面向消费者发行《聪明购物》的小册子。1960年1月改为"消费者教育室"，除发行《聪明购物》的小册子以外，还开展"联络消费者和生产者大会"的活动，与商场的商品试验室进行交流，编辑中小学家庭课教育资料《消费者的购物知识》。1961年3月，"消费者教育室"从生产性本部独立，以CU（美国的消费者联盟）那样的消费者机构为目标，成立了"财团法人日本消费者协会"。

这象征着日后消费者运动的两大主流。

为应对已经出现的消费者问题，在消费者组织和消费者运动的推动下，许多有关消费者保护的专项法律纷纷出台，如 1960 年的《药品法》修正案、1961 年的《分期付款销售法》、1962 年的《不正当赠品类以及不适当标签防止法》（简称《赠品表示法》）和 1962 年的《家庭用品质量表示法》等。同时，政府开始逐渐重视消费保护的问题，消费者行政机构的设置也日趋完善，1970 年日本经济企划厅国民生活中心的成立标志着日本消费者行政保护体制的建立。

同时，自 20 世纪 60 年代后半期开始，以汽车、空调和彩色电视机为代表的 "新 3C" 的普及标志着日本进入了大量生产、大量消费的热潮。但是，这种 "生产优先政策" 却导致居民生活和消费环境的急剧恶化和大量公害问题。在产业优先政策的指引下，消费者的生活 "质量" 和真正 "生活富裕" 被国家法律和缺乏道德准则的企业所忽视，招致消费者被害问题屡屡发生，并且久久得不到解决。1974 年日本消费者联盟成立，针对经济优先政策，消费者联盟打出了生活优先的旗帜，并指名揭发一些大企业反消费者活动的事实，日本消费者联盟成为最早的 "揭发型" 的运动团体。①

3. 德国。在德国，消费者运动组织具有典型的政治色彩和较强的共同体性质。它起源于 19 世纪工人运动中的消费合作社，历经两次世界大战的洗礼和两德分立及和平统一而逐步成为保护消费者利益的中坚力量。德国消费者保护的历史与现代工业社会的发展息息相关。19 世纪的工人运动中出现的消费合作社，是今天的消费者组织的前身。他们通过代表其成员购买商品和服务为消费者谋利。随后的妇女解放运动则成为消费者运动的第二支柱。像 1903 年天主教的主妇联盟和 1915 年德国的主妇联合会等众多组织在今天仍然存在，专注于为其成员提供信息和建议。19 世纪的工人运动亦伴随着努力为

---

① 日本消费者联盟的消费者宣言的副标题是 "让 1 亿人都成为揭发者" 将消费者运动的本质定为 "人类恢复运动" 和 "人类保全运动"，日本的消费者运动进入了一个新的时代。

消费者提供保护以避免受到经营者的侵害的目的。第一个关于消费者保护的特别立法，即 1894 年的《分期付款买卖法》，同时也是世界上第一部具有消费者保护性质的民法。① 可以说，20 世纪早期的工人合作和工作条件改革运动事实上也是消费者保护运动，因为它们背后的观念都是给工人提供体面的、安全的和负担得起的产品并保护他们免受剥削。1953 年 4 月 30 日联邦德国联邦消费者协会（AGV）成立，它是一个伞式组织，代表众多成员组织在政治事务中承担责任，遵循"回到根源"的政策，对消费者顾问、教师和经济学家进行帮助教育，并且经过法律改革后被授予在法庭上起诉不公平交易者的权利和出庭提供法律意见的权利。1985 年消费者行动（Consumer Initiative）成立，并提出了有意识地选择建立消费者组织的原则。消费者行动主要涉及公平交易的问题，以及伦理的和生态的消费问题。同年，杂志《环保测试》出版，其和商品检验基金会（Stiftung Warentest）发布的产品测试杂志一起成为消费者评价产品生态性的替代选择。两德的统一带来了消费者事务方面的重大变化。1990 年货币联盟的成立使得几百万的民主德国公民第一次与市场经济接触。在接下来的几年里，经验不足的民主德国消费者成为不法商家的目标，他们热衷利用消费者的"天真"而获利。这产生了一个对消费者意见和可靠信息的巨大需求。消费中心立即对此做出反应，以应对这一挑战，1990 年在每个民主德国联邦州创办了一家消费中心，并在 1990 年 12 月加入了 AGV。

在 20 世纪 90 年代，发生了一场有关消费者组织的财政和结构改革的争论。改革进程始于 1992 年，中央政府将向消费中心提供资金的责任移交给联邦州。结构性争论也引发了对不同的消费者组织的角色的重新评估，中央政府最终决定资源和责任应集中。一个新的伞式组织被建立用来在国家和国际层面开展更有效地游说。其结果是，在

---

① 参见张学哲《德国当代私法体系变迁中的消费者法——以欧盟法为背景》，《比较法研究》2006 年第 6 期。

2000 年 11 月，三大德国消费者组织（AGV、VSV 和 VI）合并进入联邦德国消费者组织联盟（VZBV）。新的伞式组织作为欧洲消费者组织联盟（BEUC）的成员，接手联邦消费者协会 AGV 的任务，以"分析消费者市场，发现结构缺陷，确定消费者的问题，并找出解决的办法和实施方案，在企业和消费者之间寻求利益的平衡"为其目标，进行政策游说，并承担其他的法律事务和对消费者事务工作人员进行的教育工作。

4. 欧盟。在欧盟一体化形成的过程中，欧洲共同体层面的消费者保护运动亦如火如荼地展开。1962 年比利时、卢森堡、法国、荷兰、意大利和德国的消费者组织决定建立消费者组织欧洲联盟（BEUC），目的是代表消费者在欧洲舞台通过政策游说和维护所有欧洲消费者的利益。欧洲消费者组织联盟成员不断壮大，目前成员包括 40 个独立的来自欧洲 31 个国家的消费组织，代表欧洲 5 亿消费者的利益。经过 BEUC 的不懈努力和呼吁，它在二氧化碳排放量的目标、替代性纠纷解决、消费者权益指令、转基因标签、个人资料保护、欧盟消费者权益标准、产品责任指令范围扩张等诸多方面取得了卓越的成就。① 在 21 世纪，BEUC 仍然在扮演着重要角色，根据对欧盟政策和发展方向的调查，其将金融服务、食品、数字版权保护、消费者权益保护、可持续发展、安全、卫生和能源八个领域确定为未来优先关注的领域。② 同时，为协助欧盟委员会新的《消费者议程》的实施，2012 年在成立 50 周年之际，BEUC 发布了《2020 欧盟消费者愿景》，并提出了 2020 年的远景战略目标。③

---

① BEUC 在欧洲范围内取得了卓越的成就，参见 http：//www. beuc. org/achievements。

② BEUC，BEUC General Brochure：Who we are and what we do，*The European Consumer Organisation*，p. 6.

③ BEUC 2020 年的战略目标是，"在欧盟市场经济范围内，如果消费者要发挥更大的市场驱动作用，必须给予他们正确的工具。他们必须能够信任市场，有技巧和能力做出正确的选择。他们的福利，包括未来世代的福利，都应该作为政策制定的中心，给他们提供可负担的价格去购买生活必需品和安全耐用的产品，并且在市场失灵的情况下，可以获得有效的救济。"BEUC，EU Consumers' 2020 Vision，*The European Consumer Organisation*，p. 12.

（三）政府依法保护阶段

随着消费者运动的深入开展，消费者问题受到政府越来越多的关注，采取行政措施和法律手段进行依法保护。特别是，消费者权利的提出和发展，标志着消费者运动进入权利保护和法制化阶段。20 世纪 50 年代，随着消费者运动的高涨，日本消费者团体已经开始在消费者运动中提出"消费者主权"的思想，并在其全国消费者团体联络会及全国消费者大会的《消费者宣言》中使用"消费者的权利"作为协会的目标。在美国，1962 年 3 月 15 日，美国总统肯尼迪在国会咨文中提出了消费者的四项权利，即安全权、知情权、选择权和表达权，尼克松任美国总统后，又提出第五项权利——索赔权。由于这篇咨文首次概括提出了消费者的四项权利，在国际消费者运动中意义重大，1983 年国际消费者联盟做出决定，将每年的 3 月 15 日定为"国际消费者权益日"。

1. 美国。1962 年消费者权利提出的同时，从 20 世纪 60 年代开始，随着信贷消费的普及和发展，美国国会在信贷消费交易规则方面加强立法，1968 年颁布了《消费信贷保护法》（Consumer Credit Protection Act）。进入 20 世纪 90 年代后，由于消费者运动的推动，美国在消费者保护方面颁布的大量成文法和判例法已经形成了非常完备的消费者权益保护法律体系，立法层次多样且范围广泛。尽管没有消费者保护的基本法，但是众多单项的成文法和长期积累的大量判例却构成美国消费者保护的法律体系。其不仅包括联邦成文法和判例，而且涉及联邦贸易委员会等行政执法机关在其职权范围内制定的具有完全效力的贸易规则。同时，由于美国是联邦制国家，依其宪法规定，各州都有立法权，除上述联邦法外，各州还存在大量消费者保护的成文法和判例，而且法律差异很大。除此之外，联邦贸易委员会等行政执法机关发布的各种指南和学术机构制定的示范法也日益受到立法和司法机关的重视。从这些法律和判例来看，美国消费者立法涉及的生活消费领域范围广泛，包括商品（服务）信息披露的法规、商业行为正当性的法规、价格法规、消费安全的法规和消费者平等性的法规等。特别是在金融危机爆发后，美国金融监管改革开始将金融消费者的保护提升至重要高度，布什政府和奥巴马政府先后签署法律将金融消费者保护纳入金融监管的目标，成立独立的金融消费者保护机构——消费者金融保护署，保证消费者在购买金融产品、接受金融服务时得到清晰、准确和易于理解的信息，遏止不公平或者欺诈性的行为。① 在司法实践中，美国还发展出众多具有特色的消费者保护制度，例如惩罚性赔偿、最低赔偿和代付诉讼费及律师费在内的额外赔偿形式、消费者集团诉讼和消费仲裁等。这些消费者保护制度的建立对于全面保障消费者权利的实现起到了至关重要的作用，也使美国消费者运动和立法得以引领世界潮流。特别是，20 世纪 90 年代美国法院在美国通用汽车公司和福特汽车公司的两个案件中的巨额惩罚性赔偿金的判决，无疑代表了美国当代消费者运动的特点。② 总体上，面对新科技革命和互联网交易的不断拓展，当代美国消费者运动仍然在不断深化。通信、消费者保护和隐私、能源、金融服务、食品和农业、产品安全、住房和交通等成为包括美国消费者联合会（CFA）和全国消费者联盟（NCL）等在内的众多消费者组织关注的焦点问题。

2. 日本。由于社会舆论对于制定综合性的消费者保护法律的呼声日趋高涨，1968 年日本国会通过由日本四党联合提案的《消费者保护基本法》。作为一部综合性的消费者保护法，该法的目的是"在明确国家、地方公共团体和经营者关于维护和增进消费者利益的责任和消费者应有的地位的基础上，通过制定有关措施与政策的基本准则，谋求有关消费者利益的保护与增进的政策的综合贯彻执行，以确保国民消费生活的安定与提高"。《消费者保护基本法》的颁布，标志着日本消费者运动进入法制化阶段。20 世纪 70 年代后，受到国内和国际的贸易自由化和日元升值的影响，消费国际化、家内化和文化性成为消费的主流特征，消费者运动开始对损害消费者权益的企业进

---

① 相关立法文件参见全国人大常委会法制工作委员会民法室编《消费者权益保护法立法背景与观点全集》，法律出版社 2013 年版，第 318 页。

② 参见吴景明《消费者权益保护法》，中国政法大学出版社 2007 年版，第 11 页。

行批判，利用法庭这种形式和手段与损害消费者权益的行为进行斗争。许多消费者团体联合行动，对于制度的改正和法律的制定、修改提出具体方案。消费税的抵制、节约资源、节约能源和环境问题也成为消费者运动的内容。该时期，国内的消费生活愈加成熟的同时，一些新的消费者问题诸如信用卡问题、欺诈性商事问题层出不穷。面对这样的问题，消费者团体展开多方面运动，推动立法的制定和修改，如访问买卖法、传销法、贷款业规制法等大批法律，就是在消费者团体和政府的推动下制定的。

泡沫经济活崩溃后，日本经济进入严重衰退，消费增长缓慢。日本消费者逐渐放弃追求奢侈的社交生活，而选择"明朗舒适的家庭生活"①。1991 年 11 月日本召开"第 30 届全国消费者大会"，通过了"要求制定产品责任法的决议"和"反对大米自由进口，提高粮食自给率，追求食品安全的特别决议"。此后，消费者团体围绕产品责任法和信息公开法的制定展开运动。1991 年，以全国消费者团体联合会为中心，成立了"推动制定产品责任法联络会"，向有关政府机关提出制定产品责任法的要求，最终在 1994 年 6 月的第 129 次国会通过了产品责任法的决议。但是，日本产品责任法并没有放松"对质量问题和受损关系的立证"，消费者自身对极其复杂的高科技产品带来的损害很难立证，要求重新制定信息公开制度成为消费者运动的新课题，并最终促使国会在 1999 年颁布《信息披露法》予以纠正。

进入 21 世纪，日本消费者运动的关注点在于：（1）消费相关法律法规的制定和修改，如电子契约法、食品安全基本法的制定；（2）BSE（疯牛病）、中国制饺子中毒事件、食品伪装问题、污染大米销售事件等发生后，食品安全处于危险之中；（3）H1N1 禽流感、口蹄疫、手足口病等威胁公众健康的问题。以 2000 年《消费者契约法》的颁布为分水岭，消费者相关法律，如《金融工具销售法》《信息披

---

① 肖翔、张昕：《浅议日本社会消费和消费对策的演变与启示》，《消费经济》2012年第 6 期。

露法》等法律先后实施。食品成分标签制度、化妆品全成分标识制度和修改的《JAS法》（即《农林产品品质规格和正确标识法》）建立的有机农产品认证制度等创新的消费者相关认证系统先后启动。2004年《消费者基本法》的颁布具有里程碑的意义。消费者保护法中"保护"二字的取消意味着政府对于消费者的政策从"被保护的对象"转变为"主体自立"。解除管制和政府支持成为日本现行消费者政策的基本指导思想。2006年日本法务部正式决定修改民法典，其中重要的内容就是债权法的修改和消费者法的融入，其后在2014年8月26日公布了债权法纲要草案。[①] 与此同时，2009年9月，以实现"推进跨部门的消费者行政一元化"为目标，日本政府在内阁府下设立专属行政机关消费者厅，统一管理消费者行政事务，消费者行政保护体制走向统一化。

3. 德国。作为左翼联合政府的总理维利·勃兰特当选后，德国消费者组织迎来了一个黄金时期。1971年，政府发布了第一个消费者政策文件，并在经济事务部成立了一个消费者事务常设委员会。在此期间，主要的里程碑性质的立法包括垄断法修正案（1973年）和租购法（1974年），食品法的彻底修改（1974年），药品法的改革（1976年），一般交易条款法（1977年），旅行合同法（1979年）和新修正的机械安全法（1979年），《分期付款买卖法》也在1974年得到了修订，引进了消费者撤回权制度[②]。这些法律的制定是对当时法律体系中消费者保护法律严重缺陷的回应。在欧盟成立后，德国消费者政策和立法受到欧盟直接影响。为落实欧盟消费者指令，德国不断

---

① 日本民法典债法修正的基本进程如下：2009年设置了民法部会，2011年4月中间论点整理，2011年6月8日开始公开征求社会意见，2013年3月末"中间试案"已经完成，"中间试案"在3月15日公布，4月1日已经向社会公开征求意见。"中间试案"并不是公布所有的需要修改的条文，而是只公布大家有争议的条文。共230个条文有争议，涉及260个争议点。参见渠涛《日本民法修改的价值取向、方法和进程》，中国私法网，2013年5月21日。2014年8月26日公布债权法纲要草案，之后将由内阁府审定，审定后形成法案交国会审议。

② 张学哲：《德国当代私法体系变迁中的消费者法——以欧盟法为背景》，《比较法研究》2006年第6期。

进行法律修正和立法。在1989年通过《产品责任法》，将欧洲共同体委员会制定的《产品责任指令》纳入其本国法，该法的制定和颁布标志着主要以保护消费者为目的、实行严格责任（无过错责任）原则的产品责任制度在德国已经确立。后来，在2002年则通过《债法现代化法》对民法典进行修订来落实欧盟的多项消费者指令。

4. 欧盟。随着欧洲共同体或欧盟的扩大，独立的欧洲消费者政策开始形成。1957年《罗马条约》和1965年《布鲁塞尔条约》的签订和欧共体的成立是欧洲一体化进程的起点。随着欧共体的发展壮大和共同外交、安全政策及加强司法及内政事务合作的需要，1991年欧共体通过建立"欧洲经济货币联盟"和"欧洲政治联盟"的《欧洲联盟条约》，逐渐由区域经济共同体转型为区域政经共同体。由于欧共体/欧盟法律在欧盟各成员国的法律系统中有直接效力，在很多领域甚至高于国内法。特别是单一市场所涵盖的经济政策和社会政策领域，欧盟消费者法律和政策直接影响着德国消费者立法的动向。

最初，消费者事务受到了冷遇，因为诸如自由贸易和共同市场等大量问题被欧盟成员国优先考虑。虽然《罗马条约》（1957年）并没有奠定一个独立的欧洲消费者政策基础，但是1973年欧洲理事会制定的《消费者保护宪章》（Consumer Protection Charter）以制定消费者保护的国际标准与基本准则为目标，提供了欧洲消费者最低程度的保护标准，宣布消费者享有五项基本权利，即健康和安全保障权、经济利益受保护的权利、损害赔偿的权利、教育和信息的权利和表达的权利。① 之后，1977年欧洲议会设立了一个负责消费者事务的特别委员会，并在1983年由成员国负责消费政策的部长们召开了第一次会议。单一欧洲文件颁布之前，欧共体的消费者政策主要是通过欧盟消费者保护文件，如1973年《消费者保护宪章》和消费者指令加以落实的，如1985年的《产品责任指令》和《上门推销指令》。由于指令的颁

---

① 谢海：《国际消费者保护政策的国内借鉴：以欧盟为例》，《经济体制改革》2005年第4期。

布要求欧共体部长理事会表决全票通过，这些指令的通过要么费时费力，要么胎死腹中。直到 1987 年的《单一欧洲法案》签订，涉及大部分有关单一市场的议题上，只要有效多数赞成票即可通过，消费者指令才得以迅速在各成员国落实。1992 年的《马斯特里赫特条约》（《欧洲联盟条约》）（第 129a 条）将消费者事务提升到了"社会政策"的层面并作为独立的目标写入条约，通过建立统一的内部市场对健康、安全、环境和消费者事务等提供高层次的保护。欧盟消费者保护政策的宪法性框架的最后发展，是 1997 年《阿姆斯特丹条约》对《欧洲联盟条约》中的消费者保护条款（第 129a 条）所作的修改。通过这些条约，欧盟层面的消费者保护政策基本形成。

欧盟层面的消费者政策确立后，欧洲议会及欧盟理事会快速通过了诸多涉及消费者买卖合同、产品价格、健康和安全等内容的指令20 多件①，形成了独具特色的欧盟消费者政策法律体系。这些指令通过欧盟各国法律的修改和制定得到了落实，例如荷兰通过新《民法典》来落实欧盟相关指令，法国在 1993 年颁布了《消费法典》，意大利则在 2005 年颁布了《消费法典》将欧盟消费者相关指令和民法典中关于消费者的规定统一纳入法典之中。与此同时，1995 年欧盟内部设立了健康与消费者保护司，消费者保护政策从完善单一市场的经济目的中剥离出来，成为独立的、具有显著社会意义的欧盟政策。同时，为帮助消费者适应新的消费环境，2012 年 5 月，欧盟委员会发布了新的《消费者议程》②，从四个方面规划了欧盟消费者政策的

---

①　例如 1988 年的《上门销售指令》、1990 年的《包价旅游指令》、1993 年的《不公平合同条款指令》、1994 年的《分时度假指令》（2008 年修订）、1997 年的《远程销售指令》，1998 年《价格标示指令》和《不作为之诉指令》、1999 年的《消费品买卖指令》、2000 年的《电子商务指令》、2002 年的《消费者远程金融服务指令》、2005 年的《非诚信商业行为指令》和 2011 年的《消费者权利指令》等。详细内容参见胡俊宏《〈消费法典〉的编纂与意大利消费者保护法的新近发展》，载胡俊宏、雷佳译《意大利消费法典》，中国政法大学出版社 2013 年版，第 9 页；龙宗智、［德］Rudolf Steinberg 主编《欧盟债法条例与指令全集》，吴越等译，法律出版社 2004 年版。

②　European Commission, Directorate-General for Communication, the European Union explained: Consumers, *Luxembourg: Publications Office of the European Union*, 2013, p. 12.

战略构想，即增进消费者的安全，加强消费者的知识，执行、实施和补救，保持与社会和经济的同步；同时，该议程设定了食品安全、能源、金融、交通和数字五个关键领域支持消费者保护。特别是，欧盟多国通过修改民法典来落实欧盟消费者保护的指令，民间学术机构起草的《欧洲合同法原则》和《欧洲示范民法草案》更是将消费者保护作为立法的指导思想在具体规则设计上加以落实，这不啻体现了消费者运动的成果，更反映了现代民法发展的趋势。

（四）发达国家消费者运动的特征

消费者运动从发达国家开始，逐渐蔓延到世界各国，深刻地影响着各国的政策和法律，尤其是改变着人们对民法的认识。通过消费者团体组织的自身力量，消费者运动不断影响着立法的政策倾向，在消费者和经营者之间塑造出新的交易规则。

1. 消费者运动呈现出自发运动到组织化运动再到制度化运动的发展趋势。最初消费者运动的主要动力来自个体消费者对于经营者侵害其利益的自发斗争，但到后来由于消费者问题日益严重，受到侵害的消费者开始聚集起来共同对抗无良的商家，消费者组织渐成为消费者运动的主导力量。进入 20 世纪 60 年代，随着消费者权利意识的觉醒，消费者运动开始将维护消费者的权利作为运动的目标呈现在法律和政策诉求之中，消费者运动进入新的阶段。

2. 消费者运动的主体中，消费者和消费者团体是消费者运动中最基础和最可靠的力量，政府组织是重要的推动力量。无论是美国，还是在日本和德国，作为直接受害者的消费者不仅可以通过法律赋予的各种手段维护自身的权利，而且法律亦赋予消费者团体代表消费者提起公益诉讼的权利，甚至在诉讼中赋予特定的消费者团体专家证人的角色，最大限度地发挥消费者自身的力量来促进消费者权利的保障。同时，国家和政府在消费者保护中亦扮演着日益重要的角色，通过制定消费者保护法和设立相关机构，支持消费者维护其合法权益。

3. 消费者运动的目标呈现多元化，但根本的目标是解决现实中存在的消费者问题。各国消费者运动中消费者团体扮演着相当重要的角色，但由于不同的消费者团体的政治诉求并非完全一致，消费者运动给人的影响是缺乏一致性和系统性，甚至有所冲突。"现代消费者运动是有机的，非系统的，是对逐渐在经济、社会和政治中——市场资本主义和消费文化占据主导地位的意识形态的普遍回应。"① 这种现象充分反映了现代社会消费者需求和消费者问题的差异性和多样性，消费者运动已经向领域细分和满足消费者个性化需求的方向发展，这势必促使更多消费者团体的出现。但无论如何，消费者运动的主旨在于解决现代社会消费者利益受侵害的问题。

4. 消费者运动的内容和诉求呈现多样性。最初消费者运动主要针对食品、药品、生活用品等影响消费者健康的产品安全和质量问题提起抗议，后来随着侵害消费者健康和安全的事件逐渐增多，消费者运动逐渐提出自身的政治诉求和政策建议，促使立法和司法机关在涉及消费者利益的法律和判决中做出对消费者有利的判断。在当代，消费者运动涉及消费生活的各个领域和各个环节，并且伴随着消费革命的绿色化和低碳化，消费者运动不仅在于维护自身权益，而且开始抵制消费文化并寻求转型，为集体利益考虑，倡导限制的和负责任的消费。

5. 消费者运动的范围呈现全球化。第二次世界大战后，各种消费者组织便应运而生，并迅速扩展到发展中国家，1960 年国际消费者组织联盟（IOCU）成立，并在 1983 年将每年的 3 月 15 日定为"国际消费者权益日"。现在，有近 120 个国家超过 240 个消费者权益组织在国际消费者联盟组织的领导下，在全球有组织地开展消费者权益保护运动。可以说，消费者运动已经成为席卷全球、势不可当的历史潮流。

6. 政策游说和立法推动成为当代消费者运动的重要任务。随着消费者组织的成熟和消费者运动的深入，为巩固消费者运动的成果，消费者组织开始在立法和司法过程中积极倡导自身的主张，推动消费

---

① Gretchen Larsen & Rob Lawson, Consumer rights: a co-optation of the contemporary consumer movement, *Journal of Historical Research in Marketing*, Vol. 5, No. 1, 2013, p. 103.

者法的整合，促进消费者法的制定，成为现代社会消费者立法重要的推动力量。在消费者运动的影响下，各国为平息消费者运动中的过激行为，"一方面，通过对传统民法原则的修正来对消费领域的社会关系重新进行调整；另一方面，通过国家对经济的直接干预，制定各种行政法律规范并以行政手段直接介入消费者领域的管理，即将消费者的保护纳入公权力调整的范畴。"① 特别是在民法领域，各国通过修改民法典或制定特别民法，对消费者进行特别保护，逐渐成为一种趋势。可以说，在民法内部，已经逐渐形成了一个针对消费者进行特别保护的规范群。

三 中国消费者运动的兴起和发展

中国消费者运动相对于发达国家起步较晚，它是随着经济体制由计划经济向市场经济逐步转型，消费者问题逐渐凸显而兴起的。同西方发达国家消费者运动不同的是，中国消费者运动呈现自上而下由政府推动的特征，消费者组织的力量偏弱，消费者运动还未体现出如发达国家那样明显的社会影响力。

1. 消费者自发保护阶段（1978—1983 年）。改革开放以来，随着市场的逐步放开和商品流通范围的扩大，市场上开始出现经营者短斤少两和制售假冒伪劣产品的现象，由此造成消费者人身和财产的损失。在这种情况下，1983 年 5 月，新乐县成立了中国第一个消费者协会，"维护消费者利益委员会"，并通过了《新乐县消费者协会章程》，其实质上是一个"群众办，工商管"的消费者团体，标志着中国消费者开始由自发的个人维权向有组织的维权转变。受到消费者运动的影响，消费者立法方面，尽管没有专门性的保护消费者利益的法律，但是与消费者利益相关的整顿市场经济秩序的刑法、行政法规和命令亦起到间接保护消费者利益的作用。

2. 有组织保护阶段（1984—1992 年）。随着 1984 年 12 月中国消

---

① 吴景明：《消费者权益保护法》，中国政法大学出版社 2007 年版，第 19 页。

费者协会正式成立并在 1987 年 9 月加入国际消费者组织联盟，标志着中国消费者运动正式步入有组织保护阶段。尽管中国消费者协会从成立开始就带有半官方的性质，属于"官办的社会团体"①，不属于一般的民间团体，类似于日本的国民生活中心和韩国的消费者保护院，后两者是经费由政府拨给、干部由政府任命的实施消费者保护政策的准行政组织。但是消费者协会成立后，对于消费者维权和法律制定还是起到了积极促进作用，其所开展的节日维权和日常纠纷调解活动对于维护市场秩序，打击制假贩假和销售有毒食品等严重损害消费者人身和财产安全的行为起到了一定的震慑作用。例如，1985 年中消协首次在新华社发布"中国消费者协会提请消费者注意，进口冷暖风机质量低劣"的消息，引起很大反响，并首次联合中央电视台到河北平乡、广宗等地采访假冒名牌自行车案例，对损害消费者利益的事件进行新闻曝光。1989 年 11 月经中国人民银行批准，民政部门登记注册成立另一家全国性的非营利性的消费者团体——中国保护消费者基金会，由国资委归口管理，为消费者保护提供支持，但该基金会目前处于停滞状态。在这一时期，受到消费者运动的影响，虽未制定消费者保护的专门法律，但是与消费者利益相关的法律，如《药品管理法》（1984 年）、《计量法》（1985 年）和《民法通则》（1986 年）等先后出台。1987 年"福州城门乡樟岚村农民用化粪池腌制大头菜坑害消费者"事件的曝光促使福建省迅速制定全国第一部保护消费者权益的地方性专门法规《福建省保护消费者合法权益条例》并颁布实施。同时，受国务院有关部门委托，国务院经济法规研究中心和中消协联手开始研究我国保护消费者立法问题，为消费者权益的保护逐步进入法制化阶段奠定了基础。

---

①　《中国消费者协会章程》规定："中国消费者协会是政府部门主导发起、经国务院批准成立的对商品和服务进行社会监督的保护消费者合法权益的社会团体。"中国消费者协会会长曹天玷于 1999 年 12 月 23 日在中国消费者协会二届九次理事会上的工作报告中说：中国消费者协会不同于一般民间团体，是"有法定名称、法定性质、法定职能、法定行为规范的官办社会团体"。参见中国消费者协会《中国消费者》2000 年第 1 期，第 12 页。

3. 法制化阶段（1993—2001年）。这一时期，随着市场经济体制的确立，市场更加开放和繁荣，供大于求的现象开始出现，劣质商品、虚假广告、欺诈消费等问题层出不穷。有鉴于此，从1997年开始，中国消费者协会把投诉、比较试验、消费者调查等工作过程中发现的消费者问题以"消费警示"的形式向社会公布。同时，中消协以"3·15"为契机每年都确定一个主题进行消费者保护的宣传工作。在中消协的引导下，消费者运动逐渐显示出社会影响力。在中消协的呼吁下，针对直排式燃气热水器的安全问题，原国家轻工业局、原国内贸易局最终联合发文在生产和销售环节取缔了浴用直排式燃气热水器。1992年开始的"中国质量万里行"活动和1995年启动的"百城万店无假货"活动，则充分利用新闻媒体的宣传和经营者的示范活动将中国消费者保护运动深入人心。

以1993年《消费者权益保护法》颁布为标志，中国消费者运动进入了一个新的阶段。作为消费者保护领域的基本法，它全面规定了消费者的权利、经营者的义务和国家对消费者的保护义务及消费者组织的建立等内容。其不仅是一部消费者政策法，而且还包含具体的裁判规则，统领消费者保护的基本政策和方针。随后，《产品质量法》（2000年修正）《反不正当竞争法》《广告法》《食品卫生法》《价格法》和《合同法》等一系列法律相继出台并实施，标志着中国消费者保护逐渐从有组织维权逐渐过渡到法制化维权，从行政规制逐渐转向民事规制。

4. 综合保护阶段（2001年以来）。加入WTO后，市场商品极大丰富，但随之而来的消费者侵害问题并没有减少。突出表现在，一方面由于国内消费者立法的薄弱，外国产品侵害中国消费者权益的问题逐渐凸显。2000年发生的"三菱帕杰罗"召回事件和东芝笔记本电脑事件，表明中国消费立法漏洞所带来的中外消费者差别待遇问题将是入世后很长时间里中国消费者维权所面临的棘手问题。另一方面，面对强势和垄断企业，消费者维权之路艰辛而漫长。近年来针对商品房和汽车的投诉开始成为投诉的重点，铁路、民航、电信等垄断行业；医疗、教育、保险等严格管制行业等成为维权的难点，质量问题和合同（主要是格式合同）始终是投诉的重点，而城乡二元结构的存在则导致农村消费市场成为假冒伪劣产品的重灾区和监管的盲点。[①]安徽阜阳发生假奶粉事件、苏丹红事件、三聚氰胺奶粉事件的发生表明中国消费者保护问题仍面临着众多需要攻坚的领域。

纵观中国消费者运动的产生和后续发展过程，比较发达国家消费者运动的历程，中国消费者运动呈现出特有的市场转型国家的特征。

1. 消费者运动中政府推动和民间维权相结合。中国消费者运动的发展与政府对经济体制的改革是息息相关的，借用政府在计划经济时期遗留下来的运动式维权，早期的中国消费者运动都是在政府相关部门特别是工商行政部门的推动下开展的，包括中国消费者协会的成立和"中国质量万里行""百城万店无假货"活动，都是在相关行政部门的推动下顺利进行的。随着改革的深入和市场体制的完善，民间维权活动才逐渐展开，例如专业打假人士王海的出现，特别是近年来互联网技术发展和网络交易平台的成熟使得民间维权成为重要的消费者维权力量。

2. 消费者协会维权先天不足，团体组织功能单一，民间维权力量薄弱。中国消费者协会作为唯一的全国性消费者团体，协会工作人员和经费由工商行政管理局配备和提供，在同级工商行政管理局的领导下开展工作。[②] 消费者协会的半官方色彩决定了其行政化的维权思路很难真正代表消费者的意愿，导致在实践中消费者协会公信力不足，维权效果难尽如人意。[③] 同时，单一化的消费者组织并不能满足实践中众多消费者多样化的需求，消费者协会面对众多消费者的维权需求毕竟力所不逮，难以周全。当然，尽管如此，作为有别于一般行政机关的消费者团体，消费者协会所从事的消费者维权活动，仍然具

---

① 杨琴：《中国六十年：消费者保护法的演进历程》，《贵州大学学报》（社会科学版）2009 年第 6 期。

② 梁慧星：《中国的消费者政策和消费者立法》，《法学》2000 年第 5 期。

③ 孙颖：《论消费者组织的运作与发展》，《法学评论》2010 年第 1 期。

有西方消费者运动的性质和影响力，亦是世界消费者运动的重要力量。

3. 消费者运动的制度化和法制化呼吁力量薄弱。由于消费者团体力量的薄弱，中国消费者运动目前的主要内容还集中于消费维权、纠纷调解、消费警示、消费教育等传统的消费者维权活动，积极主动的政策游说和立法推动并未成为中国消费者协会的重要任务①，这可能与中国特定的政治体制和社会力量薄弱是有关的。

总之，现代市场体系的建设离不开健康安全的消费环境，只有尊重消费者权益的自由公平的市场才能称为成熟的市场体系。经过三十多年的改革开放，"建设统一开放、竞争有序的市场体系，是使市场在资源配置中起决定性作用的基础"已经成为中国经济改革的共识，中国的经济改革正在逐步呈现出市场经济发达国家所具有的成熟的市场观念。在这种背景下，中国消费者保护运动还需要继续前行，从这个意义上来说，中国的消费者运动任重道远。

四 消费者运动兴起的原因

消费者运动从兴起而发展成为规模庞大的社会运动，并非偶然的社会事件，而是消费者问题集中爆发和传统法律制度的局限性共同引起的。或者说，正是传统法律制度，特别是民法在解决消费者问题方面的局限性导致消费者利益受到经营者的严重侵害而不能得到有效的救济才会引发激烈的对抗，诉诸社会运动以实现消费者的正当权益。

1. 消费者问题的大规模爆发。早期的商品生产由于规模较小，流通范围有限，造成消费者损害的人数较少。但现代社会，随着生产规模的扩大和生产效率的提高，跨国生产和消费使得大规模的消费者侵权事件层出不穷，例如美国的石棉案件，日本的多氯联苯事件，中国的塑化剂事件、三鹿奶粉事件、福喜食品事件等一系列案件和事件

---

① 在中国，相关消费者立法的制定和修改中都有消费者协会的参与，但是作为一种社会运动，在中国由消协组织发起的立法和政策呼吁活动并不多见。

的曝光，均折射出现代社会大量生产所导致的消费者受害的规模化问题。在面对这些大规模消费侵权事件时，单个的消费者往往势单力薄，难以对抗多数侵权者，而单个的企业往往经济能力有限，难以赔偿大量受害的消费者。在这种情况下，往往引发严重的社会问题，需要政府和法律采用特殊的措施和手段对消费者进行特别保护。

2. 传统法律制度的局限。由于传统法律制度，特别是民法制度信奉自由市场理论和私法自治精神，对私人交易采取不干涉政策，由此导致传统民法对市场中的信息不对称和非竞争状态下的消费者福利受损导致市场失灵状态下消费者和经营者之间利益失衡状态无法进行有效矫正。同时，在进行消费者专门立法的国家亦存在着执行不力的问题，这导致实践中经营者和消费者之间利益失衡状态的固化。根据国际消费者协会（Consumers International，CI）2013 年对全球 58 个国家消费者保护政策的调查，仅仅一半的国家有保护消费者的国家政策，较高收入国家更倾向于通过立法来保护消费者的基本要求，而较低收入的国家更多地依赖于申诉处理；91% 的大公司违反消费者保护法，但是仅仅 55% 的公司被要求给予消费者赔偿；对于高成本的数字诉讼，仅仅有 29% 的国家提供法庭外的解决电子商务争议的方式。仅仅一半的国家要求公司标明家用电器的能耗，仅仅 40% 的政府监测消费者的权利意识和在学校开展消费者教育课程，一半的国家没有措施去鼓励生产者诚信行为或者履行社会义务。从该次调查中，可以发现对于消费者所关注的数字权利、环境问题和经营者的社会义务，政府并未给予足够的回应；甚至在大多数制定消费者保护法的国家，这些法律并未得到有效实施。传统法律制度在现代社会普遍要求保护消费者利益的呼声中显然已经远远落后于实践的需要。

第三节　消费者运动对传统民法的挑战

所谓传统民法，指经过 17—18 世纪的发展，于 19 世纪欧洲各国编纂民法典而获得定型化的、一整套民法概念、原则、制度、理论和思想体系。① 在现代消费者运动中，针对消费者问题的解决，消费者和消费者团体已经逐渐从激烈的对抗式运动逐渐转向制度化和法制化的呼吁，要求通过法律和政策将消费者运动的成果加以落实，实现消费者权益依法保障。这种呼吁的结果是现代法律中逐渐渗透消费者特殊保护的规则，对消费关系中的不公平行为进行强制矫正，甚至为经营者和消费者之间的交易重新设置规则。消费者运动中的这些政策呼吁和立法诉求，对以自由主义和平等保护为宗旨的传统民法在立法理念、制度和立法技术方面带来严峻挑战。

一　理念层面的挑战

在 19 世纪的民法典编纂高潮中，以《法国民法典》为楷模，民法典事实上成为整个民法的核心和基础。伴随着资产阶级革命和资本主义工业化的完成，以平民革命和民族统一为诱因的法典编纂活动，成为那个时代法律发达史上的典型特征。以该时代的民法典为考察对象，特别是以《法国民法典》和《德国民法典》为范式，传统民法具有基本相同的理念和精神气质，即自由和平等。

在法国大革命中，这些思想成果在《法国民法典》中得到了充分的体现，例如其第 8 条规定："所有法国人都享有民事权利。"第 7 条规定："民事权利的行使不以按照宪法取得并保持的公民资格为条件。"虽然条文中并没有出现"平等"之词，但是从含义上可见作为法国的公民人人得无条件享有民事权利，而且不受政治因素之影响，这充分体系立法者对于公民平等之权利的维护。第 1134 条规定："依法成立的契约，在缔结契约的当事人间有相当于法律的效力。"这是关于契约自由的规定，即只有契约当事人才可以自己之意思负担债务，这种"合意"等同于法律，任何人或政府都不得侵犯，履行契约就是遵守法律之本旨行事，所谓"意思自治"就在于此。法国民

---

① 参见梁慧星《从近代民法到现代民法——二十世纪民法回顾》，《中外法学》1997年第 2 期。

法典的这些规定体现了传统民法的自由和平等精神，彻底推翻了以等级身份确定民事权利的封建法律传统，在民法中确认了人的平等地位。正如 K. 茨威格特和 H. 克茨所言："民法典编纂者心目中的、给民法典的风格以烙印的理想形象，不是小人物和手工业者，更非领薪阶层的理想形象，而是有产者的市民阶级的理想形象；他们有识别力、明智、敢于负责，同时也精通本行和熟悉法律。"① 而在《德国民法典》中，自由与平等同样贯彻在整个民法典之中。虽然身处在一个自由平等已经开始衰落的时代，但是对民法典的制定者而言，其似乎丝毫未受影响。"当时的经济生活完全由一种色彩鲜明的自由主义所左右，这种思想倾向深信，只要经济力量的作用能够不受国家干预的阻滞而自由扩展，那么普遍的繁荣兴盛便会自然成就。"②

自由和平等思想作为传统民法的基本理念和精神，深刻地反映出当时的经济和社会状况，广泛地影响着 19 世纪和 20 世纪各国民法典的编纂。但是在世界经济进入垄断资本主义阶段后，在工人运动、消费者运动等社会运动的影响下，传统民法所秉持的自由和平等思想受到了严重的挑战。抽象的法律人格在某些情况下无视自然人所存在的天然的经济实力和信息获取能力上的弱者地位，很容易造成实质上的不平等问题。首先，随着乡村人口被迫向城市转移，整个社会逐渐被分割为雇佣者和受雇者阶层。为攫取更多的利润，资本家不惜牺牲工人的身体健康和生活安定，逐渐激化为两个阶级的社会矛盾。对于传统民法而言，这种社会矛盾的形成正是其无视劳动者和资本家两个阶层的结果。民法上的形式平等掩盖住事实上的不平等，而且随着社会分工造成人的差异不断拉大，这种名实不符的情况愈演愈烈。其次，在消费领域，由于大量生产，伴随着商业销售方式的规模化，生产者和消费者的时空被无限延伸，导致消费者在商品状况和品质等方面处于明显的信息劣势，消费者相对经营者的弱势地位被社会分工所凸

---

① ［德］K. 茨威格特、H. 克茨：《比较法总论》，潘汉典等译，法律出版社 2003 年版，第 118 页。

② 同上书，第 218 页。

显。在企业垄断领域和住房租赁以及金融消费领域，处于经济上劣势的群体经常不得不面临来自大企业的强迫性消费，造成利益关系的失衡。消费者所面临的大量消费者问题在消费者运动中被频繁提出，要求法律和政策加强消费者权益的保护。这种诉求强调法律要对消费者和经营者之间的交易重新设定规则，使其能够自愿地与经营者进行公平交易。建立在形式平等基础上的私法自治作为传统民法的基础在面对消费者和经营者之间事实上的不平等时，无法为其提供足够公平的交易规则。显然，若仍然坚守传统民法的观念，则消费者在交易过程中势必自始就处于不公平的境地，则民法何以称为市民社会的基本法。

二 制度层面的挑战

消费者运动要求法律在消费关系中强化消费者利益的保护，即正视消费者关系中消费者和经营者之间事实上的不平等地位，对经营者滥用市场支配地位和信息优势的行为给予纠正。消费者运动的这些诉求势必会导致对传统民法中消费者和经营者同等保护规则造成挑战，进而要求传统民法适应消费者保护的要求对消费关系中的合同制度和侵权制度进行调整。

首先，不考虑消费者和经营者之间事实上的能力差异，对消费者和经营者进行同等保护，甚至适用对卖方有利的规则处理消费品的买卖，将会导致消费者在信息能力和谈判能力不对等的情形下无法获得与经营者公平交易的条件。在买卖过程中，"买者自慎"的规则被民法所严格贯彻。例如，《法国民法典》第1583条规定："当事人就标的物及其价金相互同意时，即使标的物尚未交付、价金尚未支付，买卖即告成立，而标的物的所有权亦于此时在法律上由出卖人移转于买受人。"在这种情况下，物的灭失风险由买受人承担，由此告诫买受人在签订买卖合同时要慎重和理性，否则不受法律保护。而且在特定的情形下，例如不动产买卖中，买受人更要承担价格跌落的风险。《法国民法典》第1674条规定："如出卖人因买卖有失公平所受低价损失超过不动产价金十二分之七时，即有取消买卖的请求权；即使出卖人于契约中有抛弃此项请求权的明白表示且已声明赠与此项超过价金的价值者，亦同。"显然出卖人以卖得过低为由取消合同。相反，对于买受人，根据第 1683 条规定："买受人不得基于买卖有失公平，因此遭受高价损失的理由而请求取消买卖。"显然不能因为买得过高而以显失公平为由取消合同。在这种情况下，消费者若因消费品买卖遭受损失，则只能依据民法典中的意思表示瑕疵、给付不能、瑕疵担保责任等规定，要求出卖人承担损害赔偿责任或其他违约责任。《法国民法典》第 1641 条规定："因买卖标的物含有隐蔽的瑕疵，致丧失其通常效用或减少通常效用，如达买受人知其情形即不愿买受或必须减少价金始愿买受的程度时，出卖人应负担保责任。"但是，出卖人对于明显的且买受人自己得以辨认的瑕疵，不负担保责任（第 1642 条）。《德国民法典》第 123 条则规定因欺诈和胁迫而做出的意思表示可撤销，第 459 条规定物的瑕疵担保责任，但是买受人知情的情况下出卖人亦不承担瑕疵担保责任（第 460 条）。

可以发现，传统民法对于买卖合同中的买受人，并没有因为其可能与出卖人之间经济实力或其他方面的差距而有所偏袒，反而民法中的人是被作为抽象掉了各种能力和财力等差距的抽象个体而对待。"人在这些民法上的资格中，被作为平等的主体对待，两者之间的经济实力、社会势力、情报收集能力的差异却完全没有当成问题。民法典是'不知晓农民、手工业者、制造业者、企业家、劳动者等之间的区别的'。"[①] 在处理消费者问题时，显然传统民法并不会因经营者对消费者产品和服务的信息告知不充分而过度苛责，也不会将因谈判能力不对等而签订的不公平消费者合同视为无效，在私法自治的框架下，合同的效力取决于形式上的合意而非实质上的自愿和公平。传统民法的这种消费问题解决方案显然是无法满足现代消费者运动的基

---

① 〔日〕星野英一：《私法中的人——以民法财产法为中心》，王闯译，载梁慧星主编《民商法论丛》（第 8 卷），法律出版社 1997 年版，第 168 页。

本诉求，与消费者运动所倡导的强化消费者权益的保护是无法适应的，重塑消费者和经营者之间的交易规则势必成为现代民法的改革方向。

其次，生产者只有在过错的情况下才承担产品责任，导致消费者在产品致害中无法获得有效补偿。在法国，由于合同责任和侵权责任严格区分，对于有契约关系的当事人之间的损害是不能依侵权责任求偿的。对于与生产者无契约关系的当事人因产品缺陷导致损害的情形下，最初就只能依据《法国民法典》第 1382 条和第 1383 条的过错责任原则请求赔偿。在德国，对于生产者的责任追究条件甚至还要严格，如果要求生产者承担侵权责任，只能依据《德国民法典》第 823 条对加害人提起一般侵权的诉讼，而企业则可依据民法典第 831 条（事务辅助人责任）等条款逃避责任。尽管消费者可依第 823 条要求销售者承担侵权责任，亦可要求销售者承担违约责任，但是由于《德国民法典》第 823 条侵权行为的类型限定，德国学者和法官不得不通过在合同法中发展积极侵害债权、附保护利益第三人契约等合同理论来扩大生产者的责任范围，弥补一般侵权法的不足。

总体上，传统民法对于生产者的责任承担是严格限定的，这显然受到"意志论"思想的影响，即任何人只对基于自己自由意志而产生的损害承担责任。"法权形式平等与自由的市民思想，是市民的财产法的基本思想。它不知道农场主、手工业者和工场主、企业主，而只知道完完全全的法律主体，只是'人'。而且，它视这种人为绝对自由的人。每个人仅就其自由决定负担的义务而负有义务。"[1] 但是，在消费者受到缺陷产品侵害的情况下，若仍然坚持"意志论"观念下的过错责任原则，则消费者很难从生产者那里得到赔偿。消费者运动所倡导的消费者保护理念要求对经营者苛加更严格的产品安全义务和信息提供义务，这对传统民法中经营者只有在过错情况下才承担责

---

① ［德］拉德布鲁赫：《法学导论》，中国大百科全书出版社 2003 年版，第 66 页。

任的规则显然是一种颠覆。

最后，通过民法典中的一般条款的适用和法条的合理解释对合同中的不公平状况进行适度矫正，可以部分解决消费者合同中的不公平问题，但是却是以扩张法官的自由裁量权，牺牲法律的确定性为代价的，从根本上违背制定民法典的初衷。从民法典制定者的角度来讲，立法者的本意是要为法官裁判案件制定尽可能周全而详细的规则，将法官的自由裁量权尽可能地限制在狭小的范围内，使其不能僭越其司法职权，这是基于三权分立的原则对法官职能的最好表述。在经过法国大革命洗礼的民法典的起草者和制定者尤其重视此项原则。《法国民法典》第 4 条规定："审判员借口没有法律或法律不明确不完备而拒绝受理者，得依拒绝审判罪追诉之。"第 5 条规定："审判员对于其审理的案件，不得用确立一般规则的方式进行判决。"皆为对法官自由裁量权的限制性条款，以防止法官借案件独断之权而行戕害人民权利之事。

但是，法典毕竟不是万能的，立法者的能力是有限的，立法者即使尽其最大想象力也不能预见到未来发生的所有事件并给予规定，因此有必要给司法裁判留有余地，以适应社会生活发展变化的需要。此正如《法国民法典》的起草者之一波塔利斯所言："立法机关的任务是要从大处着眼确立法律的一般准则。它必须是确立高度概括的原则，而不是陷于对每一可能发生的问题的琐细规定。……我们应留有一些空隙让经验去陆续填补。民众的法典应时而立，但确切地说，人们尚没有将其完成。"① 由于认识到法典的局限性，民法典中并非都是具体规范，在个别条文亦以一般规定的方式，授予法官针对个案进行自由裁量的权力。例如《法国民法典》第 6 条规定："个人不得以特别约定违反有关公共秩序和善良风俗的法律。"第 1134 条第 3 款规定："前项契约应依善意履行之。"第 1135 条规定："契约不仅依其

---

① 〔德〕K. 茨威格特、H. 克茨：《比较法总论》，潘汉典等译，法律出版社 2003 年版，第 139 页。

明示发生义务，并按照契约的性质，发生公平原则、习惯或法律所赋予的义务。"而在侵权行为法中，《法国民法典》第 1382 条、第 1383 条和第 1384 条的规定都是概括性条款。《德国民法典》中亦有众多弹性条款，如第 138 条（违背公序良俗的法律行为无效）、第 226 条（权利滥用的禁止）、第 242 条（依诚实信用给付）、第 826 条（违反善良风俗的故意侵害）和第 823 条的侵权法一般条款。在这里，公共秩序、善良风俗、善意和公平原则等都是富有弹性的模糊性概念，而侵权行为法的一般条款更是为法官借判例而扩展民法典的适用空间留有余地。法官可以在某些情况下通过对法律的解释等方式来填补法律的空白，更好地解决法律的稳定性和社会发展变化之间的矛盾。① 在民法典的规定对消费者保护不利的情况下，法官自可借一般条款之规定创造性裁判，实现个案的公正。

同时，通过解释论的方法亦可缓解民法典规定的僵硬性，对消费者进行适度保护。法国民法学者惹尼由此提出"自由的科学探寻"的观点。他认为，当案件的情况符合立法者的设想时，法官应当适用法律并尊重立法者的意愿，否则，法官应考虑到所处时代的社会情况自由地寻求适当的解决方法；注释的方法只是虚伪地将解释者的意志掩藏在推测的立法者意志的背后，这种推测的意志纯粹是虚构的。② 在德国，由于民法典规则中大量存在的潘德克顿法学的抽象概念，对于社会生活中的具体事物反而很少关涉，所以民法典得以广泛涵盖社会生活，法官根据社会变化而赋予这些抽象概念不同的内涵和外延。最典型的例子就是，德国联邦法院根据民法典第 823 条第 1 款中的"其他权利"而发展出"一般人格权"。法学家康拉德·科萨克在其教科书中说："我并不简单地认为，现代法律真的是由以前的法律发展而来的，而是将其看作事由当下情境和现代立法机构的主权意志创

---

① 参见韩慧《〈法国民法典〉对社会的适应性探析》，《政法论丛》2007 年第 5 期。
② 参见［法］雅克·盖斯旦（JacquesGhestin）、吉勒·古博（GillesGoubeaux）《法国民法总论》，陈鹏等译，法律出版社 2004 年版，第 110 页。

造的一种全新的东西。"① 例如法国最高法院通过对第 1384 条的扩张解释而发展出包括产品责任在内的危险责任一般条款，即为例证。

可以说，民法典中的一般条款和民法解释学的发达已经成为民法典避免僵硬性的润滑剂，在立法者没有修改民法典之前可以借裁判而发展法律，以公正之理念对消费者加以保护。这或许就是传统民法典在经过 200 年的历史之后，仍然长盛不衰的秘密。但是，在现代社会消费者需求多样化、消费者问题繁杂的情况下，一般条款的模糊性却无法为消费者和经营者提供明确的和预见性的交易规则，反而会损害法典的权威性和稳定性，进而降低民法典所具有的市民社会基本法的法律地位。而解释论的方法只有在符合文意的情况下才能予以合理运用，并不能抛开法律的规定而凭空臆造，否则解释活动就会演变为立法活动，损及法律的权威。因此，诉诸一般条款和解释论的方法来解决消费者问题并非治本之策，而仅是民法典适应消费者运动诉求的权宜之计。根本的解决办法，应该是适应市民社会的变化，与时俱进地将那些实践中已经取得共识的调整消费关系的法律规则加以明确规定。

三　立法技术层面的挑战

立法技术是立法活动中所遵循的用以促使立法臻于科学化的方法和操作技巧，包括法律内容的确定技术，即法律的内部结构和外部结构的形式，以及立法的表述技术，即立法的思想表述技术和法的语言表述技术等方面的规则。② "无论对立法技术的内涵和外延怎样界定，法的结构营造技术和法的语言表述技术都是无可置疑地属于立法技术的范畴。它们是立法活动中所需经常运用的技术，也是特别重要的立

---

① ［德］康拉德·科萨克、汉斯·普朗尼茨主编：《当代法学的自我表现》第 1 卷，1924 年，第 16 页，转引自［德］齐默曼《德国新债法：历史与比较的视角》，法律出版社 2012 年版，第 26 页。

② 参见侯淑雯《立法制度与技术原理》，中国工商出版社 2003 年版，第 229 页；吴大英《比较立法学》，法律出版社 1985 年版，第 208 页。

法技术。"① 传统民法以民法典为中心已经形成了完备的结构体系和规范表达技术，但是在消费者运动及消费者立法的影响下，传统民法所坚守的结构体系和规范表达技术已经受到显著冲击。

首先，随着消费者立法的增加和"特别法优先于一般法"的法律适用规则，越来越多民法典之外的消费者特别民法的制定，逐渐形成有别于民法典的"微观民事规范系统"，这些特别民法大有替代民法典和"架空"民法典之势，从而形成所谓的解法典之势。毫无疑问，民法法典化是大陆法系国家民法的普遍特征。作为民法的最高法律表现形式，民法典是大陆法系国家对民事法律规范进行法典编纂而产生的系统性的法律表述。② 尽管不是所有的大陆法系国家都有民法典，但是民法典的创制在各国都是具有重大政治和历史意义的事件。从近代各国制定民法典的背景来看，巩固革命成果、统一法律和变法图强应为最常见的动因。然而，就民法典的成功诞生和流芳百世来讲，政治上的因素仅仅是决定是否起草民法典的重要力量，而民法典背后所蕴藏的"理性"之光，才是民法典得以传世的根源。由理性主义自然法出发，法学家们高度自信，如同自然界普遍存在着的规律性东西可以被人类所掌握，民法领域同样可以依靠法学家的理性精心构建科学的、包罗万象的民法体系，而这种方法，就是理性主义哲学家经常使用的演绎、分析和体系化等方法。这种理性主义的思想在民法领域的结果，就是立法者要尽可能地制定一部反映民法领域普遍规律的一劳永逸解决所有可能的社会矛盾的民法典。民法典的这种特征，即马克斯·韦伯所指出的逻辑性形式理性（logicaly formal rationality）特征。这种逻辑自洽性的民法典规则体系，使得其远离政治和国家，保持"体制中立"，历经百年而不衰。

但是，法律的发展永远不可能脱离社会和政治经济环境而孤芳自赏，脱胎于自由资本主义时期和理性自然法思想的民法典，在经历过

---

① 周旺生：《立法论》，北京大学出版社 1994 年版，第 183 页。
② 吴治繁：《民法法典化的历史追究》，博士学位论文，西南财经大学，2011 年，第 68 页。

第二次世界大战的洗礼后，不得不面临解构或分解的危机。面对社会经济的变迁和福利国家思想的冲击，法学家逐渐认识到所谓的"理性"实质上是非理性的。立法者不是上帝，基于自身的能力限制不可预言所有的世间万事万物，法官裁判案件也不是机械适用法律的，仍然需要结合具体案件发挥自由裁量的作用实现案件的公正。最重要的是社会是复杂的，法学家不可能如自然科学家一样对社会规律了如指掌，事先推导和预设人们的行为规则。[1] 社会的需要常常走在民法典的前面，以致在民法典的规定和社会现实之间往往存在或或少的罅隙。这种情况突出表现在，随着人们利益需求的多元化，为实现特殊政策目的而制定的特别民法，如劳动法、消费者保护法等，越来越多地独立于民法典之外，传统民法典唯我独尊的地位受到严重削弱，甚至架空，例如德国在对《民法典》债编修订的过程中，联邦法务部调查发现在民法典之外大约有 2700 个民法条文分散规定在 25 部特别法中。[2] 在此背景下，意大利著名民法学者那达林若·伊尔蒂（Natalino Irti）在 1979 年发表题为《民法典的分解时代》的演说，独树一帜地提出了"民法典分解化"（decodification）的观点[3]，从而掀起了世界反法典化思潮的序幕。正是消费者运动推动下所制定的众多体系之外的特别民法，在结构体系上对以民法典为中心的传统民法构成挑战。适应消费者保护而产生的新的概念和规则在体系上如何与民法典相协调，是现代民法需要深入思考的问题。

其次，传统债法所坚守的私法自治原则在规范形式上多以任意性规范为主，以强制性规范为辅，但是为适应消费者保护的需要，民法典需要更多配置具有一定强制性的民事规范，这势必改变传统民法以任意性规范为主的形象。传统民法在规范配置上以任意性规范为主，

---

① 魏磊杰、王明锁：《民法法典化、法典解构化及法典重构化——二百年民法典发展历程述评》，《私法》2005 年第 2 期。

② 参见苏永钦《民法典的时代意义》，载苏永钦《民事立法与公私法的接轨》，北京大学出版社 2005 年版，第 54 页。

③ 参见张礼洪《民法典的分解现象和中国民法典的制定》，《法学》2006 年第 5 期。

是贯彻民法私法自治原则的体现，即只有在当事人没有约定的情况下，才适用民法。因为立法者坚信，作为理性的市民法上的人是自己利益的最佳判断者，除非违反法律的强制性规范或者公序良俗，否则当事人可以从事任何行为。在这种前提判断下，传统民法，特别是债法规范多任意性规范自然成为民法的基本特征。但是，在消费者运动中，消费者问题的解决，特别是信息不对称和谈判能力不足问题的解决，不可能通过自由竞争的市场来解决，必须借助法律强制经营者披露商品和服务的信息，对不公平的格式条款进行限制。如此，私法自治在消费者问题的解决中适用空间势必受到相当程度的限制，这体现在有关消费者的民法规范上，强制性规范和具有一定强制性的单方强制性规范占据相当重要的地位。这些规范的存在，势必改变传统民法以任意性规范为主的民法形象。

总之，在消费者运动的影响下，消费者显然已经成为众多法律所接纳的法律术语和规范对象。这种现象的出现不仅是因为消费者在经济生活中的重要地位，更重要的是适应消费者特殊保护的需要。为回应消费者运动的诉求，各国要么通过修改民法典将其纳入民法之中，要么通过制定特别民法与民法典衔接形成完整的消费者保护的民法体系。孰优孰劣在此不做评论，但是将消费者法，特别是其中的民法规范，视为民法的当然内容，已成为包括欧盟诸国和日本在内的各国的共识。在中国，民法的消费者化已经成为现代民法发展的趋势的背景下，若要制定一部"科学的、先进的、符合中国国情的民法典"[1]，消费者保护问题无论如何是无法越过的话题。因为"在中国特色社会主义法律体系已经形成后，中国不仅依然需要'返本'的体系化的民法典，还需要'开新'的、作为市场经济基本法的现代民法典"[2]。

---

[1] 参见王利明教授中国民法学研究会 2014 年年会致辞，中国民法学研究会《2014 年年会会议简报第二期》。

[2] 谢鸿飞：《民法典与特别民法关系的建构》，《中国社会科学》2013 年第 2 期。

第二章

消费者运动的民法
回应之理念更新

随着现代化的持续发展和工业革命的不断深入，消费者问题逐步凸显，现实迫使人们开始反思自由经济时代的种种弊端。个人本位的民法观和形式平等的理念，显然会造成恃强凌弱的不平等现象。通过对传统民法的原理、原则进行修正和发展，民法的理念渐由形式正义转向实质正义，民法的价值取向逐渐考虑社会妥当性，其结果是现代民法开始关注于具体的人格、对财产所有权和私法自治进行限制，私法公法化的现象逐渐增多。[①] 民法开始关注社会个体的生存状况和地位，要求对那些具有较强经济实力和地位的民事主体承担更多的法定义务，这逐渐成为一种普遍的道德要求。

第一节　消费者保护观念之民法
回应的基础

随着消费者问题的普遍化和消费者运动的深入，作为市民社会基

---

① 参见梁慧星《从近代民法到现代民法——二十世纪民法回顾》，《中外法学》1997年第 2 期。

本法的民法开始主动回应消费者保护的诉求，将"消费者"从"自然人"中分离出来进行特殊保护。这种观念的变化，从表面上看，是民法规则和制度的变迁，但事实上，其体现着民法理念的更新。其本质上所反映的，其实是现代民法对社会变革的主动回应。正如马克思所言："社会不是以法律为基础的，那是法学家们的幻想。相反地，法律应该以社会为基础。"① 在市民社会的经济条件发生变化的情况下，民法理念的变革是不可避免的，因为事实上从来没有永恒的民法典。

一　消费者保护观念之经济和社会基础

20 世纪初期，随着各主要发达国家先后完成工业革命，各国先后进入现代工业社会。新技术的应用，特别是电力、内燃发动机、新材料和物质，包括合金和化学品等技术的广泛采用，使得化学、电器、石油生产、钢铁和铁路、飞机制造、合成纤维等行业得到快速发展和壮大。大机器和高效生产技术的大量采用使得商品的生产效率大幅提升，费用却明显降低。同期，由于需要大量资本和技术相结合，这些重工业行业多采用规模化经营方式，在发达国家渐成趋势，即这些行业多被垄断经营。例如，在 1939 年德国六大工业垄断组织所雇用的工人就占到全国的 1/3，第二次世界大战期间德国 15 个最大的工业垄断组织和银行垄断组织拥有的资产高达 700 亿马克。伴随着工业革命的深入，欧洲的传统手工工场逐渐被机器工厂所代替，特别是在农村，大量的乡村手工纺织场和手工工场破产，这些破产的农民和手工业者被迫加入现代工业企业中成为被雇佣者。大量的乡村人口被迫离开自己的居住地而转移到城市工作和生活，这种现象即社会学家所述的欧洲社会的城市化运动。据统计，整个欧洲农业人口在 20 世纪 30 年代中期达到高峰的 1.35 亿，到 50 年代之后就降至 1.3 亿以下，

---

① 马克思、恩格斯：《马克思恩格斯全集》（第 6 卷），人民出版社 1961 年版，第 891 页。

只占到人口总数的不到 1/3 。① 在工业化阶段，新技术采用和流水线
生产模式使得大量物美价廉的商品开始出现在平常老百姓的生活之
中。在 20 年代中期，随着政治缓和伴之以某种程度经济的复苏，工
人的住房和社会保险补助金均有所改善，8 小时劳动时间开始成为法
定标准，汽车、收音机、留声机、冰箱、吸尘器、电熨斗和暖气设备
开始进入富裕家庭之中，游乐消遣、各种娱乐设施和新戏剧电影等开
始成为人们闲暇之余的精神消费。服务行业的需求不断增加，消遣和
度假，加之广告业的兴起，鼓励和刺激着中产阶级的消费欲望。相
反，食物在其收入支出中的份额在不断降低（例如，美国 1948 年恩
格尔系数只有 23.89%）。②

　　但是，随后而来的大萧条和第二次世界大战却使欧洲社会的现代
化道路被迫中断。世界性的经济危机使资本主义世界的工业生产在
1932 年与 1929 年相比下降了 44% 。在经济危机期间，各国纷纷增加
国家在经济领域的权力，并竭力进行贸易保护，但由于各国的政治传
统和经济条件的不同，所采取的措施截然不同。在具有坚强的议会传
统的国家，像法国和英国等都觉得没有必要牺牲政治上的民主以重新
获得经济上的稳定。而在意大利和德国则采取相对极端的方式，朝着
国家社会主义方向，打着民族主义的旗号，对国民经济进行全面管
制，最后以对外战争的方式输出经济危机。③ 在美国，则介于两者之
间，罗斯福就任总统后，开始实行"新政"，利用国家权力对资本主
义经济的自发发展进行适度的调整，从而使美国垄断资产阶级在不改
变经济基础的情况下摆脱危机。各国在经济危机期间的种种政策，充
分体现了各国对待市场的态度和思想，也引发了学者对政府职能的种

---

　　① 参见［英］H. J. 哈巴库克（H. J. Habakkuk）、M. M. 波斯坦（M. M. Postan）主编
《剑桥欧洲经济史第 6 卷工业革命及其以后的经济发展：收入、人口及技术变迁》，王春法
等译，经济科学出版社 2002 年版，第 581 页。
　　② 参见［美］罗宾·W. 温克、R. J. Q. 亚当斯《牛津欧洲史 3：1890—1945 危机与
冲突》，吉林出版集团有限公司 2009 年版，第 517—537、577 页。
　　③ 参见［美］C. E. 布莱克、E. C. 赫尔姆赖克《二十世纪欧洲史上》，山东大学外文
系英语翻译组译，人民出版社 1984 年版，第 414 页。

种猜疑，这种探讨至今仍在延续。

欧洲发达国家的工业现代化进程，除美国外，在经历过第二次世界大战之后，普遍受到影响。但是，在马歇尔计划的扶持下，欧洲经济快速恢复，到 20 世纪 50 年代就已经恢复战前的水平。例如，联邦德国工业产值在 1955 年超过英法，重新跃为资本主义世界的第二工业大国，而日本在 70 年代初，一跃成为仅次于美国的第二"经济大国"，法国则位居第四。在此时期，整体经济结构中，服务业就业的劳动力，美国在 20 世纪 60 年代已经超过 60%，而日本和欧洲国家也接近 50%，发达国家的经济整体上开始由商品经济向服务经济转型，逐渐进入"后工业社会"①。与工业社会以机器技术为基础不同，后工业社会是由知识技术形成的。特别是，伴随着以原子能技术、航天技术、电子计算机和可再生能源的应用为代表，包括人工合成材料、分子生物学、遗传工程、太阳能、风能等高新技术的第三次科技革命的展开。科学技术对经济增长的贡献率由 20 世纪中期的 50%，已经增加到 20 世纪末期的 70%—80%，成为名副其实的"第一生产力"。

在工业化的过程中，主要发达国家城市化水平不断提高，1950年英国已经实现 79% 的城市化水平，而美国则为 64.2%，德国为 64.7%，加拿大为 60.9%，法国为 55.2%，日本 1977 年的城市化率则迅速提高到 76%。进入 21 世纪，《2000 年世界发展指标》显示，在 1998 年英国城市人口的比重为 89%，在欧盟则为 78%，美国为 77%，日本为 79%。显然，在发达国家，城市生活是典型的国民生活特征，代表着社会发展和现代化水平的高低。而随着经济发展水平的提高和科技的日新月异，人民生活水平不断提高，电视机、自动化洗衣机等各种家用电器以及汽车逐渐进入普通居民家庭生活，食品消

---

① 参见［美］贝尔《后工业社会和来临对社会预测的一项探索》，高锋译，新华出版社 1997 年版，第 17 页。后工业社会是一个社会科学名词，指涉自 20 世纪 60 年代开始的工业社会转型出现的社会现象，该词最早出自社会学家丹尼尔·贝尔（Daniel Bell）的作《后工业社会的来临》（1973）（*The Coming of Post-Industrial Society*）。1960 年之后，一般认为工业社会已进入一个变化期，跟一百多年前欧洲社会由农业社会转变成工业社会一样巨大。

费在居民消费者支出中的比重逐年下降。例如，日本1970年为82%，1980年则降到28%，到21世纪各主要发达国家则普遍在20%以下的水平，呈现富裕的状态。同时，消费者对于消费品的追求亦日益多样化、高档化与个性化，住房、交通通信和文教娱乐等占据消费支出的主要部分。消费成为推动经济增长的真正动力，据有关数据统计，2007年发达国家最终消费率对GDP增长的贡献率约为80%，世界中等以上发达国家多在60%以上，这是消费社会的典型特征。在此期间，值得关注的现象是经济全球化的加速，随着跨国公司和企业的影响力与日俱增，它成为全球化的急先锋和强有力的载体①，这使得消费者经常不仅要面对国内商业巨头的"欺压"，而且要应对来自跨国公司的"歧视"。

总体上，在第二次世界大战后经过"黄金十年"的高速发展，西方主要发达国家先后进入后工业社会时代，商品种类和居民的消费结构亦发生很大的变革，在新科技革命和经济全球化的背景下，消费者面临着日益复杂和严峻的挑战，而现代民法就是在这样的经济和社会环境中不断变革和成长。

二　消费者保护观念之法哲学基础

近代理性自然法以破除中世纪的神学权威为使命，确立人的理性和自然权利为构建社会秩序的出发点，以罗马法和共同习惯法为素材，通过演绎逻辑从公理推演出民法的概念和规则体系，最终成为近代国家制定民法典的基础。可以说，民法典就是理性自然法结出的"果实"。但是，自从国家颁布民法典之后，法官适用法律和学者研究法律的重心便都转向民法典或实在法，其他法源或者法官造法都被限制在民法典允许的范围内。理性自然法的"理性至上"观念被深深地隐藏在"法典理性"和"法典至上"的思想之后，最终彻底走

---

① 据统计，目前跨国公司的生产总值约占世界总产值的40%，贸易额占世界贸易的50%；世界工业研究的80%，专有生产技术的90%，世界技术转让的75%，以及对发展中国家技术贸易的90%。

向法学的实证主义（形式主义）。这种以实在法为中心的形式主义风格，在以汉斯·凯尔森①为代表的纯粹法学那里走向极端，其纯粹以法律规范构成的体系为研究对象，将价值因素（例如正义、自由和平等）从法律科学中排除出去。而与此同时，针对法典的个人主义和形式主义倾向在应对消费者问题等现实问题上的困境，西方法学家开始从法的本体论和认识论层面上进行深刻反思，从而造就了20世纪蔚为壮观的新法学运动，成为现代民法不断变革的思想基础。

（一）社会法学思想：理性自然法的批判

19世纪的自然科学的伟大成就使得法学家开始反思社会研究中形而上学的思辨方法和寻求终极原理的做法，而尝试着将自然科学的经验研究方法应用于法律科学研究，从而为法学研究的实证主义转向奠定了基础。早在19世纪末潘得克吞法学鼎盛之时，德国法学家耶林就已经意识到概念法学完全忽视法律的目的性，以概念逻辑取代生活的弊端，主张在法律中引入目的和利益因素考量。早在1872年奥地利维也纳发表演讲《为权利而斗争》时，他就指出，为权利而斗争不仅是权利人对其自身的义务，而且是对社会的义务。②而在其1877年发表的代表作《法律的目的》中，他则指出，法律的目的是平衡个人利益和社会利益，实现利己主义和利他主义的结合，保护社会生活条件乃是法律的实质性目的，就私权而言，如果基于社会的需要，法律可以对私人权利进行必要的限制，"一切私法上的权利，即

---

① 凯尔森（1881—1973）的理论或许是对法律实证主义理论所做的最为一致的表述，因为法律实证主义的特征就是注重法律的形式和结构，而不是它的道德内容和社会内容；就是考察法律制度，而不考虑其间的法律规范是否正义，就是力图尽可能彻底地把法哲学同其他学科，如心理学、社会学、伦理学等学科区分开来。至少是为了分析的目的，凯尔森把法律视作一种封闭的东西，就好像法律是在一个封闭且密封的容器中一般。参见［美］E.博登海默（Edgar Bodenheimer）《法理学法律哲学与法律方法》，邓正来译，中国政法大学出版社1999年版，第125页。从某种程度上，这实际上是概念法学思想的延续，因为在这里，以理性自然法为思想核心的概念法学在追求终极价值的同时所建立的"理性至上"，只不过被法律实证主义追求实在法中"法律至上"观念所替代，而概念法学的分析方法仍然在法律实证主义那里得到延续，法典的封闭性亦未被破除。

② 参见［德］鲁道夫·冯·耶林《为权利而斗争》，胡宝海译，中国法制出版社2004年版，第50页。

使是最具个人目的的权利，都要受到社会的影响和制约"①。这可以说是现代民法社会化理论思潮的开端。20 世纪 20—30 年代，受到耶林思想的影响，以利益为法律的目的的方法论导向下，德国发生一场具有社会法学性质和特征的法学运动。其代表人物赫克（1858—1943）指出，"每一个法律体系都是有缺陷的、有空白的，因而要在现有法律规则的基础上，通过逻辑推论得出令人满意的决定不总是可能的，这就需要法官善于发现法律规则的目的，通过创造性的、合理的解释去平衡互相冲突的利益"②。利益法学对概念法学的批判无疑为克服民法典的僵硬性提供了一种有价值的法律解释理论。而在法国，弗朗索瓦·惹尼（1861—1944），亦提出同利益法学派相似的观点，他认为在某些领域中，法官必须发挥其创造精神和能动性，应当努力在符合社会目的范围内在正义的天平上衡量各自利益的分量，最终达到最可欲的平衡。③ 然而，同期的自由法运动却提出相比较利益法学和惹尼更为激进的观点，其代表人物奥地利法学家埃利希（1862—1922）和坎托洛维茨（1877—1940），认为在发现实在法不清楚或不明确的时候，法官在审判中应当凭直觉因素和情感因素，根据正义和衡平去发现法律。④ 这种观点明显授权法官过于广泛的自由裁量权，因此导致利益法学派代表人物的强烈不满。

如果说利益法学、目的法学和自由法学运动是以法律的社会目的解释为方法从法律的内部批判了概念法学的封闭性，属于社会法学思想的探索和开拓者。那么以马克斯·韦伯、庞德、坎特诺维茨、狄骥为代表的社会法学派则真正将法学和社会实证的方法结合起来研究法律现象，从根本上破除了民法典个人主义理性的崇拜。虽然与法律实证主义一样，他们都反对形而上学的思辨方式和寻求终极价值的做

---

① 朱晓喆：《近代欧陆民法思想史十六至十九世纪》，清华大学出版社 2010 年版，第220 页。

② 参见张文显《二十世纪西方法哲学思潮研究》，法律出版社 1996 年版，第 131 页。

③ 参见［美］E. 博登海默（Edgar Bodenheimer）《法理学法律哲学与法律方法》，邓正来译，中国政法大学出版社 1999 年版，第 145 页。

④ 同上书，第 145—146 页。

法，强调经验事实与感觉材料的观察。但是，社会学法学家所关注的并不是分析国家制定的法律规则，而是分析导致制定这些法律规则的各种社会因素，从而将社会化思想引入到法律之中。德国社会学家马克斯·韦伯（1864—1920）是西方最伟大的思想家之一，是现代法社会学的主要创始人，他认为法是人类的统治者从外部保障的某种正当的秩序，法的合理化的途径是通过四种法的基本类型来实现的，最高层次的合理性无非是"逻辑形式的合理性"而已，近代以及现代的合法性的统治都是法的合理化的最终结果，在近代它是通过自然法所赋予的，但现代社会人们对社会保障的关心，实质民主主义、福利国家和福利社会等，都要求从形式合理性转向实质合理性。① 显然，韦伯的法社会学理论已经深刻地洞见到形式主义的法律在应对当时的社会问题所存在的弊端。法国波尔多大学的法学教授狄骥（1859—1928）则是法国社会连带法学的创立者，他主张法学家的视野必须越过分析法学的界限，努力以观察社会事实为根据，忠于观察到的事实，从而抛弃了形而上学和一切先验论的概念。他接受并发挥了杜尔克姆的理论，认为社会连带是人类一切社会的基本事实和社会存在的基本条件，人们生活在社会中，因共同生活或者分工合作而必然具有社会连带关系，这构成了包括法在内的一切社会规范的基础；从社会连带关系中产生出来三种"客观的"社会规范，即经济规范、道德规范和法律规范。② 罗斯柯·庞德（1870—1964）是美国法学社会学运动最杰出的人物，他将法学类比为一门社会工程学，他认为作为一种社会工程，法的目的是尽可能合理地建筑社会结构，以有效地控制由于人的本性而不可避免地出现的社会矛盾和冲突，以最小的阻力和浪费最大限度地满足社会中人类的各种利益（包括个人利益、公共利益和社会利益），并且以合适的方法发现法律中的价值从而对各种利

---

① 参见何勒华《西方法学史》，中国政法大学出版社 2000 年版，第 225—230 页。
② 参见张文显《二十世纪西方法哲学思潮研究》，法律出版社 1996 年版，第 119—120 页。

益进行平衡或权衡。①

　　总体上，社会法学家针对近代理性自然法的批判主要集中在法律的个人主义思想和形式主义风格，通过研究具体实践的法律现象，特别是面对 20 世纪初垄断资本主义导致的社会矛盾激化，工业革命所带来的社会冲突和公害日益严重等问题，社会法学家敏锐地觉察到法律变革的动向。在针对劳动者的社会保障立法、环境保护法、消费者法等社会性立法不断涌现成为时代潮流的情况下，社会法学家提出要把个人利益和社会利益有机联结，以社会连带和社会工程等方法实现实质上的社会公正。这些观点针对当时分析法学家机械的条文注释方法和法律适用方法与社会生活和法律实践严重脱节问题，提出兼顾社会妥当性的法律主张，无疑具有积极意义。在第二次世界大战后，法社会学在西方各国获得迅速发展，除法国、德国，美国等之外，意大利、荷兰、比利时以及斯堪的纳维亚半岛诸国，都掀起了社会法学研究的热潮，而在英国、日本等战前社会法学研究比较薄弱的国家，以迅速跟进出版多部重要的社会法学著作，使该领域的研究呈现出一派生气勃勃的景象②。同时，社会法学中亦不再绝对排斥法律价值因素的介入，开始强调法律价值在各种利益衡量中的作用，这在庞德的社会法学思想中已经有所体现。就此而言，社会法学亦开始从自然法学中撷取合理的因素。

　　（二）新自然法思想：法律实证主义的批判

　　如果说，利益法学、目的法学和自由法学运动对概念法学的批判仅仅是从内部颠覆着传统民法的个人主义基础上的理性自然法思想。那么历史法学派的进化论解释和法律实证主义，尤其是分析实证主义将法律的性质和目的排除在法律之外，则使得自然法理论完全失去生

---

　　①　参见［美］E. 博登海默（Edgar Bodenheimer）《法理学法律哲学与法律方法》，邓正来译，中国政法大学出版社 1999 年版，第 146—149 页；张文显《二十世纪西方方法哲学思潮研究》，法律出版社 1996 年版，第 125—128 页。

　　②　相关内容参见何勤华《西方法学史》，中国政法大学出版社 2000 年版，第 471—479 页。

长的空间。然而，在 20 世纪初和第二次世界大战后，自然法思想又在西方各国开始流行。在德国，鲁道夫·施塔穆勒（1856—1938）作为康德的哲学门徒，率先试图根据先验的推论创立一种现代的自然法哲学，他认为人的心智中存在着纯粹的思维形式，使人们可以在不考虑法律在历史中所具有的那些具体多变的表现形式的条件下独立地理解法律观念，这种观念就是正义的实现，是所有的法律努力的目标，即实现在当时当地的条件下所可能实现的有关社会生活的最完美的和谐，社会的理想就是实现"一个由具有自由意志的人构成的社会"①。德国法律哲学家古斯塔夫·拉德布鲁赫（1878—1949）则从新康德主义的价值哲学出发，在第二次世界大战前对法律与正义基本上持相对主义的观点，而在经历过纳粹时期的社会动荡后，他部分修正自己的观点，认为法律要求对个人自由予以某种承认，而且国家完全否认个人权利的法律是绝对错误的法律，当实在法规则违反正义的程度达到不能容忍的程度，以致使这种规则实际上变成"非法的法律"时就必须优先考虑正义。② 在英美国家，富勒、德沃金、罗尔斯和弗尼斯则是现代自然法学的代表人物。富勒（1902—1978）认为"法是使人类的行为服从规则治理的事业"③，作为一种有目的的事业，法有其道德性，即"内在道德"（实体自然法）和"外在道德"（程序自然法），这两者是不可分离的，以相同的功效为法的事业服务。罗尔斯（1921—2002）在其代表作《正义论》中则对其所倡导的"社会正义论"给予自然法倾向的阐释，他认为社会是一个或多或少自给自足的团体，这里既存在着利益的一致，也存在着利益的冲突，每个社会都需要有一系列原则指导社会公正地分配权利（利益）和义务（负担），分配社会机会、经济机遇、自由、有利条件、财

---

① ［美］E. 博登海默（Edgar Bodenheimer）：《法理学法律哲学与法律方法》，邓正来译，中国政法大学出版社 1999 年版，第 172—173 页。

② 同上书，第 177—193 页。

③ 薄振峰、杨帆、黄斌：《论当代西方法学思想的"综合"趋势》，《东岳论丛》2005 年第 3 期。

富、技能和一切可以视为"社会合作成果"之物。符合正义的分配原则是：①每个人都有权拥有与他人的自由并存的同样的自由最广泛的基本自由权项；②对社会和经济的不平等应做如下安排，即对最不利条件者最具助益，符合正义补偿原则，而且在机会均等的条件下，地位和官职对所有人开放。① 罗尔斯的公平的正义观念是在自由主义框架内阐发的一种正义理论，其加入社会主义的实质平等观，可以说为民法的平等思想注入了新的活力。德沃金（1931—2013）则在针对英美传统法律实证主义批判的基础上，对公民的个人权利进行特别论证，他认为在所有个人权利中，最重要的是关怀和尊重的平等权利，即每个人都享有"作为平等的人被对待"的权利或者"社会应当予以尊重，承认其尊严和平等考虑"的自然权利。② 德沃金的这种思想可以说为已经趋于弱势的西方个人权利思想注入了一剂兴奋剂，为现代西方自由主义增加了重要的砝码。

总体上，无论是欧洲，还是英美国家，新自然法思想的复兴都是不可忽视的法学现象。特别是针对第二次世界大战中纳粹立法对西方文明价值观的肆意践踏，以及美国反种族歧视和压迫的少数族裔运动和越南战争、美苏争霸等，法学界展开深刻的反思，使得人们开始重新思索法律中的价值问题，并且回归到古典自然法理论中去寻求答案。当然，新自然法思想中的价值哲学，已经从近代理性自然法绝对真理和终极价值的迷雾中走出，开始倡导多元、开放和与时俱进的价值观。同时，在新自然法的思想中亦不再排斥实证主义的方法，例如富勒的自然法理论即强调法律之内的道德因素。

（三）多元和综合性的现代哲学思想

作为传统民法思想基础的传统的理性自然法思想，以及由此导致的法律实证主义，在经过 20 世纪两次世界大战的洗礼和工业社会的冲击，在社会法学思想的影响下，都开始自我反省和吸收其他法学思

---

① 参见［美］E. 博登海默（Edgar Bodenheimer）《法理学法律哲学与法律方法》，邓正来译，中国政法大学出版社 1999 年版，第 193 页。

② 参见张文显《二十世纪西方法哲学思潮研究》，法律出版社 1996 年版，第 72 页。

想的合理内容。对于当代法学家的法哲学思想，事实上都无法简单地将其归类为哪个流派。但总体上，在民族国家和实在法的影响下，近代理性自然法中的绝对理性观念已不复存在。围绕着个人自由主义、社会国家主义两种不同的社会价值观念，以及价值与实证两种不同的法哲学方法，各个法学流派都在从不同角度对法的本质从自身的立场进行着阐释和优化。就此而言，我们不能因为其他法学流派对法律实证主义和概念法学所做的批判就放弃对于法治理想国的追求而走向"法律虚无主义"，更不能因为对于体系和逻辑的追求而导入纯粹法学的"价值无涉"。尽管在法社会学思潮的影响下福利国家思想风起云涌①，但是随着凯恩斯理论的逐渐失灵，传统的自由主义思想在20世纪70年代后逐渐恢复其本来地位②。现代民法就其思想根基而言，仍然是以自由和平等为核心的近代理性自然法思想的升华。但是，面对价值取向多元、异质性③很强的现代社会，现代民法所面临的社会条件和价值观念不再是封闭的、单向和绝对的。由此决定，现代民法的变革应是深层次结构、观念体系的变革，这不仅是对经济社会发展变迁的一种回应，亦是对这些变化的一种形塑与规范。④

---

① 福利自由主义的主要代表人物有 T. H. 二格林、霍布豪斯、杜威、凯恩斯、F. 罗斯福、霍布森等人。自20世纪30年代以来，福利自由主义逐渐成为资本主义国家的治国方针，成为正统的、主流的自由主义。

② 这种自由主义又称保守自由主义、自治论自由主义，主要代表人物有哈耶克、诺锡克、弗里德曼、布坎南、波普尔等人。

③ 社会学家认为，随着社会分工的发展，社会本身也随之不断分化，在这种情况下，传统社会那种建立在"共同意识"基础上的同质社会自然就没有了现实的基础，社会也就随之变成了异质社会。由作为本质内核的异质性所决定，现代社会在本质上应该是一个充满丰富性、多样化的社会，它应该允许人的个性充分自由发展，并由此带来社会的普遍进步和繁荣。但是，在看到由社会分工塑造的异质性品质给现代社会注入了一种前所未有的生机和活力的同时，我们还要看到，使这种生机和活力成为现实的恰恰是工业化大生产，而后者是以合理性、单一性、标准化、规范化等同质性品质为基础。周建国：《同质性还是异质性？——关于现代社会特征的一种解释》，《社会科学家》2009年第12期。

④ 李奇伟：《论现代民法的综合趋向》，《南华大学学报》（社会科学版）2013年第2期。

第二节 消费者保护观念与现代
民法理念之革新

在法律的社会化思潮的影响下，为适应现代社会的需要，民法亦步入现代化的道路。传统民法中形式主义和封闭僵化的思维模式，正逐渐被多元和开放所取代。民法的价值观念体系不再是绝对和单一化的自由和平等，而是为实现实质正义而渗入更多"社会之油"。由于社会分工和分化所带来的人的差异化正在被现代民法所认可和接受，而逐步回归"真实"的人的观照。正视市民社会中消费者和经营者在消费关系中的不对等现象，正是现代民法回归现实的真实写照。

一 现代民法中消费者保护观念的演进

在近代社会中，由于整个社会尚处在农业社会向工业社会的过渡期，社会分工和分化并没有造成激烈的社会冲突和矛盾。但是，随着工业革命开展和近代工业化的完成，市民社会中的抽象的平等正逐渐被事实上的不平等所超越，具体人格在民法中不断凸显。在这种情况下，作为市民社会基本法的民法逐渐揭开"虚伪的面纱"，走下神坛，走向现实社会。可以说，"弥补人们之间自然的和人为的不平等，以及防止强者欺凌弱者的愿望，导致了对作为民法典主导思想并统治着十九世纪的自由个人主义的否定"①。

事实上，早在德国民法典制定之时，针对社会中出现的泛滥的自由主义，民法典已经有所回应。《德国民法典》的起草者们已经开始将保护经济弱势方作为重要的政策目标，并强调法典需要具有社会敏感性。民法典的若干条款，大多背离潘得克吞法学的原理，例如买卖不破租赁，出租人对承租人置于出租土地上的物享有法定质权的限

---

① ［法］雅克·盖斯旦（Jacques Ghestin）、吉勒·古博（Gilles Goubeaux）：《法国民法总论》，陈鹏等译，法律出版社 2004 年版，第 109 页。

制，雇员因"个人原因"（如生病）在"非重要时段"无法履行合同的工资支付，约定利率超过6%的债务人在6个月内享有法定贷款合同解除权等。更重要的是，民法典中的"一般条款"，更是为民法典的结构注入少许的"社会之油"①。正因如此，拉德布鲁赫评价道："《德国民法典》乃处于两个时代的交接点上：它的双足仍然立于自由市民的、罗马个人主义法律思想的土壤之上，但是，它的双手却已踌躇迟疑地、偶尔不时地向新的社会法律思想伸出。"② 而这种社会性立法伴随着各种社会运动，特别是工人运动和消费者运动的蓬勃开展，在20世纪中期逐渐增多。随着大批针对职业特征和群体性质的立法，例如房屋租赁法、劳动合同法、分期付款买卖法、消费者合同法等特别民法的颁布，逐渐在民法典之外形成了针对特殊群体的立法。

同时，从世界范围来看，以民法典为考察对象，在消费者运动的影响下，"'消费者'不断出现在民法典中，作为一种看待人的方式、一个群体以及一类重要的市场主体，消费者在确立私人关系的法律文本中得到承认，并被收录于神圣、历史久远、有着坚实文化积淀并经过实践检验的传统立法成果当中"③，这不能不说是现代民法发展的新动向。2002年新修正的《德国民法典》正式将消费者作为特殊主体规定于总则的第一章第一节（第13条），以突出对消费者的特别保护，这显然突破了民法典只规定抽象人格的传统做法，反映了现代民法的趋势。④ 2009年公布的《欧洲示范民法典草案》则将对包括消费者在内的弱势群体的保护作为民法正义原则的体现规定在合同法和侵权法中，则为现代民法典编纂提供了新的示范性做法。现代民事立法的种种动向表明，现代民法中的人不再是理性的、意思表示强而智的

---

① 参见［德］齐默曼《德国新债法：历史与比较的视角》，法律出版社2012年版，第236—237页。
② ［德］拉德布鲁赫：《法学导论》，中国大百科全书出版社2003年版，第66页。
③ 胡俊宏：《〈消费法典〉的编纂与意大利消费者保护法的新近发展》，载胡俊宏、雷佳译《意大利消费法典》，中国政法大学出版社2013年版，第9页。
④ 参见梁慧星《民法总论》，法律出版社2007年版，第5页脚注。

人，而是弱而愚的人。

同时，在现代消费者保护立法中，最近出现的趋势是对于具体消费者的关照。首先，针对保险合同中消费者的弱势地位，已经在保险法中通过告知义务、格式条款的规制等保护性规则予以平衡。其次，对于金融领域消费者的保护亦呈现单独立法之势。例如德国在1894年和日本在1961年都制定过分期付款买卖法，美国则在1968年制定《联邦消费者信用保护法》和《统一消费者信用法典》，在2008年金融危机后，美国政府更是通过一系列金融改革法案强化对金融消费者的保护。欧盟早在1987年就通过消费者信贷指令（87/102/EEC），在2008年对其进行全面修订（2008/48/EC）。最后，对于其他具体类型的消费者合同，例如不动产分时度假合同、旅游消费、房屋租赁等，亦通过单独的规则予以强化保护。

总之，现代民法对于消费者的保护已经不限于为普通消费者提供一般性规则，而是开始将消费者类型化而给予具体保护。此亦说明，现代民法对于人的关注，已经开始从无差别的抽象人，转向承认个体的人的差距而提供个性化的保护。当然，其主要方法，还是针对"人"的类型化制定保护性规则，在个案中通过法官实现具体的正义。

二　消费者保护观念与现代民法理念的重新诠释

梅因在《古代法》通过对古代法典草创时的社会环境的再现和各种法律理念和制度源起的回溯，得出结论："所有进步社会的运动，到此处为止，是一个'从身分到契约'的运动"①。梅因的结论可以说是对传统民法起源和发展的最精确的概括。但是当社会发展到垄断资本主义阶段，面对强势的商人和信息的严重不对称，作为消费者的自然人已无法与交易对象进行平等的协商和谈判，导致消费者利益每每受损，消费者运动的兴起正是对这种状况的激烈反应。其结果是，

---

① ［英］梅因：《古代法》，沈景一译，商务印书馆1959年版，第97页。

在民法中，对消费者的关照获得发现并进入其话语体系，这势必导致传统民法理念的重新解读，从而产生一种所谓的从"契约"到"身份"的回归。① 在这种情况下，不论是对经济进程给予保障的必要性，还是社会意识的觉醒，都要求国家放弃其对"自由社会"保持的距离感，对社会事务进行调节，将个人自由和私有财产置于大众福祉和社会公正的目标之下，由此导致民法的基本理念由自由主义向自由—社会国家理念的转变。②

在传统民法理论中，学者们普遍认为，合同应基于双方合意或双方同意，合同是双方当事人自由选择的结果，基于形式上平等的自由就结果而言也是公正的。"一般而言，合同法不涉及结果的公平和正义，家长制的思想被认为是过时的。法官甚至不关心合同违反公共利益的可能性。因此合同法的功能仅仅是当一方当事人违反游戏规则或不履行合同义务时帮助另一方当事人。"③ 这种合同法理论显然受到18—19世纪时期盛行的自然法学理论、社会契约论政治思想和自由主义哲学的影响，是自由资本主义市场经济在法律上的最佳体现④。在这种合同法理论的影响下，在民事立法和司法中，形式主义成为合同法的方法论基础，合同自由和合同神圣成为整个合同法的构建基础。这突出表现在《法国民法典》第1134条规定的"依法成立的合同对于缔约当事人双方具有相对于法律的效力。"而《德国民法典》虽然没有如《法国民法典》明确规定合同自由或者意思自治的内容，但是其法典之中却处处洋溢着合同自由的精神。正如康德拉·茨威格

① 参见［美］伯纳德·施瓦茨《美国法律史》，王军等译，中国政法大学出版社1989年版，第209页；［美］罗纳德·波斯顿《美国合同法的当前发展趋势》，张礼洪译，《外国法评》1995年第1期。
② 参见［德］迪特尔·施瓦布《民法导论》，郑冲译，法律出版社2006年版，第56—57页。
③ ［英］P. S. 阿狄亚（Patrick Selim Atiyah）：《合同法导论》，赵旭东等译，法律出版社2002年版，第8页。
④ 参见孙良国《从形式主义到实质主义——现代合同法方法论的演进》，《华东政法大学学报》2007年第5期；李永军《从契约自由原则的基础看其在现代合同法上的地位》，《比较法研究》2002年第4期。

特和海因·克茨在其名作《合同法中的自由与强制》中指出①：

> 该法典的基础是这样一种理念：一个有足够理智的人可以对其命运进行自治，而且可以独立于传统封建的、政治的、或者宗教的约束和独裁的统治掌握自己的命运；而且自由地对自己的生活境遇自负责任。因此他必须被置之于一种有能力的位置，自主地决定通过合同和谁、以及是否承受法律认可的义务，并决定这些义务的内容。甚至在合同违背"公共秩序"或者"公共政策"而无效时，法官们也应坚持上述的原则。

这种自由和平等的观念统治着18—19世纪的学说和立法，直至20世纪早期。由于社会经济结构的巨变，社会组织特别是经济实力雄厚的垄断企业、跨国公司的出现，消费者、劳动者等弱势群体保护的问题开始凸显，市场经济高度发达所带来的民事主体之间经济实力的差距导致弱势群体谈判能力的不足从而产生实质上的不平等。在现实生活中，抽象的人格平等，并不能否认人在经济实力和智力能力方面存在先天的差异。在这种情况下，形式主义抽象平等的非现实性和不完全竞争市场的存在，都在挑战着传统民法赖以建立的基础。正如美国学者格兰特·吉尔默在其《契约的死亡》中所言："总体看来，契约理论不仅在起源之时就表现为象牙塔般的抽象概念和原则，而且在其整个存续阶段都大致如此。因而，它天生就产生并存在于法学院当中，而不是法院。"② 由此，在民法领域，对自由进行限制的观念逐渐占据主流。在立法中，通过强制缔约义务的规定和标准契约的规制纠正合同中缔约地位的不平等，通过严格责任来矫正商品和服务致损中的损害分配的不公平。在司法中，法官利用立法上的弹性条款，

---

① ［德］康德拉·茨威格特、海因·克茨：《合同法中的自由与强制》，孙宪忠译，载梁慧星主编《民商法论丛》第9卷，法律出版社1998年版，第359页。

② 格兰特·吉尔默：《契约的死亡》，载梁慧星主编《民商法论丛》第3卷，法律出版社1995年版，第201—209页。

创设出诸多判例规则，如情势变更原则、契约解释规则等，利用民法中的一般条款，如诚实信用、公序良俗重新分配消费者合同的利益关系和损害分担。在德国，法院长期以来即通过对不适当合同条款进行审查来保护消费者的利益，早在 1941 年第 1210 号案件的判决书中，帝国法院就指出：根据通用交易条件所缔结的合同不是建立在"真正的"协议基础上的合同，恰恰相反，它意味着"对一个由他人制定的法律关系的屈服"，"而这一法律关系不是在人们对它的内容有所了解并且自愿加入的基础上形成的"。① 而 1968 年联邦法院针对著名的鸡瘟案件即创设推定过失责任，1989 年又制定《产品责任法》。在意大利，1942 年《民法典》在第 1341 条和第 1370 条即规定解决通用交易条件问题的规则。在英国，早在 19 世纪的判例中，即对不自愿的交易条件的效力设定了一些界限，在著名的"火车票"案件中，法院否决铁路公司印制在火车票背面的但书的效力。② 这些判例和立法，以回应消费者权利保护运动的要求适时而生，对于矫正长久以来消费地位的不公平，实现民法的自由和公平理念无疑具有开拓意义。

经由判例和立法的推动，可以说现代民法中自由和平等的内涵已经随着社会经济诸条件和法律本身的变化而发生了深刻的变化。自由从来都不是无限制的自由，其必须在强制性规范和公序良俗的范围内实现各自的利益。平等并不仅仅是形式上的人格平等，也包括结果上的实质平等（或实质正义）。王泽鉴教授指出："契约自由应受限制，为事理之当然。无限制的自由，乃契约制度的自我扬弃。在某种意义上，一部契约自由史，就是契约如何受到限制，经由醇化，而促进实践契约正义的记录。"③《欧洲合同法典》第 2 条第 1 款规定："当事人可以在本法、共同体法或欧盟成员国的法律所规定的强制性规范、

① ［德］康德拉·茨威格特、海因·克茨：《合同法中的自由与强制》，孙宪忠译，载梁慧星主编《民商法论丛》第 9 卷，法律出版社 1998 年版，第 368 页。
② 在该案中，法院否决了承认铁路方面一再强调的但书的效力，因为这些但书只是印刷在火车票的背面，或者只是包含在火车站悬挂的公共告示牌的规定中，而没有以指定的方式明确告诉给顾客。参见（1877）Parker V. South Railway Co。
③ 王泽鉴：《债法原理》第 2 版，北京大学出版社 2013 年版，第 110 页。

善良风俗与公共秩序的限度内决定合同的内容。但当事人不得仅以损害他人为目的。"① 面对自由观念的现代演变，美国学者格兰特·吉尔默指出，"具有独立自主的逻辑上协调一致的规则和原则体系的契约法理论已经衰落，正是 19 世纪末 20 世纪初法学发展的主要特征和重大成就"②。在某种意义上，传统民法理论所信奉的合同神圣和放任经济理论已经"死亡"，面对不断涌现的要求保护消费者合同中弱势一方的呼声，现代民法理论必须再次审视自身的价值和功能，重新解读民法的自由和平等观念。

　　一方面，现代民法中自由仍然是民法的核心观念，所谓自由的限制从根本目的上来讲，仍然在于实现实质上的平等和自由。在消费者合同中，赋予消费者权利的途径是通过强加给经营者的法定义务或者说限制经营者的合同自由来实现的，其目的在于通过强化经营者在合同中的信息义务，限制经营者在合同中强加给消费者的不合理负担，从而使得消费者在做出依自己真实的意愿做出购买商品和服务的决定，对经营者合同自由的限制实则是在保障消费者的合同自由。消费自由并不意味着法律地位平等的当事人在缔结合同的过程中所表现出的形式上的自由，而是指消费者在消费过程中能够获得足够的有关商品或服务的信息，并且不受到外界干涉的情况下，以其真实的意愿缔结合同。因为"一般情况下，充分了解相关信息且具有相当谈判能力的当事人之间达成的协议，从给各方当事人都带来利益的意义上讲，是利益最大化的协议"③。从这个意义上，"对契约自由的必要的限制，并不是契约自由原则的衰落，而是对契约自由原则真实意义的恢

---

① 王文胜译：《欧洲合同法典（总则编）》，载陈小君主编《私法研究》第 15 卷，法律出版社 2014 年版，第 176 页。

② 格兰特·吉尔默：《契约的死亡》，载于梁慧星主编《民商法论丛》第 3 卷，法律出版社 1995 年版，第 289 页。

③ 欧洲民法典研究组、欧盟现行私法研究组编：《欧洲示范民法典草案欧洲私法的原则、定义和示范规则》，中国人民大学出版社 2011 年版，第 52 页。

复和匡正"①。现代合法中的合同自由正是通过自我调节适应着消费者保护的要求，可以说，无论在过去还是现在，其都是合同法的核心。针对现代风险社会产品的技术增加和危险程度增加的情况下，要求经营者在其经营活动中对消费者承担更多的谨慎义务，甚至就其经营活动所产生的后果承担严格责任，看似违背民法的自由精神，实质上在于确保所有人的自由。

另一方面，在消费关系中通过设计合理的规则对经营者的自由给予限制，从而纠正消费者地位事实上的不平等，并不是对经营者权利的不平等剥夺，而是在实现更高层次的平等。"对特殊群体的权利的特殊保护，并不意味着人们在权利享受方面的不平等，而是标志着对所有人的人格尊严的尊重。被增加的部分看似弱者的特权，实则是把增加的部分补充进去之后弱者才能获得平权。"② 法律必须对消费者和经营者之间的权利和义务进行正当的分配，使参与者各得其所，必须改变传统民法基于自由意志而要求经营者承担责任的归责原则，以实现损害分摊上的实质平等。首先，除非有特殊的理由，民法中对于消费者和经营者应当同等对待，双方的地位在法律上是同等的。③ 在消费过程中，当事人应当根据诚实信用和公平原则从事交易，任何人不得强迫他方当事人如消费者接受不公平的合同条款，或者从自身的非法、不诚实或他方的错误行为中获益。例如，经营者不能从欺诈消费者的行为中获利。其次，经营者应当对自己的行为结果或自己造成的风险负责。因为"任何人不能因他人的损害而获益"的法理，要求法律在经营者产品造成消费者损失的情况下必须剥夺经营者的受益，否则这种利益分配对消费者是不公平的。例如，对于产品缺陷导致的消费者人身和财产损害承担责任就是符合正义的，从某种程度上讲，亦是实

---

① 李永军：《从契约自由原则的基础看其在现代合同法上的地位》，《比较法研究》2002 年第 4 期。

② 马俊驹、刘卉：《论法律人格内涵的变迁和人格权的发展——从民法中的人出发》，《法学评论》2002 年第 1 期。

③ 参见欧洲民法典研究组，欧盟现行私法研究组编《欧洲示范民法典草案欧洲私法的原则、定义和示范规则》，中国人民大学出版社 2011 年版，第 68—73 页。

质平等的追求。

当然，现代民法所追求的实质平等观念，亦并不排斥形式上的平等。正如德国学者拉德布鲁赫所言："当今的'社会性法律观不会将平等性概念分解成雇主、雇员、工人、职员，之所以是雇主、雇员、工人、职员，只是因为他们不同的身份背景，但即使在这些背景中，他们也被视为平等的人'。"① 也就是说，现代民法所追求的自由和平等仍然建立在形式平等的基础上的，对经营者和消费者适用不同等的规则，并不意味着经营者人格的减损和"平等"的消解，法律人格的实质平等正是在形式平等的基础上针对各类具体人格的差别做出的合理调整。

总之，现代民法对包括消费者在内的弱势群体提供保护，是社会正义的必然要求，但这并不意味着对自由的根本否定。"契约自由与契约正义系契约法的基本原则，必须互相补充，彼此协调，始能实践契约法的机能。"② 现代民法经过不断社会化，通过对具体人格的关注，实现了自由和平等理念的升华。

第三节　消费者保护观念与中国民法理念之检讨

从某种程度上说，观念的更新应当是制度变革的先导和决定性力量，是相比较制度变革更为深刻的变革。由于我国民法文化的长期缺失，消费者保护长期依赖于政府主导下的公法保护。从根本上来说，这并不是成熟的市民社会和市场经济体制应有的特征。作为市场经济活动重要参与者的消费者，其消费文化和消费意识，并不是依靠政府的推动就可以培养起来的，更需要包括消费者和经营者在内的市场主体自主意识的觉醒和市场的自由竞争才能逐渐成熟。中国民法必须肩负起培育消费者保护的市场观念和提高消费者自主意识的重任，以此

---

① ［德］拉德布鲁赫：《法哲学》，王朴译，法律出版社2005年版，第133页。
② 王泽鉴：《债法原理》第2版，北京大学出版社2013年版，第111页。

为基础来制定适合中国社会需要的民法。

一 中国民法之消费者保护观念的经济和社会基础

改革开放三十多年的发展，中国社会的经济和社会面貌已经发生深刻的变化。中国的市场经济发展，从 20 世纪 80 年代提出从计划经济到有计划的商品经济，再到 1992 年后提出建立社会主义市场经济体制，到今天我国已经达到相对成熟的市场经济程度①，实现了主要产品和服务的生产及销售完全由市场价格机制所引导，市场已经开始成为各类资源配置的基础。中国经济总量在 2010 年已经超越日本成为世界第二大经济体，并在 2014 年突破 10 万亿美元。在短短三十多年的时间里，中国已经从落后的农业社会转向现代工业社会，② 并开始向后工业社会迈进③。但从总体上看，中国社会仍然处在工业社会发展中后期，服务业非社会的基础，科技人员和受过教育和培训的专业人员非从业人员的主体，科技和信息未能成为经济增长的主要动力。④ 现阶段

① 有学者从不同角度对中国的市场化水平进行全面分析，从政府行为的市场化程度角度，中国为 50% 以上，属于转轨后期的市场经济；从经济主体自由化（决策自由）来看，2001 年中国经济主体自由化或市场化程度约为 70%，中国已经达到相对成熟市场经济的程度；从产品市场和生产要素市场的发育程度，中国 2001 年产品市场化程度估计约为 83%，要素市场（资本和劳动力）程度尚低，约在 50% 以下；从市场交易和法律制度环境来看，中国中介组织（律师和会计师）力量薄弱，每亿元 GDP 的经济案件发生率和消费者投诉率高于发达国家，是中国市场化进程中相对落后的薄弱环节，其市场化程度大约仅能评为 40%，属于转轨中期市场经济。姚会元：《中国模式的市场经济体制改革进程与市场经济发育水平》，《中南财经政法大学学报》2005 年第 3 期。

② 从统计来看，在过去三十多年里，国民生产总值中，第一产业占 GDP 的比重从 1978 年的 28.2% 已经降到 2012 年的 10.1%，而第三产业占 GDP 的比重则从 1978 年的 23.9% 上升到 2012 年的 44.6%，第二产业则由 1978 年的 47.9% 略微下降为 2012 年的 45.3%。数据来源：中国经济与社会发展统计数据库历年数据统计。在全部从业人员中，第一产业从业人员比例从 1978 年的 70.5% 下降到 2012 年的 33.6%，第二产业从业人员比例从 1978 年的 17.3% 上升到 2012 年的 30.3%，第三产业从业人员比例从 1978 年的 12.2% 上升到 2012 年的 36.1%。

③ 从历年统计数据来看，2011 年一线城市第三产业的从业人员普遍比例在 50% 以上。例如，北京达到 73.4%，上海达到 56.3%，广州则为 53.5%，具有后现代社会的特征。

④ 创新型国家科技创新对 GDP 的贡献率高达 70% 以上，美国和德国甚至高达 80%，而中国现在科技创新对 GDP 的贡献率只有 40% 左右。

中国经济的主要特征是，大规模的商品生产代替传统的手工工业和自然经济，能源和机器成为生产率提高的基础，工程师和熟练工人成为工业的主角，整个社会围绕着商品的生产和分配把人、生产材料和市场组合在一起。①

尽管农业从业人员比例已经从 1978 年的 70.5% 下降到 2012 年的 33.6%，但是截至 2013 年农村人口仍然占到总人口的 46.3%②，中国的城市化相比较发达工业社会 80% 以上的城市化发展水平仍然有很大距离，并且由于地区发展不平衡③，中国实现城市化的目标仍然路途遥远。就整个中国的经济结构来看，垄断行业包括石油、烟草、盐业、电信、金融、供热、自来水、煤气、电力、航空、铁路等，仍然占据国民经济的主导地位。据《中国财政年鉴》统计，在 2010 年国有企业主营业务收入占到全部企业主营业务收入的 48.8%。同时，随着跨国企业顺利登陆中国，中国消费者不仅要面对国内企业巨头的"盘剥"，而且要面临跨国企业的"歧视"④。亦如西方发达国家，中国社会快速的工业化和城市化中，中国社会原有的乡村社会逐渐走向衰落。城市生活的无限美好却也伴随着中国社会阶层的不断分化和收

---

① ［美］贝尔（Bell, D.）：《后工业社会简明本》，彭强编译，科学普及出版社 1985 年版，第 35 页。

② 该比例上的差异说明虽然并不从事农业生产，但是大量城市从业人员仍然未脱离农村生活，处在城乡混合地带。

③ 中国城市化水平总体上呈梯次变化，具有鲜明的地带性特征。东部沿海和东北地区的人口城市化程度较高，其次是中部地区和西部地区，根据对东中西部的划分，对各省区的城市化率进行计算，结果显示，2010 年东部地区的城市化率为 58.36%，中部为 45.85%，西部为 40.45%，从数据看出虽然三个区域的城市化水平在不断提高，但东部的增长速度远高于中部和西部，15 年间，东部地区城市化比重提升了 45 个百分点，而中西部地区仅提升了 30 个百分点左右，并且差距不断拉大。参见童玉芬、武玉《中国城市化进程中的人口特点与问题》，《人口与发展》2013 年第 4 期。

④ 2000 年，东芝笔记本因内置的半导体微码有瑕疵向美国消费者赔偿 10.5 亿美元，但是拒绝对包括中国在内的其他国家用户执行同样的经济补偿标准；2009 年，惠普笔记本电脑因质量问题引发消费者集体投诉后，惠普在美国不但为更多型号的机型延长保修期，还为消费者提供运费补偿，但在中国却没有对此进行声明或服务提供；2010 年年初，丰田"召回门"席卷全球，而中国消费者的艰难维权与美国交通部开出的 1736 万美元的天价罚单更是形成鲜明的对比。

入差距的加大。在整个中国当前的社会结构中，低收入的农民和个体工商户，加上低收入的工人阶级，仍然占到全国从业人员的70%，从经济收入来看，中国社会结构明显仍然是金字塔型的，而非橄榄型的。[①] 在这种情况下，中国消费结构中，反映衣食等基本生活需求的比例仍然在46%以上，就不足为奇。同时，由于改革开放以来中国居民收入差距的拉大，基尼系数亦从1978年的0.202扩大到2013年的0.473，富裕群体开始注重提升消费的质量和品质，耐用消费品和精神消费开始占据其消费主导地位。[②] 伴随着世界第三次科技革命的浪潮和全球化的快速推进，中国经济和社会的转型和快速发展，中国的消费者面临着相比西方发达国家工业社会更加复杂的状况。中国的消费者自从市场经济重建开始，不仅要面临着来自国有垄断企业对消费自由的侵蚀，更要承受政府"父爱主义"理念下的"被动关怀"。

总之，市场经济是法治经济，消费经济的形成亦取决于市场经济法治的健全。若要改变中国消费率持续走低的现状[③]，就必须首先要完善市场的规则，以此树立消费者的消费信心。中国民法的变革，既有西方工业社会中民法社会化的问题，亦有后工业社会民法消费者化的问题，但中国民法绝不是自由资本主义社会和农业社会的民法。中国民法需要面对中国现代化的特殊问题，即中国社会和经济发展的严重失衡和市民社会发育不健全的现实状况，中国民法的变革之路看似面临着严峻的挑战。

[①] 参见黄宗智《中国的隐性农业革命》，法律出版社2010年版，第193页。

[②] 根据世界消费结构变化规律消费结构一般要经过三个阶段：第一阶段是满足基本需求阶段，以吃、穿为主；第二阶段是提高消费质量阶段，耐用消费品占主导地位；第三阶段是高级阶段，精神消费比重上升很大。从家庭用品方面看，中国居民已逐步由对一般日用品的需求过渡到耐用品的需求，未来的十几年将逐步由对一般耐用品的需求转向对高档耐用消费品、文化娱乐用品的需求。陈启杰、曹泽洲、孟慧霞等：《中国后工业社会消费结构研究》，上海财经大学出版社2011年版，第117页。

[③] 近年来，我国最终消费率连年走低，数据表明，最终消费率的下降主要是由于居民消费率的下降。2008年居民消费率降到35.32%，已经降到改革开放三十多年来的最低点，与历史最高水平的52.47%相比，下降了17.15个百分点。2008年我国居民消费率为35.3%，美国为70.1%，印度为53.9%。与国际上的口径指标相比，目前我国居民消费率明显的偏低。

二　中国民法之消费者保护观念的检讨

中国民法是中国现实和传统观念和文化的反映，是针对中国特殊国情和中国问题的真实写照。在中国经济追随世界经济发展潮流的当下，中国民法不仅会遇到发达国家所已经解决的历史性问题，亦会面临由于经济开放和全球化所带来的共时性的问题。中国民法的现代化所面对的是中国社会从工业社会中后期到后工业社会，中国居民消费结构转型的大跨度经济和社会变革。但是，综观中国民法，民法理念中消费者保护观念的不足和缺失是普遍现象。

首先，中国关于消费者保护法的法律以综合性的《消费者权益保护法》为中心形成了一个公私法融合的规范群，仍然以公法为主，私法为辅，立法的侧重点不同，数量和内容呈现明显不平衡，总体上呈现计划经济向市场经济转型的特征。《消费者权益保护法》既是消费者政策法，也是裁判法，其中不仅包含调整消费者和经营者之间消费关系的民事规范，也包含对经营者行为进行管理和处罚的行政规范和刑事规范。而围绕《消费者权益保护法》形成的其他消费者关联法规，则涉及消费品安全、卫生、质量、价格计量、标示宣传等内容。在数量众多的消费者立法中，充斥大量的对产品质量和计量方面的行政监督和管理类的涉及市场经济秩序管理的法律规范，而与消费者密切相关的特殊合同规定如无店铺销售、强制缔约、消费信用合同、分期付款销售合同、信用卡合同等则没有规定，这显然难以适应日益高涨的消费者保护运动的实践需要。同时，由于中国的市场改革是在政府主导下逐步推进的，在消费者立法方面，与西方发达国家相比较，"中国消费者保护法的产生，最初不是从传统民法而是从以行政法为主体的公法发展起来的"①。自然而言，目前消费者法以行政法和刑法为主体的公法主导就是不可避免的。

---

① 杨琴：《中国六十年：消费者保护法的演进历程》，《贵州大学学报》（社会科学版）2009 年第 6 期。

其次，尽管中国各项民事法律的制定横跨计划经济到市场经济，但是从理念上看，总体上目前的中国民法规范仍然停留在传统民法层面，不区分消费者和经营者的身份差别平等保护消费活动的参与者，无法适应消费者保护的特殊需要。从规范对象来看，无论是1986年的《民法通则》，还是1998年的《合同法》和2007年的《侵权责任法》，其无疑都是针对自然人（公民）、法人和其他组织之间的民事关系的。例如，1986年《民法通则》第2条和1999年《合同法》第2条的规定。在这些民事法律中，自然人和法人是被视为民事主体的标准模型或者唯一模型加以规范的，消费者仍淹没于自然人的角色之中遭到忽视。对于消费者的特殊利益只能诉诸《消费者权益保护法》和其他行政法规中的民事规范来加以保护。如此，产生的问题是，如果民法不能够接纳作为普遍身份特征的消费者，那么在民法之中对于自然人人身和财产利益的保护还有多大的空间？如果民法仍然恪守传统民法那些所谓的条条框框而将"抑强扶弱"的消费者法排除于民法之外，那么民法在消费社会中是否还有存在的意义？毫无疑问，民法必须回应现代社会作为普遍的消费者的自然人权益保护的特殊需要，必须抛弃传统民法的"理性人"假设，回归社会的基本构成——具体的人的观照。

最后，从规范内容来看，中国民法关于消费者保护的规定是凌乱的和不充分的，无法适应消费者运动发展的需要。虽然《民法通则》的颁布在中国法治史上具有里程碑的意义，标志着以政治手段调整平等主体之间的关系为主的时代的结束，可以说是"空前启后"。① 但是，《民法通则》毕竟颁行于改革开放初期，市场刚刚开始恢复，部分条文不可避免地带有旧的计划经济体制的烙印，对于市场经济中才出现的消费者问题更是无法预见。然而，经过二十多年的改革，中国经济从管制经济向市场经济转型的过程中，消费者问题已经日益突出，《民法

---

① 参见江平《空前启后功不可没——〈民法通则〉颁布十周年记》，《研究生法学》1996年第2期。

通则》的局限性显而易见。1999 年的《合同法》充分反映中国市场经济建设的要求，统一过去的三部合同法，剔除其中反映计划经济体制的内容，总结我国过去的司法实践经验，广泛借鉴发达国家的经验，强调合同自由原则和对消费者以及劳动者的保护。① 虽然并非尽善尽美，"未能实现预期的'领导 21 世纪合同法发展潮流'的目标，也未能成为一部'21 世纪序曲而非 20 世纪尾声'的法律"②，但应当承认它是"一部统一的、现代化的，既符合中国实际又与国际接轨的合同法"③。

　　然而，经过十五年的发展，中国市场经济体制逐步成熟，科技日新月异，居民消费结构发生明显变化，商品房、机动车、金融服务等逐渐成为居民消费的新领域，信息技术和网络的普及使得消费者所面临的消费环境复杂化。《合同法》的个别条文虽然体现了对消费者保护的思想，但是整体上并未将消费者区别于经营者进行特殊保护，可以说弱者保护或者消费保护并未成为合同法立法的指导思想。从立法理念上，《合同法》虽然"生"在 20 世纪末，但还是 19 世纪的"根"，更无法反映 21 世纪中国社会发展的潮流。《侵权责任法》（2007）第五章对产品责任进行了一般规定，但是其内容并不完整，缺少产品和缺陷的定义、诉讼时效、免责事由、与违约责任的关系等

---

　　① 例如，统一合同法规定了对格式合同的管制手段（第 39—41 条）；规定免除人身伤害责任、免除故意和重大过失责任的免责条款无效（第 53 条）；规定买卖不破租赁原则（第 292 条）；规定房屋租赁合同承租人的先买权（第 230 条）；规定房屋租赁合同承租人死亡后共同居住人的租赁权（第 234 条）；规定分期付款买卖合同的买受人迟延支付达到全部价款 1/5，出卖人才能行使解除权（第 167 条）；规定具有救灾、扶贫等社会公益或道德义务性质的赠予合同不得撤销，受赠人可以请求强制执行（第 186 条第 2 款、第 188 条）等制度。在设计和拟定法律条文时，凡涉及消费者和劳动者的，均首先考虑保护消费者和劳动者利益，贯彻保护弱者原则。梁慧星：《统一合同法：成功与不足》，《中国法学》1999年第 3 期。

　　② 陈小君、易军：《论中国合同法的演进》，《法商研究（中南政法学院学报）》1999年第 6 期。

　　③ 梁慧星：《统一合同法：成功与不足》，《中国法学》1999 年第 3 期。

方面的规定，需要结合《产品质量法》的才能确定。① 观察《消费者权益保护法》，其制定的时候，中国才刚刚开始市场化改革，民法在整个法律体系中并不具有基础性的地位，当现实的消费者问题需要法律来调节的时候，民法并不能为其提供制度资源，相反以行政法和刑法为主体的公法主导的法律体系是当时法律中最为成熟的部分，由此决定，中国消费者权益保护法最初不是以传统民法而是以行政法为主体的公法基础上发展起来的。② 即使新《消费者权益保护法》增加了大量的民法规范，但是并未从根本上改变其原有的结构和立法观念，消费者私法并未成为《消费者权益保护法》独立的内容。中国的《消费者权益保护法》并非民事特别法，而是管制经济立法观念指导下的公法私法化的产物。

因此，在中国继续加强市场经济的基础性地位的背景下，作为市场经济基本法的民法，如果缺失保护消费者的观念，则势必落后于市场经济改革的实践需要。随着市场体系的健全和完善，未来消费者保护必然过渡到从民法领域寻求更多的法律支持和制度资源。未来中国民法理念的革新必须将保护消费者的观念纳入其中，并且落实在制度设计之中。

---

① 《侵权责任法》产品责任的规定中缺少产品和缺陷的定义、诉讼时效、免责事由、与违约责任的关系的规定，需要依赖《产品质量法》的特别规定。参见张新宝、任鸿雁《我国产品责任制度：守成与创新》，《北方法学》2012 年第 3 期。

② 参见杨琴《中国六十年：消费者保护法的演进历程》，《贵州大学学报》（社会科学版）2009 年第 6 期。

第三章

消费者运动的民法回应
之基本制度变革

消费者运动对现代民法的影响不仅体现在民法中消费者保护观念的确立和民法基本理念的更新，而且体现在相关具体制度的变革。面对数字化技术和网络技术的迅猛发展，特别是金融危机以来消费者外部环境的恶化，20世纪中叶以来各国在民事立法方面进行了诸多变革。例如，电子商务立法和金融消费者保护立法的出现。而在消费者合同领域，基于消费者在消费关系中弱势地位的基本判断，欧盟、日本、韩国等国家相继对消费者合同进行专门立法，不仅在合同缔结阶段就针对意思表示和法律行为制度进行改革，而且为保证消费者意思表示的真实和自由，要求经营者承担信息提供的法定义务，以充分保障消费者知情权和选择权的实现。德国则是通过修改债法将欧盟有关消费者保护的指令纳入到民法典中，将消费者法由民法特别法上升为民法普通法。在侵权法领域，为减轻消费者的举证责任，便利消费者索赔和保障其安全权的实现，现代民法则针对提供缺陷产品和服务而造成消费者人身和财产损害的经营者苛以无过错责任。通过对传统民法基本原则和规则的修正，现代民法充分体现了其所追求的实质平等和自由的观念，以不同的方式适应了现代社会消费者保护的需要。相比较而言，尽管中国消费者立法已经取得很大的成就，基本建立了消费者保护的法律体系，但是就消费者保护而言，司法实践中仍然存在

严重依赖传统民法规则的问题。① 针对中国消费者运动的诉求和中国
民法在消费者保护中所存在的制度缺失和不足的问题，本章重点对法
律行为制度、合同法制度以及侵权法制度中消费者保护的相关制度进
行深入探讨。

第一节　消费者运动之法律行为制度的变革

消费者和经营者之间的法律关系实质上就是一种合同关系或由合
同衍生而来的消费品使用关系。确保合同缔结过程中消费者真实的意
思表示仍然是民法对消费者进行特殊保护的逻辑起点。传统民法理论
基于平等原则和同等保护的思想，并没有对合同中消费者的意思表示
给予特别考虑。相反，基于信赖原则和交易安全的考虑，传统民法对
于意思表示的解释更多地遵从表示主义而非意思主义，对于消费者意
思表示瑕疵的救济亦严格限定在重大错误、欺诈、胁迫等严重情形。
但是，面对经营者营销手段的日新月异和商品销售方式的改变，特别
是电子商务的发展，消费者动辄成为经营者强势营销的牺牲品。意思
表示的传统理论已然滞后于现代民法对于消费者特殊保护的要求，需
要修正和改革。

一　法律行为之主体：消费者资格的认定
以形式平等为基本理念的传统民法并不区分主体的"身份"差

---

①　从最高人民法院公报中公布的有关消费者权利方面的案例统计（1994—2009）来
看，法院判案的主要法律依据仍然是《民法通则》《合同法》等传统民法，《消费者权益保
护法》的适用偏少。参见钱玉文《消费者权利变迁的实证研究》，法律出版社 2011 年版，
第 84 页。这种现象的存在，一方面说明尽管消费者法包含很多不同于传统民法的规则，但
其仍然是构筑于民法的基本原则之上的，消费者法并非独立于民法之外；另一方面也说明
对于消费者的保护，中国民法所提供的法律资源仍局限在《民法通则》和《合同法》，这
显然已经远远无法满足消费者保护的需要，与新型消费相关的电子商务法、消费者合同法、
金融消费者法等民事特别法亟待出台。与此同时，新《消费者权益保护法》作为消费者保
护领域的基本法，尽管其中包含有众多的裁判性规则，但是其"权利—义务—责任"的框
架设计，更像是一部权利宣示法和消费政策法，无法与《合同法》形成有效衔接，未来改
革在所难免。

异，自然人或者法人都适用相同的交易规则。即使自然人作为消费者向经营者购买商品和服务，仍然适用经营者之间的交易规则处理合同瑕疵和履行障碍的问题。现代民法所要关注的是市民社会中"活生生"的个体，在消费社会中，这些个体所具有的最普遍的身份便是消费者。由于自然人不可能具有与经营者同等的经济实力和信息能力，很多情况下还得依赖经营者提供的信息来做出是否购买商品或服务的判断，这才有消费者区别自然人而有特别保护的必要。这种发生在个体消费者和经营者之间的法律关系，从形式上来讲，仍然是平等主体之间的私人关系。从本质上来看，与普通民事关系相同，都以实现私人利益为目的。由此，作为特殊的民事法律关系或法律行为，将消费者和经营者之间的法律关系和消费者与经营者之间形成的法律行为纳入民法的视野自属正当。

（一）消费者资格认定的实质性标准

从根本上来说，将何种法律关系纳入消费者法的保护范围，并非主体资格判断问题，而是法律事实的认定问题。在消费关系或消费者合同中，由于信息资讯或自由选择能力等方面的结构或情境失衡，消费者自主理性决策的自由可能会面临危险，这成为现代民法设计保护性规则对弱势一方进行保护的根本理由。[①] 也就是说，在民法中对消费者进行差别保护的正当性应该从买卖双方之间信息或经济实力差异而导致买方决策自由障碍或者瑕疵的角度进行事实判断，而不是以其为消费者来决定。在涉及消费者资格的确认问题上，显然是消费关系中，买卖双方事实上地位的不平等而非消费者的身份本身导致法律的区别对待。从这个角度来看，赋予民事主体消费者的资格从而进行特别保护，其实质性标准在于从个案中具体判断买卖双方是否存在缔约能力上的差异而造成事实上缔约自由的障碍。或者说，要从法律关系或法律行为的性质和目的的角度，而非主体资格的角度来界定消费

---

① 参见［德］齐默曼《德国新债法：历史与比较的视角》，法律出版社 2012 年版，第 312—315 页。

者。消费者或者经营者的身份并非依附性的或固定的，而是根据具体法律行为的目的上的关联关系而互相区别。① 根据该理论，即使是相同的交易，也可能存在"强势的消费者"和"弱势的消费者"之分。强势的消费者。例如，具有食品专业知识的教授去超市购买食品时，其鉴别能力就远高于普通消费者。与经营者相比较，这些强势的消费者很难说存在决策方面的结构性失衡问题，从公平的角度来看，并不适宜将其视为"弱者"而进行特别保护。当然，这种情形下，消费者资格的认定或消费者法的适用，将会严重依赖具体交易中当事人之间缔约地位不平等性的认定，从而使得消费者保护规则的适用事实上变得极不确定，因为是否适用消费者法需要在个案中依靠事实和证据来综合判断是否存在双方当事人能力上的差异。因此，各国在消费者资格的认定上，并非采用此类不确定性的标准，而是以生活经验为标准将消费者资格的认定标准法定化和客观化。此等情形，犹如法律上自然人行为能力的判断，本应当以行为人的意思能力或识别能力为标准，但是各国普遍的做法却是以年龄为客观标准。但是，对于消费者资格认定的实质性标准的剖析仍然是必要的，因为法定化的消费者资格难免具有封闭性，或者导致不公平的适用结果，此时以"结构性失衡"来判断该主体是否具有消费者资格从而适用消费者法的保护，将有助于明晰消费者法的立法目的。

（二）消费者资格认定的法定标准

由于"结构性失衡"标准的模糊性，消费者资格的认定可能导致法律缺乏确定性和可操作性。在实践中，多数国家采用类型学的方法，以"消费者"概念为核心，将消费者资格的认定标准法定化。

1. 主观行为标准。对于消费者的资格认定，部分国家是从其主观目的或动机，即"生活消费目的"来进行判断的。例如中国台湾地区"消费者保护法"（1994）第2条第1款规定："消费者是以消

---

① 参见［德］迪特尔·施瓦布《民法导论》，郑冲译，法律出版社2006年版，第87页。

费为目的而为交易，使用商品或接受服务者。"从其规定可以看出，要界定消费者的身份，应"以消费为目的"考察其主观要件，而对于消费而言，不以商品之直接交易为限（契约型消费），实际使用或者接受服务（使用型消费）亦包括在内。① 中国《消费者权益保护法》虽未明确界定消费者的含义，但是从第 2 条关于法律适用范围的规定来看，消费者是为生活消费需要购买、使用商品或接受服务的主体。"生活消费需要"显然是确认消费者资格的行为目的要件，即消费者应当是以生活消费而非生产消费为目的购买、使用商品或接受服务。在这里，消费者资格的认定，是从消费动机或目的来进行判断的。若严格认定，则会导致既非经营者亦非消费者的资格认定困难问题，因为"消费目的"有时候是无法通过消费行为获知的，例如王海为打假购买商品②、进入商场纳凉、为赠予他人而购买等是否构成生活消费为目的。事实上，以主观行为目的来界定消费者资格时，在实践操作中多有不便，反而成为经营者逃避法律责任的抗辩事由。

2. 客观行为标准。在认定消费者资格的时候，为法律的确定性和操作性考虑，在行为目的的确定上，多数国家和地区采纳客观行为标准逐渐成为较普遍的做法。在这些国家，基于消费者和经营者在法律关系中的相对性，经营者和消费者的概念通常以对照比较的方法进行确定。例如，《德国民法典》第 13 条规定："消费者是指既非以营利活动为目的，亦非以其独立的职业活动为目的而缔结法律行为的任何自然人。"从立法意旨上来看，只要法律行为缔结的目的非经营或者独立的职业活动（例如律师购买法袍），或者说只要非经营者，则该类自然人就视为消费者，受到保护性规则的保护。第 14 条规定："经营者

---

① 参见黎淑慧《消费者权利消费者保护法》，扬智文化事业股份有限公司 2003 年版，第 4 页。

② 梁慧星教授即认为买假索赔案件的原告，按"生活经验法则"判断，其订立合同的目的，不是"为了生活消费的需要"，按照《消费者权益保护法》的规定，应当肯定其不是消费者，不受《消费者权益保护法》的保护，而应当受其他法律如《合同法》的保护。梁慧星：《〈消费者权益保护法〉第 49 条的解释适用》，载梁慧星主编《民商法论丛》第 20 卷，金桥文化出版社（香港）有限公司 2001 年版，第 400 页。

是指在缔结法律行为时，在从事其营利活动或独立的职业活动中实施行为的自然人或法人或有权利能力的合伙。"显然，经营者有两类，一是从事营利性活动的民事主体，例如，商人、手工业者、作为经营营利性事业的农场主等；二是从事独立的职业活动的民事主体，例如独立开业的医生、律师、会计师等，经营者的外延明显比商人的外延要广得多。① 《日本消费者契约法》规定消费者是为经营事业目的之外缔结合同的自然人。而中国台湾地区发布的相关消费者保护的"函释"中规定，所谓之消费，系指非供执行业务或者投入生产使用，不再用于生产或销售之情形下所谓之最终消费。② 显然，其在解释上趋向于以客观标准来界定消费行为的目的。相比较主观目的标准，通过经营者概念的明晰，采用反向排除的方式界定消费者，可以避免"王海"式消费者资格界定的困境，更有利于消费者权益的保护。

总之，消费者资格的认定是消费者法适用的前提性问题，其不仅是事实判断问题，也是价值判断的结果。"结构性失衡"因素的存在是认定消费者资格的深层因素，而法定标准只不过是形式上的可操作性标准，却为消费者资格的认定提供相对确定的规则。就此而言，消费者资格的认定应当兼顾妥当性和确定性，消费者保护的关键与其说是因为"消费者"，不如说是具体情境中法律行为内部存在的结构性失衡，是消费者和经营者之间的"消费合同"。

二 消费者意思表示瑕疵及其救济

意思表示是以某种可感知的方式将内心的意愿表示于外部的行为过程。在消费者合同中，所谓合同缔结的过程也就无非是消费者和经营者之间将各自的意愿表示于外部而形成意思的合意。但是，对于消费者而言，其意思表示由于受到自身认识能力的不足或者来自经营者的劝诱，而做出非其所愿的意思表示，即意思表示瑕疵乃属常有之

---

① 参见陈卫佐译注《德国民法典》，法律出版社 2010 年版，第 9 页注释。
② 参见全国人大常委会法制工作委员会民法室编《消费者权益保护法立法背景与观点全集》，法律出版社 2013 年版，第 231 页。

事。就其情形而言，对消费利益影响重大的有两种：一是消费者意思表示错误的情况，包括狭义的错误、误导和欺诈；二是消费者意思表示受强迫而不自由的情况。无论何种情况，事实上都造成对消费者消费意思自治之侵害，特别是在因经营者的行为导致消费者意思表示错误或者无法进行自由的意思表示的情况下，更需要考虑对消费者的"真意"的维持。由此，现代民法意思表示理论中，针对消费者合同，渐渐有回复意思主义之势，即通过对传统意思表示错误、欺诈和强迫（胁迫）的扩张而对消费者的非真意表示给予救济，使其摆脱合同的约束。

（一）基于错误的意思表示瑕疵及救济

传统理论中，错误的意思表示是消费者无意的意思与表示不一致的情况，通常包括内容错误和表示错误，动机错误不在错误的范围之内。由于在意思与表示不一致的情况下，究竟依表意人之"真意"确定意思表示的内容，或者依外在之"表示"确定意思表示的内容，对表意人的利益和意思表示效力的确定甚为重要，以至于在学理上形成"意思主义"和"表示主义"之争。在《德国民法典》起草之初，受近代理性自然法学和心理学的影响，学说多主张意思表示乃在于探究表意人内心的"心理事实"。民法巨匠萨维尼言："内心意志应被视为唯一真正重要与有效的东西，唯其藏于内心而不可视见，故需以某种标记使之可被认知。该显现内心意志之标记，正是外部表示。此亦可知，内心意志与外部表示之一致性并非出于偶然，毋宁是彼此关系的自然体现。"[1] 受其影响，《德国民法典第一草案》第 98 条和第 99 条曾规定，因表意人错误所做出的意思表示无效，除非表意人存在重大过失。[2] 但围绕该条文，意思主义者和表示主义者都提出批判，认为草案过于考虑意思表示的心理学特征，对于相对人的信赖利益保护不足。《德国民法典》最终采纳相对折中的方案，即以意思主义为

---

[1] Friedrich Carl von Savigny, System des heutigen römischen Rechts, Bd. 3, 1840, S. 258. 转引自朱庆育《民法总论》，北京大学出版社 2013 年版，第 216 页。

[2] 参见顾祝轩《民法概念史总则》，法律出版社 2014 年版，第 213 页。

原则，表示主义为例外。对于意思表示的解释，第133条规定："在解释意思表示时，必须探究真意，而不得拘泥于词句的字面意义。"对于错误表示的效力，第119条规定："（1）在做出意思表示时，就它的内容发生错误或根本无意做出这一内容的表示的人，如须认为他在知道事情的状况或合理地评价情况时就不会做出该表示，则可以撤销该表示。（2）关于在交易上被认为重要的人的资格或物的特性的错误，也视为关于表示内容的错误。"显然，根据该条的规定，在意思与表示不一致的场合，在例外的情形下应该考虑到相对人信赖的保护，赋予意思表示以完全效力或者应当给予相对人赔偿。错误由谁产生、错误如何产生是无关紧要的问题，法律通过将可资撤销的错误局限于法律上的具有重要性的错误，特别是通过将动机错误排除在外，对撤销可能性做出了必要的限制。[①]

对于"真意"的理解，《德国民法典》之后的判例和学理上已有表示主义的倾向，以奇特尔曼为代表的法学家认为基于交易安全和信赖的保护，探究意思表示的主观意义并无必要亦无可能，所谓的"真意"并非表意人内心意志，而是其"表示真意"。[②]该主张在后期渐成学界和判例的通说，亦如拉伦茨所言："如果表意人和受领人对某项需受领意思表示的意义持有不同的意见，那么，对该项意思表示进行解释，目的在于得出一种客观的、规范的意义，这种意义必须适用于表意人和受领人双方。"[③]王泽鉴教授认为，"解释意思表示所要探求当事人的真意，依意思表示有无相对人而有不同：（1）无相对人的意思表示（如权利的抛弃、书立遗嘱）时，不产生相对人信赖保护问题，其应探求的是当事人真意，也就是当事人内心意思而言。（2）有相对人的意思表示（尤其是契约）时，应以客观上的表示价

---

① 参见［德］迪特尔·梅迪库斯（DieterMedicus）《德国民法总论》，邵建东译，法律出版社2000年版，第593页。

② 参见朱庆育《民法总论》，北京大学出版社2013年版，第217页。

③ ［德］卡尔·拉伦茨：《德国民法通论》（下册），王晓晔等译，法律出版社2003年版，第458页。

值作为认定意思表示内容的准据。"① 在这种观念的影响下，"真意"
所探讨的乃是"表示"上的效果意思，所谓的内心（效果）意思已
不重要。"动机"不在"真意"的范围之内，除非其构成合同的内
容，如此，单方的动机错误则被排除在外。这样，错误纯粹成为表意
人因错误理解而选择不正确的表示方式的技术性问题，而且该错误的
性质应该是在交易中被认为"重要的"才能得到民法的救济。

显然，在表示主义的影响下，传统意思表示错误法理中，"真意"
的探究已经祛除心理学因素的影响，内心效果意思不再成为法律上的
"真意"，动机错误更不被包括在错误的范畴之内。但是，在消费者合同
中，由于消费者信息收集能力有限和时间紧迫，消费者对于商品或服务
的买卖多依赖于经营者的宣传或者告知。倘若因经营者的宣传或者告知
中存在夸大、不实，或者信息模糊等，使得消费者购买了非其所愿的商
品或者服务，在这种情况下，经营者的行为很难认定为恶意欺诈。但
是，显然这种因为信息收集而产生的动机错误（购买商品或服务的理
由）问题，却会对消费者产生重大影响。在日本，判例和通说继续维持
表示错误和动机错误的二元区分的情况下，学说渐有基于合意主义的错
误一元论的倾向，其认为合意的拘束力或者正当化的理由来自合意的原
因（动机），所谓要素的错误自然包括合意原因的错误。② 错误的扩张
即以此为基础，在消费者契约中更加积极，因为在消费者契约中重视意
思表示中的内心意思乃至动机，进而发展成为不区分表示错误和动机错
误而进行一元化构成，这与消费者契约中的"意思主义的复权"及
"人性的回复"是相符合的。③ 因此，消费者的动机、意思在经营者劝
诱行为或者误导行为影响下而形成的时候，若"消费者的认识与客观事
实不一致"，则可认定消费者享有使合同无效的权利。

---

① 参见王泽鉴《民法概要》，北京大学出版社 2009 年版，第 94 页。
② 参见［日］山本敬三《民法讲义Ⅰ·总则》，解亘译，北京大学出版社 2004 年版，
第 129—135 页。
③ 参见山本敬三《民法中"合意瑕疵"论的发展及研究》，杜颖译，《私法》2001 年
第 1 期，第 67—95 页。

中国《民法通则》和《合同法》规定当事人因重大误解而订立的合同可以撤销，《最高人民法院关于贯彻执行〈中华人民共和国民法通则〉若干问题的意见（试行）》（以下简称《民通意见》）第71条规定："行为人因对行为的性质、对方当事人、标的物的品种、质量、规格和数量等的错误认识，使行为的后果与自己的意思相悖，并造成较大损失的，可以认定为重大误解。"可见，根据司法解释和学者通说，我国立法中的错误仅指意思表示内容之错误，对于动机错误原则上不纳入错误的范围。① 如此，对于消费者因经营者的劝诱或误导但不构成欺诈而产生动机错误的情形下，能否依据错误法理而给予救济值得检讨。②

欺诈，是表意人错误产生的重要外因，通常是构成动机错误的原因。在这种情况下，任何错误，包括动机错误，只要是因相对人欺诈而形成的，都是可以撤销的。依学界通说，"诈欺者，诈欺人故意欺罔被诈欺人，使陷于错误，并因之而为意思表示之行为也。"③ 欺诈之成立必须具备欺诈人故意欺诈之行为和做出错误之意思表示两方面的要件。《德国民法典》第123条规定，"因被恶意欺诈，致使做出意思表示的人，可以撤销该表示"。根据学理解释，所谓恶意是指实施诈欺是为了影响被诈欺人的意志；或者诈欺人能够认识到其诈欺行为可能会对被诈欺人的决策产生影响。欺诈是指通过夸耀虚假事实，或者隐瞒真实事实，故意亦即有意引起或维护某种错误，以达到影响被诈欺者决策的目的。① 可见，欺诈可以是作为的（告知虚假事实），也可是不作为的（隐瞒真实事实）。但对于后者，只有在违反根据诚实信用或者存在告知义务时，即表意人按照交往观念有权期待相对人告知具有重要意义的事实的情形下，才可以认定欺诈的成立。并且，只有在相对人明知或应知表意人产生错误的意思表示而无动于衷（利用他人的错误）的情况下，才能够认定其恶意。过失违反信息提供义务的情况下，例如相对人误以为表意人已经知悉或者认为没有告知的必要，则不允许欺诈而撤销。②

然而，在消费者合同中，经营者经常进行不适当的宣传（误导或者劝诱），致使消费者做出错误的意思表示。主要情形包括③：（1）告知不实信息，即给顾客提供虚假事实或结论性判断，导致其对意思表示要素判断错误而做出意思表示。例如，在本来风险很高的金融消费品买卖中，强调绝对收益、保底收益，致使消费者误以为不存在风险而购买；（2）误导性遗漏，即对有关是否进行交易做出判断的重要事项不提供充分信息，例如对于高风险的商品，只提供收益相关信息，不提供或模糊其交易后承担的风险，致使消费者误以为不存在该风险。在上述情形下，经营者以积极之行为或者不作为的方式进行劝诱和误导，多数情形下，即使存在不实表示，很难认定存在欺诈的故意。而依照传统的错误法原理，亦很难证明消费者存在何种意义上的错误，因为这里的错误多数情况下是动机错误，要求消费者举证证明在劝诱过程中意思表示不符合内心之期待很难实现。在这种情况下，

①　参见［德］卡尔·拉伦茨《德国民法通论》（下册），王晓晔等译，法律出版社2003年版，第542—543页。

②　此种情况下，在符合错误的构成要件的情况下亦可以撤销。［日］山本敬三：《民法讲义Ⅰ·总则》，解亘译，北京大学出版社2004年版，第156—157页；［德］卡尔·拉伦茨：《德国民法通论》（下册），王晓晔等译，法律出版社2003年版，第545页。

③　参见山本敬三《民法中"合意瑕疵"论的发展及研究》，杜颖译，《私法》2001年第1期，第80—90页。此外，还有对不适格者进行劝诱的情况，即就风险极高的交易，劝诱对交易的意义无法理解或没有足够的知识和财产负担风险的人进行交易，例如对无法理解金融交易风险的依靠退休金生活的老年人劝诱其将退休金投入金融产品买卖。但笔者认为，该等情形亦可部分归入前述告知不实和误导性遗漏的情形。

认定意思表示有效显然对于消费者亦不公平。现实的做法是在欺诈之外，对由于不当劝诱或误导而导致消费者错误的情况下，赋予消费者撤销权。通过对传统民法欺诈要件的缓和，减轻消费者的举证责任，使得消费者可以容易从受到经营者不当影响而缔结的合同中脱离出来。例如，《日本消费者合同法》第 4 条即在吸收各国消费者立法经验的基础上，创造性地提出因劝诱而产生的误认的意思表示之撤销，从而解决了意思瑕疵理论中过于绝对的表示主义的缺陷。

观察中国民法，从《民法通则》第 58 条规定因欺诈而做出的民事行为无效，而《合同法》第 54 条都规定因欺诈而订立的合同，当事人可以撤销。显然对于合同而言，若当事人受到相对人的欺诈而签订，是可以撤销的。《民通意见》第 68 条规定："一方当事人故意告知对方虚假情况，或者故意隐瞒真实情况，诱使对方当事人作出错误意思表示的，可以认定为欺诈行为。"该规定与《德国民法典》通说之恶意欺诈的认定是相同的，即要符合告知虚假情况或隐瞒真实情况的行为要件和故意的主观要件。就故意隐瞒情形，多认为依法律规定、诚实信用原则或者交易习惯的要求，存在告知义务时，单纯的沉默也可构成欺诈。[1] 而对于因不当的广告或劝诱而导致消费者产生错误，消费者是否可依欺诈法原理而撤销合同，立法上未有规定，司法实践中亦多从违约责任角度给予救济。[2] 在消费者运动背景下，中国民法意思表示错误理论已然落后于司法实践的要求。

（二）基于强迫的意思表示瑕疵及救济

依通说，因他人之干涉而被迫做出意思表示或做出错误的意思表示，是为胁迫和欺诈，皆为通过对意思表示自主决定的自由的干涉，致使表意人意思表示不真实的情形。但是两者所采用的手段有所不同：欺

---

① 韩世远：《合同法总论》，法律出版社 2011 年版，第 186 页。

② 在田某诉天津某堂制药厂、北京某报社药品买卖案中，原告看到报社登载广告宣传治疗白内障奇药"拨云退翳丸"的广告而购买该药，但是最后并没有达到广告宣传的疗效，遂要求惩罚性赔偿。法院最后判决支持退还原告部分药款，但不支持广告宣传的夸大之惩罚性赔偿。（案例来源：北京市第二中级人民法院，法意数据库）

诈者是通过故意欺骗行为而使他人做出错误的意思表示；胁迫者是以不法之手段向相对人示以危害，使其产生畏惧而被迫做出意思表示，即"胁迫者，故意不当的预告危害，使他人发生恐怖，致为意思表示之行为也"①。依《德国民法典》第123条之规定，因被不法胁迫致使做出意思表示的人，可以撤销该表示。依学理解释，该条规定中撤销权的行使，只有当意思表示受到违法影响时，相关当事人才可以撤销，而表意人基于他人的行为而感到自己受到胁迫，尚不足以使其享有撤销权。②胁迫多指精神上的胁迫，身体胁迫视为非本人的意思表示而不包括在内，因谈判实力的不对等而造成的经济之压迫一般亦不构成胁迫。

　　然而，在消费者所为意思表示的时候，经常会受到经营者非胁迫程度的劝诱行为的干扰和强制，进而剥夺或者限制消费者自由决策的机会。此时，对消费者的压迫很难说达到胁迫的程度而使其完全丧失意思决策自由，例如，在某种具有强迫氛围的环境下进行劝诱③或者采用某种令消费者迷惑的方式——身体拘束、突然深夜造访顾客、电话反复骚扰等——进行劝诱。但是，在这些情况中，因经营者施加了不当压迫而使消费者无法进行合理的意思决定，缔结非反映其意图的契约的情况与胁迫的效果却是相同的。虽然没有完全剥夺表意者的自由判断，但该种情形却构成对其自由判断的妨碍，可以准用强迫之规定而撤销，此被称为强迫型扩张理论。④《日本消费者合同法》第4条第3款规定："经营者劝诱消费者缔结消费者合同的，对消费者为下列行为致使其产生困惑并据此作出关于消费者合同的要约或者承诺的意思表示的，消费者可以撤销该意思表示。（1）消费者要求该经营者从其居所或者工作场所离开，但该经营者不离开的。（2）消费

---

　　①　郑玉波：《民法总则》，中国政法大学出版社2003年版，第360页。

　　②　参见［德］维尔纳·弗卢梅（Werner Flume）《法律行为论》，迟颖译，法律出版社2013年版，第630页。

　　③　例如在营销中采用的催眠商业法，对处于封闭空间的消费者，利用巧妙的营销安排如营销会，制造出若不购买会吃亏的气氛，诱使消费者抢购。

　　④　参见山本敬三《民法中"合意瑕疵"论的发展及研究》，杜颖译，《私法》2001年第1期，第75—76页。

者要求从该经营者劝诱消费者签订合同的场所离开，但该经营者妨碍该消费者离开的。"根据该条规定，在消费者因经营者的不当劝诱，"不离开"和"扣留"而将消费者拘束在一定的空间，使得消费者被迫做出意思表示，消费者可以撤销该意思表示。[①] 由此规定，传统的强迫型意思表示瑕疵的范围得以在消费者契约中扩张及于不当劝诱或者不当营销致使消费者丧失或者部分丧失自主决策的情形。

依据中国《民法通则》第58条规定，因胁迫而使得表意人在违背真实意思的情况下所为的意思表示是无效，《合同法》第54条规定，因胁迫而签订的合同是可撤销的。由此，若消费者受经营者之胁迫而签订合同的情形，则消费者可以行使撤销权使合同失去拘束力。而依据《民通意见》第69条的规定，胁迫行为仅指精神上的胁迫（要挟），其他情形如身体胁迫或者经济压迫等都非法律规定的胁迫。对于《日本消费者合同法》中因经营者不当劝诱而导致消费者非自愿意思表示的，或者《意大利消费法典》中的侵犯性商业行为导致的对消费者意思决定的干扰和强迫，显然无法为该条文义所涵盖，《消费者权益保护法》亦没有相关规定。

三 消费者意思表示障碍与撤回权

撤回权，亦称冷静期制度或者反悔权，是消费者依法享有的，无须任何理由，即可在一定期间内通过一定形式撤回合同，终止当事人之间的合同义务的权利。[②] 撤回权制度广泛存在于世界各国消费者立法之中[③]，是维护消费者权利的重要手段。从合同严守的角度，消费者撤回

---

① 参见［日］山本敬三《民法讲义Ⅰ·总则》，解亘译，北京大学出版社2004年版，第200页。

② 参见卢春荣《消费者撤回权制度比较研究》，博士学位论文，复旦大学，2012年，第14页。

③ 欧盟8个指令中规定了消费者撤回权，《欧洲示范民法典草案》亦有规定，其他国家如英国1964年《租赁买卖法》，美国1968年《诚实借贷法》，1972年《冷静期规则》，德国1986年《上门交易法》和2002年《债法现代化法》等都有规定，中国2013年《消费者权益保护法》第25条亦是关于撤回权的规定。

权似乎与其相违背，但仔细考察该制度设立的目的，事实上并不矛盾。因为合同严守从本质上乃是合同当事人在地位平等的基础上对基于自由意志而形成的意思表示的遵守。但是，在消费者意思形成的过程中，如果存在妨碍意思形成的各种因素。例如，消费者本身信息能力不足或者经营者的误导性商业行为、侵犯性商业行为以及传统民法中的欺诈和胁迫等，则消费者在做出购买的意思表示的时候并不存在事实上的决策自由。在这些情形下，事实上并不存在合同严守的基础。

　　就此，考察撤回权制度适用的范围，可以发现针对合同缔结阶段中出现的不利于消费者意思表示形成的各种情形。例如，在上门交易的情形下，经营者的"突袭"营销会使得消费者丧失比较价格和质量的机会；在消费者信贷合同领域，由于合同内容的复杂性，消费者需要充足的时间来判断合同内容和贷款风险，否则可能会使其陷入长期负债之中；在远程销售的情形下，由于消费者无法亲眼所见购买的商品，亲身体验服务的品质，无法掌握商品或服务的信息，消费者势必面临信息缺失，导致判断失误而购买非其所愿的商品或服务。在这些情形下，法律规定给予消费者特定的期限以理性判断其所要订立的合同是否符合其根本利益。由此，可以发现，赋予消费者撤回权的正当性，并非在于经营者的不当行为，或者消费者的弱势地位，而是上述情境中消费者决策自由有受到妨碍之虞。从意思表示理论出发，撤回权维护的乃是在合同缔约阶段消费者在充分信息前提下的真实意思表示。由此判断，消费者撤回权并不是消费者的普遍性权利，而是通过推定特定情境中（而非特定合同类型）存在结构性失衡状况，给予消费者因时间或情势紧迫而签订的合同一定的缓冲期来决定合同是否继续维持其效力。正因如此，撤回权的规定多与分期付款买卖、上门销售、远程销售、电子商务等特殊形式的消费者合同相关，因为这些合同的成立过程中往往存在意思自由的障碍性因素，赋予消费者撤回权可以使得消费者有机会消除此种不利因素。

　　消费者撤回权赋予消费者例外情形下破除合同拘束力的正当权利，但是其行使却并非任意的。从各国立法来看，撤回权的行使需要遵循严格的规则。

1. 撤回权的适用范围。从《德国民法典》来看，其在上门交易（第 312 条第 1 款）、远程交易合同（第 312d 条第 1 款）、电子商务合同（第 312e 条第 3 款）、部分时间居住权合同（第 485 条第 1 款）、金钱消费借贷合同（第 495 条第 1 款）、融资租赁合同（第 500 条）、分期付款买卖（第 501 条）和分期供应合同（第 505 条第 1 款）等特殊类型的合同中规定撤回权，民法典之外的特别法，如远程教学法和保险合同法中亦有撤回权的规定。比较特别的是，《欧洲示范民法典草案》，不仅在第二编第五章规定一般撤回权，而且规定场外交易和分时度假合同两类特别撤回权。当然，此处的一般撤回权并不意味着消费者享有广泛的撤回权，而是针对其他章节撤回权规则的"提取公因式"的抽象而已。

同时，对于撤回权范围的限定，还涉及上述合同类型的排除情形，依标的物性质不宜撤销的合同、个性化的商品定做、容易变质或保质期很短的商品等。例如《意大利消费法典》第 56 条远程合同中排除撤销权适用的规定，第 67 条之 12 款规定远程营销金融服务合同的排除适用情形。《消费者权利指令》第 16 条则详细列举撤回权（withdrawal）的除外情形。

2. 撤回权的期限。欧盟和德国对于撤回权的期限较为详细，分为普通期限、延长期限和最长期限。欧盟立法近年来，例如 2011 年欧盟《消费者权利指令》多规定 14 天的普通期间，如果经营者没有告知消费者撤回权的信息则该期限延长到 12 个月。《德国民法典》第 355 条第 2 款规定，撤回权的期限一般为 14 天，但是在经营者未按规定向消费者告知的情况下，撤回权的期限为 1 个月，撤回权至迟在合同订立后 6 个月消灭。

3. 撤回权期间的起算。从各国立法来看，撤回权期间的起算并没有统一的时间点。欧盟指令规定较为复杂，但最新的《消费者权利指令》第 9 条规定，除非有指令第 16 款中所规定的例外，否则从远程合同或无店铺销售合同签订之日起消费者享有为期 14 天的撤销合同的期限。而根据《德国民法典》第355条第2款的规定，撤回期限自合同订立时消费者被以文本形式告知其所享有撤回权时起算。比较特别的是，《欧洲示范民法典草案》第2—5：103条的规定，以三个时间点，即合同订立时、收到撤回权的充分信息时和动产交付时，最晚者为准。相比较欧盟指令和《德国民法典》的规定，该规定应该是比较细致而全面的，充分考虑了订立合同的各种情况。

4. 经营者的告知义务。告知义务是撤回权行使的关键，直接影响到撤回权期间的起算。各国立法多从告知内容、告知形式和告知时间等方面规定经营者有义务明确告知消费者撤回权行使的充分信息。根据《德国民法典》第355条第2款的规定，经营者有义务至迟在合同订立时或者在异地交易的情况下不迟延地以文本形式通知消费者享有撤回权。对于告知的内容，根据《德国民法典》第360条的规定，包括撤回权的提示、行使条件和方式的提示、经营者的姓名和地址以及期间的长短和起算等。具有参考性的规定，亦可见《欧洲示范民法典草案》第2—5：104条的规定："关于撤回权的充分信息应当能适当地引起撤回权人注意到撤回权，且该信息应当以清晰易懂的语言记载于耐久介质的文本形式，说明撤回权的行使方式、撤回期间、撤回通知相对人的姓名或名称及住址等内容。"如果经营者不履行撤回权信息的告知义务，则撤回权不消灭。

5. 撤回权的行使和后果。撤回权的行使是消费者在特定的期限内行使法律赋予的消费者消灭合同关系和合同债务的权利实现过程，其一般要符合法定的形式要件。《德国民法典》第355条第1款规定，消费者无须说明理由即可撤回旨在订立合同的意思表示，但是应在规定的期间内，以文本形式或以将物寄回的方式（退还权）向经营者表示。相比较欧盟指令撤回权的行使仅需以通知的方式，《德国民法典》的规定显然较为严格。《欧洲示范民法典草案》亦与欧盟指令类似，规定撤回权的行使以通知的方式行使，合同标的物的退回被视为撤回通知。

对于撤回权行使的后果，各国立法规定比较明确。撤回权的行使将消灭合同关系和合同债务。例如，《德国民法典》第357条规定可以适用法定解除的规定,《意大利消费法典》第66条规定双方解除各自源于合同或合同提案的义务。但是对于撤回权行使后,双方的后续义务和关联合同的效力则规定得比较复杂。对于双方偿还义务的期限,根据《德国民法典》第357条的规定结合第286条第3款,双方的偿还义务应当在30日内履行。而欧盟《消费者权利指令》则规定为14日。对于返还货物的费用和风险承担的问题,《德国民法典》第357条规定由经营者负担退还的费用和风险。欧盟《消费者权利指令》则区分情况,对于无店铺销售合同中由经营者直接送达消费者家中的情况,应由经营者自行收回商品并承担费用。其他情形,消费者只需承担送还商品的直接成本。对于商品使用的补偿问题,《德国民法典》第357条规定,如果消费者撤回权告知通知中提示该法律效果和避免的可能性,则消费者对于物的正常使用而发生毁损的价额进行补偿。可见,撤回权所指的"使用"在于为消费者评估商品质量的正常使用,是试用(testing),而非使用(using)。[①] 对于关联合同的问题,《德国民法典》第358条规定,消费者撤回合同的法律效果及于关联合同,例如货物买卖合同的撤回效力及于关联的贷款合同,而贷款合同的撤回效力及于关联的货物买卖合同。

总体上,欧盟各国对于撤回权制度的规定是比较完备的,其不仅保障消费者实现合同实质上的意思自由,而且亦适度考虑到双方利益的平衡。例如,对于撤回权的范围和界限的限制,以及试用和使用的区分等,值得各国立法借鉴。中国《消费者权益保护法》修订后亦顺应消费者保护的潮流增加消费者撤回权的规定,即第25条的7日无理由退货。无理由退货制度的规定对于维护消费者的权益,增强消费者的信息具有重要意义。但是,从实践来看仍然存在问题,以中国消费者协会联合360互联网安全中心在2014年的网络购物活动调研

---

① 参见卢春荣《消费者撤回权制度比较研究》,博士学位论文,复旦大学,2012年,第81页。

为例①，无理由退货在法律和实践中仍然存在如下问题：

1. 撤回权的适用范围问题。《消费者权益保护法》明确规定适用撤回权的交易方式为"采用网络、电视、电话、邮购等"，与欧盟立法大致类似，即以有对消费者意思自由障碍之威胁的合同为限。同时还规定排除的商品范围，即消费者定做的、鲜活易腐的、在线数字化商品、报纸和期刊以及其他根据商品性质不适用无理由退货的。但是在实践中调查显示，经营者随意解释"其他根据商品性质不适用无理由退货"的商品范围，自行规定不适用无理由退货的商品范围，例如网购的家具、图书等。同时，撤回权的适用范围仅限于商品，未规定服务可以适用，显然并不适应实践中消费结构转变的需要，范围过窄。

2. 撤回权的期间。《消费者权益保护法》规定撤回权的起算时间为"收到商品之日"起七日内。而调查显示，由于消费者并不知道该期限，一些经营者拿"七日退货"做挡箭牌，对因质量问题要求退货的消费者一概以"已过七日退货期，不予退货"予以拒绝，逃避经营者应当承担的产品质量"三包"责任②。显然，《消费者权益保护法》规定的期限过短，而且由于遗漏经营者的告知义务，消费者无法充分行使撤回权。

3. 经营者对于撤回权的告知义务。《消费者权益保护法》没有规定经营者向消费者提示撤回权的义务。调查显示，由于网购经营者对不适用"无理由退货"的商品标注不明显，消费者往往在要求退货时才被告知购买了"不予退货"的商品。尽管法律赋予消费者实体性的撤回权，但是由于程序性的规则设计的缺失，撤回权的效果大打折扣。

4. 撤回权的行使和后果。《消费者权益保护法》规定消费者退货的商品应当完好，退回商品的运费由消费者承担。调查显示，由于"商品完好"标准的模糊性，很多经营者单方理解为"产品外包装不

---

① 中国消费者协会联合360互联网安全中心于2014年4月1—8日，对消费者近期网络购物体验进行问卷调查，共收到有效文件14164份。参见中国消费者协会网站。

② 同上。

完整""不影响二次销售",导致消费者退货困难重重。显然,对于"商品完好"的标准需要法律进行细化,同时对于撤回权的行使和后果,例如撤回权可否以通知的方式行使,无店铺销售的试用商品退回费用由消费者承担是否合适,正常使用费用的补偿,关联合同的效力等仍然缺失详细的规则。

事实上,当深入传统意思表示理论的背景和逻辑脉络,我们发现在自由市场环境和"理性人"假设的前提下,"表示主义"和"合同严守"所贯彻的无非是形式平等下的意思自治原则。合同当事人即使是消费者和经营者之间,在传统意思表示理论中都是无差别被同等对待的个体。在这样的前提假设之下,消费者的特殊保护是违背公平原则和正义的。事实上,这样的前提假设在现实生活中根本是一种理想状态。现代民法正是顺应这种现实从抽象人格回归具体人格。[1] 作为私法自治核心的意思表示理论亦调整自身姿态,从理想回归现实。现代民法通过赋予消费者撤回权和撤销权,消除意思表示形成过程中的各种障碍性因素,全面实现消费者意思表示之真实。消费者的撤回权即针对妨碍意思表示自由和真实的各种情景或类型,消费者无须证明瑕疵之存在即可摆脱合同的约束。通过赋予消费者撤回权可以使消费者在动机错误的情况下亦可获得免除合同约束的机会,实现了意思表示的真实性,事实上恢复了意思表示的本意。从这个意义上来说,现代民法意思表示理论至少在部分领域正在由表示主义向意思主义回归。

第二节 消费者运动之合同法制度变革

针对消费者和经营者之间交易关系中存在的消费者问题,除传统合同法规范外,更需要针对消费者在交易中的"弱势"建立特别制度,在合同法中科学合理的配置消费者和经营者之间的权利义务规则

---

[1] 参见梁慧星《从近代民法到现代民法——二十世纪民法回顾》,《中外法学》1997年第 2 期。

以恢复交易关系中的平等性。从比较法来看，这些制度主要分布在民法典债编的合同法或者消费者合同法，以及消费者基本法中，主要包括意思表示撤销和无效、不公平格式条款的认定、合同形式要件、经营者的信息披露义务和冷静期规则等内容。显然，这些消费者特别保护制度会削弱意思自治和契约自由理论在传统合同法中的地位，造成契约自由的"衰落"，但是从实质平等或合同正义的角度这似乎又是合理的。可以说，在消费者合同中妥善处理合同自由与合同正义之间的关系，是现代合同法的核心问题。

一　比较法上消费者合同法制度的考察

消费者合同是消费者与经营者之间订立的购买商品或接受服务的合同，主要有消费品买卖合同、消费借贷合同、消费融资合同、客运合同、旅游合同、医疗服务合同、商品房预售合同等，是特殊的民事合同。① 从比较法来看②，为应对消费者合同中消费者保护的特殊需要，诸多国家和地区通过制定特别法或者修改民法典来规范消费者合同问题。

（一）欧盟消费者合同指令

由于欧盟成员国私法领域差异比较大，为取得最低限度的协调，欧盟消费者政策的落实主要是由欧盟委员会颁布消费者指令（Directive）通过国内立法转化实现的，从 20 世纪 80 年代到现在涉及消费者合同领域重要指令有十多个。这些指令范围广泛而且内容全面（不仅涉及民法，还包括很多公法的内容），大体上涉及合同的订立、合同内容与条件、特殊类型的合同三个方面。

1. 合同的订立。《上门推销指令》（85/577/EEC 指令）针对消费

---

① 参见张严方《消费者保护法研究》，博士学位论文，中国社会科学院研究生院，2002 年，第 133 页；金福海《消费者法论》，北京大学出版社 2005 年版，第 156 页；王利明《典型合同立法的发展趋势》，《法制与社会发展》2014 年第 2 期。

② 本文仅选取具有代表性的国家和地区的消费者合同立法作为考察的样本。另外《波多黎各民法典》《魁北克民法典》《阿根廷民法典》《土耳其民法典》等都有关于消费者保护的规定，例如附和合同、消费合同等。

者和经营者在经营场所之外购买货物或服务的合同，赋予消费者特定情形下的撤回权（renounce the effects of his undertaking）。《远程合同指令》（97/7/EC 指令）针对消费者和经营者之间通过远程通信方式签订的合同供货或者提供服务，要求经营者在签订合同前事先告知并书面确认与商品或服务相关的信息，消费者可以在至少 7 个工作日内行使解除权（right of withdrawal）。最新欧盟《消费者权益保护指令》（2011/83/EU 指令）则主要针对消费者合同订立过程中消费者的信息获得权和经营者的信息义务做出了全面规定，规定对于远程合同或无店铺销售合同自签订之日起消费者享有为期 14 天的期限撤销合同。从上述三个指令来看，欧盟主要通过赋予消费者知情权和撤回权来避免消费者合同订立过程中由于时间仓促无法充分了解商品或服务品质而签订合同，通过对事前规则的明确来预防消费者在消费过程中的利益受损。

2. 合同的内容和条件。《不公平条款指令》（93/13/EEC）明确规定消费者和经营者之间的不公平格式条款对消费者无约束力，而且明确不公平条款的认定标准和成员国的义务。《价格提示指令》（98/6/EC）则明确规定经营者向消费者发出要约的产品的销售价格及单价的提示义务。《误导广告指令》（84/450/EEC）和《误导与比较广告》（97/55/EC）则主要针对经营者在销售商品或提供服务过程中发布误导性广告和对比性广告进行规制。这些指令从本质上来看，在于规制经营者在缔结消费者合同时以不公平的条件获得不正当的利益，纠正消费者缔结合同过程中经济上的弱势地位。

3. 特殊消费者合同。《消费品买卖及担保（99/44）》中不但规定了消费者对瑕疵产品的救济措施和解除合同的权利以及举证责任的分配，还规定了二手商品的品质担保问题。《消费者信贷指令》（2008/48/EC）则是对原消费者信贷指令（87/102/EEC）的全面修订，对信贷合同领域的消费者保护制度做了完整的规定，特别是对信贷广告、信贷费率、消费者的撤回权和提前还款等做了系统规定。《不动产分时段使用权指令》（94/47/EC）则对分时度假合同中出卖人的信息义务和买受人的撤回权做出明确规定。《一揽子旅游指令》（90/

314/EEC）对由旅游组织发起的旅游合同中的信息告知、合同内容、履行及变更和违约责任等做出了规定。

综合这些指令，不难发现欧盟关于消费者合同指令的趋势就是强化消费者的保护，通过赋予消费者知情权和撤回权，强化生产者和经营者的合同附随义务，消除现代社会产品或服务专业化、销售方式多元化和电子商务给消费者带来的信息能力和交涉能力不足的风险。这些规定突破了"合同严守"的原则，但是体现了现代合同法中的合同正义原则。

（二）《德国民法典》中的消费者合同法

2002 年德国《债法现代化法》之前，在《德国民法典》之外的债法法规，特别是合同法规已经呈现不断增长的态势。这些特别法规数量众多且庞杂，不断"侵蚀"着《德国民法典》之本体，民法典中的债务合同法越来越多地被特别法排除于适用范围之外，同时欧盟《消费品买卖指令》《支付迟延指令》和《电子商务指令》急需转化为国内法。① 在这种情况下，德国债法现代化的问题被"强制性"地提到议事日程上，而法典编纂成为整合民法典外的特别民法和欧盟指令的最佳手段。在这之后，为落实欧盟消费者指令，《德国民法典》中的相关规定先后经过多次修改和补充，最近的修改发生在 2013 年 10 月的《联邦法律公报》。以最新的《德国民法典》为考察对象，消费者合同的特殊规定经过法典编纂，已经合理地安排在民法典的债法编第二章、第三章和第八章中，主要内容包括对一般交易条款和特殊交易形态的规制，消费者在消费者合同中的撤回权和退还权，债法分则中关于消费品买卖、信贷合同（金钱借贷和物的消费借贷）以及居间合同的特殊规定。《德国民法典》将消费者法，主要是消费者合同法的内容纳入民法典的做法，使得消费者合同法成为普通民法的内容，适应了现代社会消费者作为自然人的普遍特征的需要，可以说引

----

① 参见杜景林、卢谌编《德国债法改革〈德国民法典〉最新进展》，法律出版社 2003 年版，第 4—5 页。

领着大陆法系民法典现代化的趋势。

（三）意大利《消费法典》中的消费者合同法

2005 年 10 月 6 日，意大利以第 206 号立法令颁布了《消费法典》。法典的编纂根据 2003 年 7 月 29 日第 229 号法律确立的原则和目标进行，通过将散见于意大利各部门法中和《民法典》① 中涉及消费者保护的现行规定进行体系化及协调性的整理，并收集于单一的法律文本而完成。《消费法典》以"在不做实质修改的前提下，对现行规定进行简化、整理和协调，提供数量减少而质量提升的法律工具"为指导思想，"将一个完整的消费行为的历经阶段所涉及的规范，按照逻辑顺序和时间线索重新编排和整理"②，从而完成了消费者法领域的法典化过程，并且与《民法典》联系起来成为保护消费者权利的基础性规范③。《消费法典》共 146 条，由六编组成，其中第二编（教育、信息、商业行为和广告）、第三编（消费关系）和第四编（消费品的法定担保与商业担保）涉及消费者合同的规范。意大利《消费法典》通过衔接性的规定将消费者合同的规定与《民法典》连接起来，重申了消费者合同仍从属适用《民法典》确立的总原则和综合性规范；同时在事先保护方面实现了对损害消费者的法律或商业层面不正当行为的遏制与制止，实现了事先预防和事后救济的有机融合④，代表着消费者立法法典化之外的另外一种模式。

（四）日本《消费者合同法》

2001 年日本颁布《消费者合同法》，通过民事特别立法对消费者

---

① 包括：实施 93/13/CEE 号关于与消费者签订的合同中欺压性条款的指令的规定，被收录于《意大利民法典》（第 1469 条 Ⅱ—Ⅵ）；实施 1999/44/CE 号关于消费品的销售和担保的某些方面规定的指令，被收录于《意大利民法典》（第 1519 条 Ⅱ—Ⅸ）。

② 胡俊宏：《〈消费法典〉的编纂与意大利消费者保护法的新近发展》，载［意］阿拉巴等《意大利消费法典》，胡俊宏、雷佳译，中国政法大学出版社 2013 年版，第 12—13 页。

③ 《消费法典》第 38 条规定：除本法典已有规定外，消费者与经营者之间缔结的合同适用《民法典》的规定。

④ 参见胡俊宏《〈消费法典〉的编纂与意大利消费者保护法的新近发展》，载［意］阿拉巴等《意大利消费法典》，胡俊宏、雷佳译，中国政法大学出版社 2013 年版，第 17—19 页。

和经营者之间的消费契约关系进行规制，以建立具有高度预见可能性
的规则体系。①《消费者合同法》的制定以在某种情况（因经营者的
不当行为导致消费者违背自己真实意思缔结消费者合同）下，消费者
可以取消自己向经营者做出的要约或承诺，损害消费者利益的合同条
款无效为主要内容，其目的在于通过这些法律规定，保护消费者的利
益，以此对国民生活的安定与提高以及国民经济的健康发展做出贡献
（第1条）。更重要的是，通过《消费者合同法》的制定，以便解决
现存民法意思表示错误和一般条款在消费者保护上的不足，纠正个别
消费者保护立法限定范围的局限性和事后救济的缺陷，弥补以行政规
则和非法令性措施为主间接保护消费者的不足。② 为此，2011年修订
后的《消费者合同法》共53条详细规定了消费者合同意思表示的撤
销、条款的无效、停止请求、适格消费者团体和诉讼程序特例，其不
仅涉及民法的内容，而且涉及公法管制措施，可以说是综合性的调整
消费者合同的特别法。

《日本消费者合同法》消费者合同规则例示

第二章　消费者合同

第一节　消费者合同的要约或承诺的意思表示的撤销

第四条　消费者契约的要约或承诺的意思表示的撤销

第五条　接受媒介委托的第三者及其代理人

第六条　解释规定

第七条　撤销权的行使期限等

第二节　消费者合同的条款的无效

第八条　免除经营者损害赔偿责任的条款的无效

第九条　预定消费者支付损害赔偿额的条款等的无效

第十条　单方面侵害消费者利益的条款无效

---

① 参见于敏《日本消费者合同法综述》，《私法》2004年第2期，第363页。
② 同上书，第357—359页。

《消费者合同法》的制定标志着日本对于消费者权利的救济从行政救济模式向以民事法原则为基础的司法救济模式转变，这种转变被学者认为是后福利国家论的产物，适应了日本社会缓和规制思潮的要求。① 其主要特点在于通过对传统民法中欺诈和强迫的缓和处理（不当劝诱致使消费者在误认或困惑的情形下做出关于合同的意思表示的消费者具有撤销权），减轻了消费者因经营者不当劝诱而缔结的合同中举证责任的负担，从而将传统民法上意思表示及法律行为理论创造性地延伸到了消费者合同领域；对于不当条款的类型化，使得司法实践中对于消费者格式合同的规制更具有可操作性，体现了立法者通过民法救济来实现合同公正的思路。

（五）基本的评价

纵观各国消费者合同法制定的背景、立法理念和制度设计，总体上体现出现代民法适应消费者运动的需要而不断自我修正的趋势，消费者合同法亦从过去零散的、单一的个别立法向系统的、全面的综合性立法和法典化方向发展，消费者合同法在意思表示理论、合同的解除理论以及合同自由原则等方面对传统民法都做出了创造性的发展。

1. 消费者合同法的出现，表明现代西方消费者保护理念已经由福利国家"家长制"的行政规制为主导转向自由市场的民法规制为主导。此正如，2000 年《日本消费者合同法》制定过程中，第 147 次国会的总理施政方针演说中表示，"在规制缓和进一步展开的过程中，要完善由于不公正的交易遭受损害的受害者救济制度，完善为公正、顺利地解决同消费者与经营者之间缔结的合同相关的纠纷的规则"②。也就是说，对于自由市场中出现的欺压消费者和损害消费利益的问题，立法者所做的更重要的是要在消费者和经营者之间重新书写规则，而非强制行政机关给每一个消费者身边配备一个"警察"，消费者亦有责任对侵害自身利益的行为请求民法上的救济。

---

① 参见崔吉子《东亚消费者合同法比较研究》，北京大学出版社 2013 年版，第 109 页。

② 参见于敏《日本消费者合同法综述》，《私法》2004 年第 2 期，第 362 页。

2. 消费者合同法的理念意在实现消费者实质上的消费自由和合同公正，而非"以暴制暴"。消费者合同法意在通过消除消费者和经营者之间信息量和交涉能力方面的差距，而建立消费者和经营者之间的再平衡关系。正如《欧洲示范民法典草案》中所言："总而言之，对合同自由的干预应维持在最低限度内，只需在向对方当事人（如经营活动中的商家）提供足够的指导，以使其有效地安排其事务的同时来解决问题就够了。"① 上述立法思想，在消费者合同法得到了充分的体现，例如格式条款的公平检验标准的设立和消费者撤回权的限制等。

3. 消费者合同的民法规制，侧重点在于通过对经营者法定信息义务的规制和赋予消费者撤回权实现消费者的选择自由，通过赋予消费者撤销权消除因经营者的不当劝诱和误导导致的意思表示的不自由，通过不公平格式条款的效力否定来纠正格式条款中不符合消费者意愿的不公正现象。总体来说，实现消费者的自由选择乃是消费者合同法的根本目的，而知情权、撤销权或者撤回权的制度设计无非是实现消费者选择自由的手段。

二　经营者信息提供义务的法定化

经营者的信息提供义务（或告知义务，在德国法是亦称说明义务）是现代民法针对消费者与经营者之间的信息不对称现象，依诚实信用原则而提出的，要求经营者在合同中履行的向消费者提供与商品和服务相关的必要信息的义务，其包括契约前的信息提供义务和契约上的信息提供义务②，但不包括以信息提供为内容的主给付义务。经营者的信息提供义务本质上是合同中的附随义务，"是依诚信原则，债务人于契约及法律所定内容之外，尚负有的义务"③。在现代合同

---

① 欧洲民法典研究组、欧盟现行私法研究组编：《欧洲示范民法典草案欧洲私法的原则、定义和示范规则》，中国人民大学出版社 2011 年版，第 56 页。

② 参见牟宪魁《说明义务违反与沉默的民事诈欺构成——以"信息上的弱者"之保护为中心》，《法律科学（西北政法学院学报）》2007 年第 4 期；侯国跃《契约附随义务研究》，博士学位论文，西南政法大学，2006 年，第 23—60 页。

③ 史尚宽：《债法总论》，中国政法大学出版社 2000 年版，第 341 页。

法的演变中，经营者的信息提供义务逐渐由附随义务独立出来成为合同中的法定义务，并且在违反该项义务的情况下要承担相应的债法上的责任。

（一）比较法上学说和立法史考察

在法国，信息提供义务的理论起源最早可以追溯至西塞罗《论义务》中"卖粮事例"① 讨论，即沉默是否违背道德义务。在法国民法典制定之后，沉默和欺诈结合起来开始成为信息提供义务的中心。1945 年德·朱格拉（de Juglart）发表论文《契约关系中的信息提供义务》中指出："法国制定法中对信息提供义务规定的很不充分，法院应该毫不犹豫地逐渐扩张诈欺的概念，制裁违反信息提供义务的行为。"② 这可以说是法国信息义务理论的开端，但是该理论最初并未获得学界和司法界的重视。在他们看来"不说话就不存在欺诈"，其理由是："道德规范并不强迫人们做对自己不利的事，即不强迫当事人必须将合同中对方不利的因素告知对方。因为相对方的利益，应由相对方自己去保护。"③ 这种状况直至 1958 年，以法国最高法院的一个判例为契机，法院终于开始承认单纯的沉默也构成欺诈。④ 19 世纪70 年代后，随着消费者运动的高涨，法院涉及信息提供义务的判例逐渐增长，在判断是否构成欺诈的过程中，信息提供义务成为缓和欺

---

① 在该书中，西塞罗做了如下的设问："如果有一位正派之人在罗得斯岛食物匮乏、饥饿蔓延、粮价昂贵时，从亚历山大里亚把大批粮食运往罗得斯岛，倘若当时他知道有许多商人也离开了亚历山大里亚，看见许多满载粮食的船只驶向罗得斯岛，这时他是把这些情况告诉罗得斯人，还是保持沉默，以尽可能高的价格出售自己的粮食？"西塞罗：《论义务》，中国政法大学出版社 2000 年版，第 291 页。

② 参见牟宪魁《民法上说明义务之研究》，载梁慧星主编《民商法论丛》第 31 卷，法律出版社 2004 年版，第 519 页。

③ 参见尹田《法国现代合同法契约自由与社会公正的冲突与平衡》，法律出版社 2009 年版，第 102 页。

④ 参见 Civ. (1) 19May1958，Bull. Civ. I，No. 251，p. 198。转引自莱因哈德·齐默曼、西蒙·惠特克主编《欧洲合同法中的诚实信用原则》，丁广宇等译，法律出版社 2005 年版，第 150 页；Legrand, Pierre, Pre-contractual Disclosure and Information：English and French Law Compared, *Oxford Journal of Legal Studies* 332. 1986；另参见牟宪魁《民法上说明义务之研究》，载梁慧星主编《民商法论丛》第 31 卷，法律出版社 2004 年版，第 520 页。

诈构成要件的重要工具，只要违背法定的信息义务而不论是否存在故意，都将构成民法上的欺诈，根据《民法典》第 1116 条和第 1382 条进行救济。在这种情况下，法国的信息义务理论渐渐从沉默构成欺诈向一般的信息提供义务理论转移①，信息义务开始扩展到合同履行过程中的建议义务和警告义务，并开始重视立法上对消费者的救济，在《消费法典》第 L111—1 条和第 L111—2 条规定了经营者的一般告知义务。

在德国，对于合同信息提供义务的探讨来源于德国法学家耶林在 1861 年发表的《缔约上过失、契约无效或未完成时的损害赔偿》一文中对罗马法上关于出卖人不实告知的赔偿责任进行重新阐释的基础上对缔约过失理论的"重大发现"。他指出："当事人因自己之过失致使契约不成立者，对信其契约为有效成立的相对人，应赔偿基于此项信赖而生的损害。"② 依耶林的理论，在合同缔约成立前，在特定条件下缔约当事人因其社会接触已将自身置于一个具体的生活关系中，并负有互相照顾的具体义务。③ 此处所谓互相照顾的具体义务，事实上就表现为缔约前的说明、通知、保护及照顾等先合同义务。然《德国民法典》制定之际，对于缔约中过失责任之性质究属侵权行为，或为法律行为上义务的违反存在颇多争议，遂将此问题留待判例学说决定。德国帝国法院 1911 年"软木地毯案件"所做的判决（RGZ，78，239）即采纳耶林的目的契约说（法律行为说）观点，认为缔约过失责任系当事人于从事缔约行为之际，默示缔结的责任契

---

① 有许多学者开始试图构筑信息提供义务的一般理论体系，发表了大量的论文。其中较为重要的有 1975 年艾丽丝（Alise）在巴黎大学发表的《契约中的信息提供义务》和 1977 年布瓦耶（Boyer）发表的《契约缔结阶段上的信息提供义务》。这两篇文章尤其注意到了同时期的消费者保护立法，比别的论文更为详细地论述了制定法上的信息提供义务，这是其特色之处。1978 年，勒萨克（Leyssac）在《私法丛书·私法中的信息》中发表了《契约中的信息提供义务》；1980 年，科斯坦（Ghestin）在《民法概论·契约》中对信息提供义务做了重要的论述。

② 参见王泽鉴《债法原理》第 2 版，北京大学出版社 2013 年版，第 233 页。

③ 参见王泽鉴《法学上之发现》，载《民法学说与判例研究》（第 4 册），北京大学出版社 2009 年版，第 7 页。

约。后期，德国法学家修正此观点，认为缔约过失责任的真正基础是《德国民法典》第242条关于诚实信用原则的规定，基于此原则，从事缔约磋商之人，应善尽交易上必要的注意，维护相对人的利益，于违反时，应就所生的损害负赔偿责任。① 基于该条规定，德国联邦最高法院认为，合同当事人中的一方如果知道存在一个对合同的订立有着巨大影响的信息，就有义务披露这个信息。② 同时，在对毒马案件的研究中，德国学者发现在合同给付义务外，还存在另外一种没有约定，也没有法定的，根据《德国民法典》第242条应承担的目的在于维护债权人之完整给付利益的义务，即附随义务，违反该项义务，债务人应该承担积极侵权责任。③ 由此，借助判例和诚实信用原则所确立的附随义务在合同各个阶段都存在。违反合同缔结阶段的义务，即先合同义务，债务人要承担缔约过失责任；违反合同履行过程中的附随义务，即积极侵害债权，要承担债权损害赔偿责任；违反合同履行完毕后的附随义务，即后合同义务，要承担损害赔偿责任。考虑到缔约过失责任和积极侵害债权都是对由诚实信用原则而来的附随义务的违反，2002年《德国债法现代化法》修改时将附随义务法定化，将其统一纳入债务关系的范围。第241条增加第2款规定："债务关系可以依其内容使任何一方负有顾及另一方的权利、法益和利益的义务。"在第311条第2款及第3款明文规定，第241条所指的债务关系亦包括自合同磋商开始或类似的交易上的接触（缔约阶段）。这里，所谓债务关系不仅包括给付义务，亦包括附随义务，并且不区分具体的阶段统一规定。同时，《德国民法典》第280条第1款统一规定了债法中的损害赔偿请求权基础。这样，新法将违反附随义务的积极侵害债权和缔约过失责任的请求权基础真正统一起来。至此，缔约

---

① 王泽鉴：《缔约上之过失》，载《民法学说与判例研究》（第1册），北京大学出版社2009年版，第74页。

② ［德］雷盖伯·瑞姆：《先契约中的信息披露义务》，http://www.civillaw.com.cn/article/default.asp?id=20369。

③ 李伟：《德国新债法中的附随义务及民事责任》，《比较法研究》2004年第1期。

过失责任及其所根据之附随义务（包括说明义务、保护义务、给付忠实义务等），经过判例之长久反复适用，终为一般法律所接受而法定化。

在英美国家，传统法上并不存在一项一般的原则要求经营者披露消费者所不知道的信息，即使这些信息对于消费者缔约具有实质性的影响。受到经济自由主义的影响，英国普通法并不认为干预合同中的当事人之间的交易是正确的，"买方自慎"（caveat emptor）规则被奉为合同法上的金科玉律。这个诞生于古罗马法上的规则最初由 Smith V. Hughes 案所确立，该案的判决主张成为英国相当长时间里审理此类案件的依据。与英国类似，美国亦拒绝给经营者苛加一般性的信息披露义务，并通过 Laidlaw V. Organ 案将该原则确定下来。从上述判例可以看出，一般而言，英美法上经营者对于购买者是没有信息披露义务的，除非经营者对购买者有明示或默示的担保以及欺诈和错误陈述。由于买方自慎原则对于购买者在购买到缺陷产品的情况下明显不利，一方面，英国王室法院通过"默示条款"规则①对其加以软化（Cardiner V. Grey 案、Moorcock 案、Shirlaw V. Southern Foundries Ltd 案），并且由议会在 1893 年《货物买卖法》中正式确立该项规则②。另一方面，通过对虚假陈述的扩大解释，将卖方积极掩盖商品缺陷，即"积极陈述"（Positive Representation）或沉默的情况，亦涵盖在责任范围内。③而在 Solle V. Butcher（1950）案中，丹宁勋爵依衡平法原理对于原告单方错误给予救济的创造性判决最初也得到不少初审法

---

① 默示条款（impliedterms），又称为暗含条款或隐含条款，是指在合同中非以语言文字等明示方式表现，但依据明示条款、法律规定、交易习惯或当事人的行为等推论，而得出的合同中理应存在的条款。翟云岭、王阳：《默示条款法律问题探析》，《法学论坛》2004 年第 1 期。

② 参见英国《1979 年货物买卖法》第 14 条的规定（品质及适用性默示条款）："……（2）卖方在商业经营过程中出售货物的，包含有这样一项默示要件——即在合同下提供的货物须具有令人满意的品质。（3）卖方在商业经营过程中出售货物，买方通过明示或默示方式，使下列人士知晓……（4）关于特定目之品质或用性的默示条款可依惯例附加于买卖合同之中。"

③ 重要的案例 Schneider V. Heath 1813，3，Camp 505；Ward V. Hobbs（1878）。

院和上诉法院的遵循。但是，在经济自由主义的背景下，英国法院对"买者自慎"的原则并没有根本性转变，其很快重新就回到 Smith 案和 Solle V. Butcher 案的处理路径上，拒绝信息披露义务的扩大适用，仅仅在个别情形下允许例外（如《1967 反不实陈述法》和《1979 货物买卖法》中默示条款的规定）。相反，在美国，由于诚信和公平交易理念的引入，信息披露义务受到了立法和司法界的普遍欢迎，不但立法机关颁布了大量与披露义务密切相关的特别法，法院亦积极改造既有的法律制度，降低适用披露义务的门槛，从而在根本上破除了买方自慎规则的束缚。①

总体来看，在现代合同法中，以诚实信用原则为指引，通过适当扩大经营者合同义务范围，强制要求经营者承担信息提供义务来纠正消费者在合同中获取信息的不利地位，已成为一种趋势。我国《合同法》亦部分适应这种趋势，在《合同法》部分条款规定经营者的通知、协助、保密等义务，而且规定故意隐瞒合同重要信息的缔约过失责任，但总体上没有就经营者的信息提供义务做出一般性的规定。

（二）信息提供义务的理论基础

经营者承担法定的信息提供义务从根本目的来说是要矫正存在于经营者和消费者之间的信息不对称现象，解决消费者获取信息能力上的差距问题。但是，以平等为原则的民法上为何将该义务法定化，其合理性何在？

1. 诚实信用原则的具体化。本来依据"买者自负"原则，经营者无须就交易中商品或服务的相关情况告知购买者，法律仅要求"勿害人"，而不要求"去助人"。② 但是，在许多交易中，正是因为拥有专业知识的卖方或代理人向有意购买的人提供建议或者进行推销，才使得消费者基于对卖方的信赖而形成购买的决定，并且期待卖方或其代理人在说明或建议时尽到必要的、可期待的注意；如果这种期待落

---

① 参见张铣《从统一到分裂：英美两国先合同信息披露义务的比较法考察》，《华东理工大学学报》（社会科学版）2013 年第 5 期。

② 参见韩世远《合同法总论》，法律出版社 2011 年版，第 136 页。

空，就需要法律上对其苛以说明义务、建议义务并承担责任。① 此时，若仍然坚守传统"勿害他人"的法律底线显然无法满足消费者的这种基于信赖而产生的期待，以"诚实之心善意行事"，在交易中以"善良人"之心顾及购买者的利益成为社会对经营者的新的道德要求。这种道德上的要求转化为法律，自然与诚实信用原则直接关联，而且经由各种合同义务而具体实现。经营者信息提供义务的法定化，正是诚实信用原则的体现，在合同缔结过程中其不仅要求经营者对消费者不能够做不实的信息告知，而且要求经营者对于必要的商品或服务的信息亦能积极主动告知，不得遗漏。

2. 合同公正和实质的合同自由。消费者决策过程中信息的不足会直接导致消费的非理性和错误，但是传统民法基于意思表示不真实和不自由缔结的合同并不会当然考虑这种错误。在这种情况下，若仍然坚持私法自治原则，要求消费者受到合同的约束，合同的"意思自愿"便徒具自由之"皮囊"，更无公正之可言。经营者信息义务的法定化，虽然看似限制了经营者的自由（更确切地说是限制自由之滥用），实则是为确保合同当事人利益之平衡，实现合同当事人实质上的意思自愿和"合意"，确保民法中实质正义之实现。

3. 交易成本理论。交易成本是交易过程中所要花费的所有成本，包括搜寻成本、信息成本、议价成本和决策成本等。科斯认为，"当交易成本为零时，无论产权在法律上如何安排，私人谈判都会导致资源最优配置"②。但是，现实情况是，由于存在模糊的产权和信息不对称等问题，市场中从来都没有交易成本为零的情况。特别是存在信息不对称的情况下，市场中的交易成本通常很高，交易各方可能会存在隐瞒私有信息以求增加自身福利的逆向选择的问题。在这种情况下，对于消费者而言，过高的信息搜集和甄别的时间及金钱成本可能

---

① 参见牟宪魁《民法上说明义务之研究》，载梁慧星主编《民商法论丛》第 31 卷，法律出版社 2004 年版，第 556 页。

② ［美］罗伯特·考特、托马斯·尤伦：《法和经济学》，上海人民出版社 2012 年版，第 77 页。

会导致其消费欲望的减弱或者放弃消费，从而使得市场缔约过程更加艰难和低效率。如果不能从外部对这种信息失衡的情况进行纠正，显然市场机制的功能将无法实现，也就是说单纯依靠市场的自发机制实现诱致性制度变迁是不可能纠正信息不对称问题的，法律必须通过重新界定权利从外部实现强制性制度变迁。可以说，赋予消费者知情权或者要求经营者承担信息提供义务，将交易的成本苛以那些能以最小成本提供信息的一方，正是从根本上解决信息不对称，降低交易成本的需要。正如波斯纳定理所言："如果市场交易成本过高而抑制交易，那么，权利应赋予那些最珍视它们的人。法律应通过清晰界定权利而降低交易成本。"[①]

（三）信息提供义务的制度构成

经营者信息提供义务是消费者合同中经营者向消费者提供相关重要信息的义务，其不仅涉及缔约前的信息告知义务（如产品的产地、生产日期、成分等），而且涉及合同履行中的信息提供附随义务（如产品的使用方法），还包括合同履行后的信息提供义务（如售后过程中的产品缺陷警示等）。信息提供义务的立法规范主要涉及告知的范围、告知的方式和违反义务的责任构成等，贯彻合同发展的始终。

1. 信息提供义务成立的条件。诚实信用原则为信息义务的产生提供了理论和裁判上的基础，但是具体在何种情形或何时承担信息提供义务仍需要探讨，因为在苛加经营者此项义务的时候，必须考虑到经营者的营业自由不至于过分干涉。在法国，以科斯坦为代表的学者认为，基于契约双方之间信息的不平衡，若卖方知道而买方有正当理由不知道该信息，则卖方有义务尽到调查义务。[②] 从学说来看，正是基于缔约当事人双方在信息上的不对等和信息获取能力上的差异，成为经营者负担信息提供义务的前提条件。由欧洲合同法委员会（也称

---

① ［美］波斯纳：《法律的经济分析原书》（第七版），法律出版社 2012 年版，第 52 页。

② 参见牟宪魁《民法上说明义务之研究》，载梁慧星主编《民商法论丛》第 31 卷，法律出版社 2004 年版，第 534—537 页。

兰多委员会）负责起草的《欧洲合同法原则》第4章第107条第3款规定："在确定诚实信用和公平交易是否要求一方当事人透露某特定信息时，对各种情况均应考虑，包括：（1）该方当事人是否拥有专门技术；（2）由它获取相关信息所需费用；（3）对方当事人自己是否可以合理地获取该信息；以及（4）该信息对对方当事人显而易见的重要性。"① 对于经营者何时披露信息做出了列举性的规定。但是，就各国法律来看，尚未有明确立法例规定经营者信息义务的条件。对于信息提供义务是否成立，需要结合具体案件由法官对诸种要素进行综合考量。

2. 信息提供义务的范围。一般而言，经营者应该向消费者提供涉及商品或服务的重要信息，即消费者做出缔结合同的决定有实质性影响的事实，包括合同中的主要条款和关涉消费者人身财产安全的信息。德国联邦最高法院认为，缔约过程中原则上存在义务"向对方告知可能阻碍他订立合同的目的，因而对他具有极端重要性的事实，其范围以根据良好的商业习惯所能预期得到的告知为准"②。日本《消费者合同法》第4条第4项中"重要信息"被定义为"构成该消费者合同目的的内容或交易条件，通常能够影响到消费者做出是否缔结该消费者合同的判断的事项"，它是参照合同缔结时社会通常的观念在要缔结该消费者合同时，一般平均水平的消费者是否缔结该消费者合同，客观上能够左右该判断的情况那种有关该消费者合同的最基本性的事项。③《意大利消费法典》第21条和第22条中对于导致误导性商业行为的"重要信息"的判断标准则为"在任何情况下均导致或足以导致其做出在其他情况下不会做出的商业决定的"相关要素。

从多数国家的规定来看，是否会对消费者缔约决策构成"实质性影响"是判断信息重要性的一般标准。但是，《欧洲示范民法典草

① 《欧洲示范民法典草案》第2—7：205条第3款亦如此规定。
② ［德］海因·克茨（HeinKotz）：《欧洲合同法上》，周忠海等译，法律出版社2001年版，第288页。
③ 参见于敏《日本消费者合同法综述》，《私法》2004年第2期。

案》关于告知义务范围的确定则略有差别。第2—3：101条第1款规定："在经营者与对方当事人签订提供动产、其他财产或服务的合同之前。经营者有义务向对方当事人披露对方当事人合理地期望了解的有关动产、其他财产或服务的信息，该信息内容的确定应考虑到在具体情况下正常的质量和性能标准。"在这里"合理地期望了解的信息"成为判断信息重要性的标准，与"实质性影响"标准不同之处在于，前者事实上是站在消费者角度的一种主观判断标准，而后者则是从重要性程度而言的客观标准。相对而言，前者对消费者的保护力度更大，可赋予法官更大的自由裁量空间。中国《消费者权益保护法》第26条第1款规定格式条款中"与消费者有重大利害关系的内容"，经营者应当以显著方式提请消费者注意，似采"实质性影响"标准，然而该款后半段又规定"并按照消费者的要求予以说明"，似乎亦采纳主观标准，并且该规定对说明的范围并无限制，对于经营者的利益的考虑似有所欠缺。同时，值得关注的是，对于格式条款的告知范围，除第26条的一般性规定外，《消费者权益保护法》第8条和第20条仅作具体列举，难免挂一漏万。

同时，对于哪些事项属于应告知的范围，各国立法还通过列举的方法进一步明确。《德国民法典》通过第312c条特别规定了远程销售中经营者的资讯义务适用《德国资讯义务条例》的规定，企业主应当向消费者告知合同的细节情况以及存在撤回权等事项。[①]《意大利消费法典》第5条规定了经营者的一般信息义务，第2款明确规定"产品及服务的安全、成分和质量构成告知义务的必备内容"。第6条进一步对"必备信息"做出了列举，第21条和第22条分别对构成误导性商业行为的重要信息进行明确列举。《法国消费法典》除在第一章规定经营者的一般告知义务外，还对特殊交易形态（远程销售、上门推销、直销等）和消费信贷、不动产信贷中的经营者告知义务进行

---

① 参见杜景林、卢谌编《德国债法改革〈德国民法典〉最新进展》，法律出版社2003年版，第177—178页。

了具体的规定。中国《消费者权益保护法》第 8 条和第 20 条亦分别就消费者知情权的内容和经营者信息义务的范围进行了列举性的规定，同时第 26 条对格式条款中应予告知的信息范围亦明确列举。但是，从立法技术来讲，所列举的内容似乎并无层次关系，对于特殊交易形态中告知义务的特别范围更无从规定。

3. 信息提供义务的履行。信息提供义务属于债法上的义务，其履行自然应当遵循债法上债务履行之一般原则，即全面适当地履行。具体到信息提供义务而言，包括：（1）全面真实。缔约前的信息关系到消费者是否缔约的决定，各国立法多禁止经营者对消费者提供不实陈述或隐瞒重要信息（重大遗漏），否则会因欺诈而承担赔偿责任。《意大利消费法典》第 21 条、第 22 条和第 23 条对误导性商业行为（包括误导和遗漏）进行规制。《欧洲示范民法典草案》第 2—3：102 条则规定经营者不应该提供令人误解的信息。中国《消费者权益保护法》第 20 条规定，对于重要信息的告知，应当真实、全面，不得作虚假或者引人误解的宣传。《合同法》第 42 条第 1 款第（二）项规定，故意隐瞒与订立合同有关的重要事实或者提供虚假情况，要承担缔约过失责任。（2）及时告知。经营者的信息提供义务不仅是在缔约前，在合同履行中同样存在。例如，《消费者权益保护法》第 19 条规定，经营者发现商品或者服务存在缺陷，有危及人身、财产安全危险的，应当立即告知消费者并采取相应措施。《侵权责任法》第 46 条亦有类似的规定。（3）清晰易懂。这是对信息提供义务内容表达方式的要求，即告知消费者的信息应该使用消费者能够明白的语言和叙述方式提供，避免含糊晦涩和模棱两可。例如，在保险合同、信贷合同等专业性较强合同中的条款设计中应当尽量避免使用过于专业和复杂的术语，而使消费者面对冗长的合同文本无所适从。《意大利消费法典》第 5 条第 3 款规定，"任何向消费者提供的信息均应以清晰易懂的方式表述，并与采用的传播技术相适应，且兼顾合同缔结的方式或行业特征，以确保消费者知悉"。从中国法律上来看，似乎还未有相关规定，但是司法实践中因为合同条款晦涩所产生的纠纷已不胜枚举。① （4）方式合理。信息的提供应该以消费者可以便捷的渠道获得，并且遵从必要的形式。经营者提供信息的方式一般来说有三种，即直接提供、置备于营业场所、大众传媒公开，经营者应本着直接方便的原则向消费者提供信息。同时，考虑到合同的严谨性和准确性，提供信息的载体应该符合法律的规定和合同的约定。例如，《欧洲示范民法典草案》第2—3：106条（3）规定："本示范规则有名合同的规定中要求将信息载于耐久介质上或以其他特定形式提供的，信息的提供必须采取该形式。"

4. 违反信息提供义务的法律后果。从违反信息提供义务的发生阶段来看，首先在缔约阶段，经营者对消费者为虚假陈述或隐瞒重要事实违反信息提供义务，都会产生相应的法律责任。在德国，根据《德国民法典》第311条第2款的规定，缔约前产生的先契约义务，包括信息提供义务，是因合同发生的债务关系，可以根据第280条第1款的规定请求损害赔偿，损害赔偿的范围包括人身财产的损害，也包括纯粹经济损失②；如果违反信息提供义务的情形符合欺诈要件的，可以根据第123条行使撤销权。在法国，由于没有缔约过失责任的规定，同时又严守合同义务的范围，合同不成立自然无合同责任，若违反信息提供义务构成欺诈的情形，受害方可以根据侵权责任法上的规定请求损害赔偿，同时由于法国在侵权责任构成要件过错的认定上采取"客观主义"的立场，使受害者很容易在侵权法上获得救济。③ 与法国类似，在英美等国亦通过侵权法对不实陈述而造成的受害者经济损失给予救济。④ 中国《合同法》借鉴德国法的做法规定了缔约过失责任，对于虚构和隐瞒重要事实的行为给予受害者救济，但是对于普

---

① 例如人身保险合同中对于"重大疾病"的范围和第三者责任保险中对于免责条款的规定而产生的纠纷，多数是由于对保险公司合同条款理解上的分歧。

② 参见李伟《德国新债法中的附随义务及民事责任》，《比较法研究》2004年第1期。

③ 参见牟宪魁《民法上说明义务之研究》，载梁慧星主编《民商法论丛》第31卷，法律出版社2004年版，第592—593页。

④ 参见李静《违反信息义务致损的民事救济——从德国法与英美法之比较展开讨论》，《法商研究》2007年第6期。

遍性的信息提供义务，还未引起立法的重视。

其次，在合同履行阶段的信息提供义务的违反，主要是指与合同履行有关的警告、说明等附随的信息义务。从各国合同法来看，作为合同的附随义务的违反，受害者可以要求经营者依债务不履行承担责任，例如中国《合同法》第 107 条的规定。

最后，在契约关系消灭后，当事人之间尚有某种作为或不作为的信息义务，如告知义务、警示义务等，此等构成契约上的后契约义务。观德国和中国台湾地区民法理论和实践，经营者违反后契约义务时，和违反契约义务一样，应依债务不履行规定承担责任。[①] 但法国和英美法与此不同，此等情形应视为注意义务之违反，仍按照侵权法的规定来处理。依中国《合同法》第 92 条和《最高人民法院关于适用〈中华人民共和国合同法〉若干问题的解释（二）》第 22 条的规定，违反此等后契约义务，应当承担赔偿责任。但是，该赔偿责任的性质究竟为何，并无明确观点。事实上，在缺少债的概念的前提下，将其归为缔约过失，或违约责任，都失之偏颇。但《侵权责任法》第 46 条规定经营者违反缺陷产品警示义务造成损害的应承担侵权责任，似乎又为消费者提供了侵权法上的请求权基础。如此，中国法律对于违反警示义务的法律后果的规定似乎同时借鉴两种不同的立法体例。但是，既然后合同阶段的通知义务和警示义务都是基于诚信原则而来，通知义务的违反并不要承担侵权责任的情况下，则其显然违背"同等情况同等对待"的法理。

总之，对于违反信息义务责任的救济，德国法和法国法及英美法显然存在不同的模式。《德国民法典》在债法现代化后，通过扩大合同债务关系的范围，将违反附随义务和主给付义务都统一在债务不履行之中，从而避免先合同义务和后合同义务违反是否属于违约责任的纠缠。而法国法和英美法，则通过侵权法上过错责任的客观化，缓和欺诈之构成和过错之认定，扩大了侵权法的适用范围，对违反信息义

---

① 参见王泽鉴《债法原理》第 2 版，北京大学出版社 2013 年版，第 88 页。

务的行为起到与德国法同等的效果。两种模式，救济的路径不同，但殊途同归，最终实现了对消费者知情权的保护。中国《合同法》不但规定缔约过失责任，而且通过司法解释确立了后合同义务阶段的损失赔偿责任和违反产品缺陷警示义务的侵权责任，这些基于诚信原则而产生的附随义务及其责任需要在未来制定民法典时进行体系化的整理。

三　格式条款的民法规制

格式条款，是经营者为与不特定多数人使用而事先单方拟定的合同条款。格式条款的使用对于提高交易的效率，降低谈判成本具有明显的优势。但是，由于格式条款的使用者多为具有经济实力的企业或垄断行业，在使用中难免产生"店大欺客"损害消费者利益的问题。各国民法普遍设置规则从格式条款的订入，到格式条款的解释与内容控制等方面对其进行规范，以便"维护契约正义，使经济上之强者，不能假契约自由之名，压倒弱者"[①]。

（一）格式条款之订入合同

格式条款与非格式条款最大的区别在于，前者并非由当事人平等谈判、自由协商而产生。由此，基于合同自由原则，对于经营者单方所提供的格式条款，能否对消费者产生约束力即需要法律上之判断。

1. 程序要件。首先，格式条款作为合同内容的体现，同样应当遵循合同订立的最低限度的意思合意之过程。特别是在消费者合同中，一般情况下，对格式条款的使用，经营者必须提请消费者注意，使消费者知晓合同条款的内容，并经消费者同意（明示或默示），格式条款方能成为合同的内容。在德国法上，《德国民法典》规定一般交易条款的纳入原则上必须具备纳入的合意，并且以两种方式达成，即第305条第2款就个别情况明确提示经协议纳入和第305条第3款

---

① 王泽鉴：《定型化旅行契约的司法控制》，载《民法学说与判例研究》（第7册），北京大学出版社2009年版，第26页。

以框架协议的方式纳入。① 据此，明示地提示（或明显可见的张贴）和可合理地期待的方式知悉是一般交易条款纳入合同的必备条件。中国台湾地区"消费者保护法"第 13 条第 1 款的规定与德国规定类似，企业经营者应向消费者明示定型化契约的内容；明示内容显有困难者，应以显著方式公告其内容，并经消费者同意受其拘束者，该条款即为契约之内容。

中国《合同法》第 39 条和《消费者权益保护法》第 26 条要求经营者在使用格式条款时要以显著方式或合理方式提请消费者，但并没有违反该提示和说明义务的法律效果的规定（是否订入合同）。然而，根据《合同法解释（二）》第 9 条的规定，违反格式条款的提示和说明义务的，当事人可以申请法院撤销合同，这种规定似乎填补了《合同法》和《消费者权益保护法》的漏洞。但不无疑问的是，合同的撤销乃是针对已经成立的合同而言的价值判断，而提示和说明义务的违反实际上意味着当事人对格式条款的内容并未达成合意，司法解释第 9 条的规定似乎南辕北辙。由此造成司法实践中，亦不区分格式合同的订入与格式合同的效力问题。在肖黎明诉中国南方航空股份有限公司侵犯知情权案中（简称南航机票超售案）②，北京市朝阳区人民法院认为，被告的"超售行为应当向乘客进行明确告知，而不能将其看做是航空公司内部的管理手段而不予公示"，"被告未尽到经营者的告知义务，损害了航空客运合同中旅客的知情权"。法院以被告未尽告知义务为由判决其承担赔偿责任，从结果来说尚属公正，但仍有所疑问的是，对于该等未明确告知的条款究竟是否属于合同内容，

---

① 第 305 条（2）仅在使用人于合同订立时有下列情形，且合同当事人另一方赞同适用一般交易条款时，一般交易条款才成为合同的组成部分：1. 向合同当事人另一方明示地提示一般交易条款，或者，因合同订立的种类，唯克服过巨困难始可能明示提示时，以在合同订立地明显可见的招贴提示一般交易条款的；且 2. 使合同当事人另一方有可能以可合理地期待的方式知悉一般交易条款的内容，而该方式也适当考虑了使用人可看出的合同当事人另一方身体上的残疾的。（3）合同当事人双方可以在遵守第 2 款所称要件的情况下，预先就特定种类的法律行为约定适用某些特定的一般交易条款。

② 参见（2006）朝民初字第 23073 号。

法院判决竟未明确。另外，还需要注意的是，在特殊情形下，格式合同的提供方无须尽到提示说明义务和经过消费者的同意。例如根据《德国民法典》，合同一方当事人同意（第305a条）或者特定的行业（第310条①），第305条第2款的规定亦不被适用，因为这些交易条款多经过主管机关批准或者在公报上公开或者对方是经营者。

其次，由于格式条款多涉及众多技术性和专门性问题，各国立法多规定留待消费者合理期限参酌合同条款，以避免仓促签字。中国台湾地区"消费者保护法"第11条之一规定："企业经营者与消费者订立定型化契约前，应有三十日以内之合理期间，供消费者审阅全部条款内容。违反前项规定者，其条款不构成契约之内容。但消费者得主张该条款仍构成契约之内容。"在法国，为避免消费者过早地被合同所约束，法律甚至以强制性规范要求消费者推迟承诺和合同成立时间，例如根据1979年7月13日保护有关不动产借款人利益的法律第7条的规定，借款人只有在接到贷款要约10日之后，才能对要约做出承诺。②

最后，对于需提示的格式条款的范围，各国立法来看，并无限制，只要是使用格式条款签订合同，都需要向消费者告知。而根据我国法律规定，提示义务的范围仅限于"免除或限制其责任的条款"（《合同法》第39条）和"与消费者有重大利害关系的内容"（《消费者权益保护法》第26条），限定过窄，似乎与合同乃当事人合意的原则相违背。

2. 实质要件。对于格式条款因表达方式之模糊难以为消费者所辨识或者注意其存在，使得消费者依正常情况显然无法预见该条款的存在，则该条款应否构成合同内容，不无疑问，学说上称此为异常条

---

① 第310条：（1）第305条第2款和第3款以及第308条和第309条不适用于对经营者、公法上的法人或公法上的特有财产使用的一般交易条款。

② 参见尹田《法国现代合同法契约自由与社会公正的冲突与平衡》，法律出版社2009年版，第152页。

款或突袭条款。①《德国民法典》第305c条第1款规定："根据情事，特别是根据合同外观，一般交易条款中的条款如此不同寻常，以致使用人的合同相对人无须考虑它们的，它们不成为合同的组成部分。"中国台湾地区"消费者保护法"第14条和"消保法施行细则"第12条亦有类似规定。从中可以看出，立法所以规定异常条款不构成契约内容，是在确保消费者能够依照自己心愿达成合同，避免经营者以经济上的强势使得消费者处于不利地位而不明就里地签订合同，缓冲"签字即视为同意"规则的严厉性。②中国法律上没有此类规定，但实务已经有相关的判决③，需要学说和立法进行完善。

（二）格式条款内容的控制

格式条款的订入规则是基于合同为意思表示一致之合意的原则而对格式条款能否成为合同内容的判断标准，本质上是事实判断问题。但事实上，在实践中，对于其中不公平的格式条款，即使经过经营者提示得以明确，但是消费者仍然无法避免迫于情势签订非其所愿的合同。各国立法遂依照法律预先确立的标准对格式条款的内容进行审查，防止一般交易条件使用人的对方当事人由于一般交易条件的适用而遭到不恰当的、与合同公平原则严重相违背的不利影响。④

1. 一般标准。格式条款的审查是对已经纳入合同的条款的公平性进行的价值判断，对于这些条款，司法基于诚实信用和公平原则对其进行效力判断，决定其无效或可撤销。《德国民法典》第307条第1款规定："一般交易条款中的条款违反诚实信用原则，不适当地使使用人的合同相对人受不利益的，不生效力。不适当的不利益，也可以因条款不明白和不易懂而发生。"中国台湾地区"消费者保护法"第12条第1款亦有类似规定。《意大利消费法典》则将基于诚实信

---

① 参见王泽鉴《债法原理》第2版，北京大学出版社2013年版，第124页。

② 参见张建军《合同"异常条款"之探究》，《法学评论》2008年第4期。

③ 例如南京市玄武区人民法院判决被告制定的《金陵通记名卡办理规定》中关于"退值按余额的10%收取手续费"的规定对原告无效。

④ 参见［德］卡尔·拉伦茨《德国民法通论》（下册），王晓晔等译，法律出版社2003年版，第781页。

用，使消费者承受合同权利和义务明显不平等的条款，视为欺压性条款，使其无效。可见，在这些国家立法中，诚实信用是对经营者行为的一般要求，而"不适当的不利益"或"显失公平"则是对合同内容的具体要求。中国《合同法》第39条规定"采用格式条款订立合同的，提供格式条款的一方应当遵循公平原则确定当事人之间的权利和义务"，该条是对提供格式条款一方确定合同内容时的要求，亦可以说是格式条款内容的审查标准；《消费者权益保护法》第26条亦有类似规定，即经营者不得在格式条款中出现对消费者不公平、不合理的规定，否则其内容无效，但是，何谓"不公平、不合理"立法并未予以说明。从经营者的角度，两部法律并未将诚实信用原则作为格式条款内容的审查标准，似有所欠缺。

另外，尚需考虑的是，排除审查的格式条款，即在特定的情形下无须经过不公平判断。主要包括①：（1）特定性质和领域的合同，例如婚姻家庭和继承法、公司法、劳动法领域的合同；（2）格式条款直接来自法律法规的规定，免于司法审查；（3）行政规章不违反上位法的情况下，被直接纳入格式条款；（4）合同内容明白易懂②。

2. 具体标准。从各国法律来看，对于格式条款的内容审查，不仅规定一般条款，而且对公平性的判断亦多采用列举性的规定进行类型化，以便利法院裁判。中国台湾地区"消费者保护法"第12条第2款规定定型化契约中有三种情形推定为显示公平的条款：（1）违反平等互惠原则者③；（2）条款与其所排除不予适用之任意规定之立法意旨显相矛盾者；（3）契约之主要权利或义务，因受条款之限制，

---

① 参见苏号朋《格式合同条款研究》，中国人民大学出版社2004年版，第298—300页。

② 参见《欧洲示范民法典草案》第2—9：406条【不公平条款的排除】（2）对于以明白易懂的语言草拟的合同条款，无论是对合同主要标的的界定还是对拟支付价款的适当性，都无须进行不公平判断。

③ 中国台湾地区"消费者保护法施行细则"第14条对该项明细化为：当事人间之给付与对待给付显不相当者、消费者应负担非其所能控制之危险者、消费者违约时，应负担显不相当之赔偿责任者、其他显有不利于消费者之情形者。

致契约之目的难以达成者。《德国民法典》则以第 308 条 "有评价可能性的条款禁止" 列举八种情形和第 309 条 "无评价可能性的条款禁止" 列举十三种情形，作为一般交易条款无效的审查标准。《意大利消费法典》第 33 条第 2 款则列举二十种情形推定为欺压性条款，《欧洲示范民法典草案》第 2—9：410 条列举十七种情形推定为不公平条款。中国《合同法》第 40 条则将包含有合同无效事由或不法免责条款（免除责任、加重对方责任、排除对方主要权利等）视为格式条款的无效事由。《消费者权益保护法》第 26 条第 2 款将 "排除或者限制消费者权利、减轻或者免除经营者责任、加重消费者责任等对消费者不公平、不合理的规定" 作为审查格式条款的具体标准进行列举。相比较《合同法》而言，《消费者权益保护法》规定的范围有所扩展，但似乎仍然显得粗疏，欠缺操作性。

（三）格式条款的效力

格式条款的效力主要涉及订入合同的格式条款是否对双方当事人具有拘束力的问题和对合同其他内容的影响的问题。对于前者，如前所述，各国立法普遍通过内容评价标准来限制格式条款的效力，如中国《合同法》第 39 条的规定，《合同法解释（二）》第 10 条对此做出补充解释："提供格式条款的一方当事人违反合同法第三十九条第一款的规定，并具有合同法第四十条规定的情形之一的，人民法院应当认定该格式条款无效。" 从该解释来看，如果格式条款违反公平性原则或者内容违反强制性规定的自属无效。但不无疑问的是，若违反格式条款的提示和说明义务，则根据司法解释第 10 条的规定，是否无效，不无疑问。结合该司法解释第 9 条的规定，违反提示和说明义务的格式条款，当事人可以申请撤销。由此，至少从法条字面意思来看，司法解释该两条规定显然有矛盾。考察司法解释的本意，显然是将违反提示义务的后果和格式条款内容不公平的后果区分开来，而事与愿违的是，司法解释对该两类问题的实质在认识上并非清晰。因为如上文所述，前者是合同的成立问题，是事实判断问题，而后者是合同的效力问题，是价值判断问题，司法解释将二者同视为合同效力问题，自然欠妥。当然，考察《欧洲示范民法典草案》第2—9：402条和第2—9：408条的规定，其将违反告知义务的条款和违背诚实信用原则的条款都视为不公平条款，仍定"对非提供人不具有拘束力"的做法，可以称其为"统一说"。我国未来立法究竟采纳何种做法，尚需要深究。

对于后者，涉及格式条款的无效与合同的效力问题。考察各国立法，原则上多将格式条款的效力和合同效力进行切割，例外情况下亦有所牵连。典型立法如中国台湾地区"消费者保护法"第16条的规定和《欧洲示范民法典草案》第2—9：408条第2款的规定。格式条款的无效一般情况下不影响合同其他条款的效力，但是考虑到合同的整体性和关联性，例外情况下会导致合同的全部无效。中国《合同法》第56条规定即参照上述立法例和法理。

第三节　消费者运动之侵权法制度变革

消费者运动产生的直接动因是消费者的权益受到经营者的侵害，造成消费者人身和财产普遍受到损害。传统民法以过错为中心对消费者的损害给予适当救济的模式在现代社会已经无法满足侵害普遍化、损害规模化的要求，消费者运动的兴起要求法律，特别是民法要改变对消费者救济不力的状况。现代侵权法在此背景下逐渐发展出产品的无过错责任制度，部分国家和地区甚至在服务责任领域亦采纳无过错责任，在特定情形下甚至要求产品的生产者承担惩罚性赔偿责任。责任的加重化和归责的客观化渐成现代侵权法发展的趋势，保护包括消费者在内的弱者成为现代侵权法的重要的价值取向。

一　消费者保护与侵权法过错观念的变迁

传统侵权法理论基于私法自治和自己责任理论，为维护个体最大限度之行为自由，在处理消费者利益受侵害的问题上多采纳过失责任主义之主张。例如，《法国民法典》第 1382 条①和第 1383 条的规定，其被称为法国民法上过错责任规定之一般条款。对于过错的认定，根据法国民法典的起草人 Treihard 的解释，侵权责任的承担要考虑侵权人的识别能力和判断能力，否则法律不得责令他们承担侵权责任，他指出："侵权责任是完全符合正义的。那些被责令承担侵权责任的人之所以要承担侵权责任，是因为，受害人是弱者，而侵害人做出了不道德的选择。令人高兴的是，如果行为人的意识不具有可责难性，则他们不承担侵权责任。"② 在德国，受到法国民法典的影响，早在1794 年《普鲁士法典》就建立了过错责任原则。③ 在摆脱拿破仑统治后，德国法学家结合日耳曼习惯法，在充分研究罗马法的基础上，认为法国民法典第 1382 条关于过错的规定，实际是查士丁尼法典所宣示的"不得损害他人利益"原则的翻版。法国民法典中侵权责任采过错责任原则，不对其保护的范围和法律关系做出具体规定，从而包括了引起他人损害的任何行为；这样，法律尽管扩大了对受害人损害的救济范围，但是有可能对那些正当的权利行使的行为自由造成不当限制，没有平衡加害人和受害人之间的利益。④ 因此，1896 年《德国民法典》并未采取法国民法典的一般概括模式，而是将侵权行为归纳为三个类型，即故意或过失不法侵害他人权利的行为（第 823 条第 1款）、违反以保护他人为目的的法律的行为（第 823 条第 2 款）和故意以违反善良风俗的方式施加损害于他人的行为（第 826 条）。按照

---

① 《法国民法典》第 1382 条规定："任何行为致他人受到损害时，因其过错致行为发生之人，应对该他人负赔偿之责任。"第 1383 条规定："任何人不仅对因其行为造成的损害负赔偿责任，而且还对因其懈怠或疏忽大意造成的损害负赔偿责任。"

② 张民安：《法国侵权责任根据研究》，载吴汉东主编《私法研究》（第 3 卷），中国政法大学出版社 2003 年版，第 333 页。

③ 该法典第 10 条规定："凡因故意或重过失损害他人者，应给予该他人以全部赔偿。"第 11 条规定："凡因故意或重过失未履行对他人的义务并因此给他人造成损害者，应承担相同的责任。"第 12 条规定："凡以仅属轻过失或不作为致人损害者，只对由此造成的实际损失承担责任。"

④ 参见张民安《过错侵权责任制度研究》，中国政法大学出版社 2002 年版，第 71—74 页。

德国学者的解释，第 823 条第 1 款是对权利侵害的保护，而第 823 条第 2 款和第 826 条是关于法律未明文规定的法益的保护，是对第 823 条第 1 款的补充，从而将侵权法的保护范围扩展到法益。①

过错责任的观念有其深刻的道德基础和社会根源。传统民法是建立在人的伦理性自由之上的对人的法律人格承认的基础上，认为责任是人的自由意志选择的结果，责任的正当性应该从意志对行为及其结果的影响中去发现。人们按照社会的行为规范自觉地选择合理的行为并通过控制自己的行为而达到控制行为结果的目的。人的内心状态的可谴责性被置于责任的中心位置，个人伦理性的道德观念成为责任承担的正当性基础。同时，19 世纪乃是西方社会自由主义思想极度膨胀的时代，经过资产阶级革命洗礼后的人们，强烈地反感专制主义的束缚，表现在民法中，就是强调和尊重个人意志和行为自由，保障有产者的行动自由，保护自由竞争。"人们相信，自然法要求人应该仅就自己过失行为所肇致的损害负赔偿责任，乃是正义的要求；反之，若行为非出于过失，行为人已尽注意的能事时，在道德上已无可非难，应不负侵权责任。"② 在过失责任原则下，行为人若已尽相当之注意，即不必负责，从而可以避免结果责任原则下动辄得咎的经营风险，这必将有助于促进资本主义经济的发展。

但社会发展到机器工业时代后，人们面对的却是一个极度动荡的、急剧变化的、各种矛盾冲突空前激化的和各种严重社会问题层出不穷的极不稳定的社会，特别是消费者利益受到侵害成为严重的社会问题。在这种情况下，过错责任所要求的"过错"要件使得消费者在面对经营者侵害时，面临着诸多举证责任的不利而无法获得救济。反映在侵权法中，便是传统过错理论中过错要件的缓和和严格责任的适用。这种建立于"客观标准"上的过失，与个人主观能力并无密切关系，其内容为社会一般认识及道德意识，故性质上为一种"社会

---

① 参见［德］迪特尔·梅迪库斯《德国债法分论》，法律出版社 2007 年版，第616—617 页。

② 参见王泽鉴《侵权行为法》，北京大学出版社 2009 年版，第12 页。

性"过失，而与所谓的"个人心理上之过失状态"无涉。① 这种标准
能够使依据它行事的社会成员之间保持相当的亲和力与协调性，既能
够保证社会生活的正常进行，又能最大限度地维护个人行动自由。②
在法国，反映在司法和立法上，便是 1968 年法国制定了新的法律废
除了侵权责任能力理论③，并在 19 世纪 80 年代最终在司法判例中放
弃了长期固守的主观过错理论④。经过立法、司法和学说的共同努力，
法国民法典中的过错责任制度最终由民法典起草者所宣称的主观过错
责任和道德性责任演化为一种客观过错责任和法定侵权责任。在德国
法院，过错责任领域，越来越多地采用了"外在过失"和"内在过
失"的划分模式。所谓"外在过失"是用来描述那些外在可见的表
现方式偏离于有关规范所要求或禁止的行为方式的行为，如超速驾
驶。相反，不集中注意力、开小差、不假思索等则属于"内在过
失"。"外在过失"成为"不法性"的部分内容，而"内在过失"则
成为"过错"的部分内容；认定了前者的存在就推定后者的存在。⑤
这样，德国法中，过失在形式上虽然仍追求"主观性过失"的判断，
但实质上，过失的认定已经趋向客观化，从"外在过失"推定"内
在过失"就是明证。对一般注意义务的违反成为判断过失的依据，
"过失原指对行为人之非难，应斟酌顾及其个人之智识能力。……民

---

① 参见邱聪智《民法研究》（一），中国人民大学出版社 2002 年版，第 74 页。

② 参见江平主编《侵权行为法研究》，中国民主法制出版社 2004 年版，第 103—104
页。

③ 1968 年法国立法机关颁布《成年与受法律保护的成年人》，即《法国民法典》第
十一编，第 489—2 条规定："处于精神紊乱状态下的人给他人造成损害者，仍应负赔偿责
任。"明确规定精神病人的过错侵权责任，从而在立法中彻底废除了侵权责任能力理论。

④ 长期以来，法国侵权法固守过错的主观意志理论，区分行为人是否具有认识好与坏
的主观能力而决定其是否具有过错，是否应当具有责任。照此理论推理，幼儿是不具有侵
权责任能力的。但是，法国判例在 1984 年否定了此种区分，认为，即便是未成年人，即便
是幼儿，如果其行为导致他人损害，则该种致害行为亦同样应归责于该种婴幼儿。在该案
中，一个电工在安装灯头时出现了错误，一个 3 岁的小孩在拧紧灯泡时被灼伤。初审法官
认为，电工和小孩应当对此损害承担比较过失责任，因为该 3 岁的小孩没有关闭自动开关
而同样具有过错。张民安：《现代法国侵权责任制度研究》，法律出版社 2003 年版，第 143
页。

⑤ 门睿：《违法性与过错的判断标准辨析》，《江苏警官学院学报》2009 年第 5 期。

事法上判例学说则采客观意义之过失概念，认为行为人如欠缺同职业、同社会交易团体分子一般所应具有之智识能力时，即应受到非难"①。客观过错理论的提出使过错的性质发生了变化，在一定程度上扩张了传统过错理论的适用范围。从传统民法中的主观过错理论，演变到现代民法中的客观化责任的适用，反映了社会道德观念变迁在民法中的一般轨迹，体现了社会对于行动自由和权益保护相平衡的道德观念的演进。

当社会发展到垄断资本主义时代，工业危险大量产生，工伤事故不断出现，社会不稳定因素急剧扩大，企业、团体力量日益壮大，消费者在社会中的地位相对削弱，过错责任原则的局限性开始凸显出来。过错责任的客观化并没有脱离道德基础，仍然强调责任在道德上的正当性，但是对于工业生产所造就的危险事故，其行为却并不具有道德上的可谴责性。在法国，为纠正在工业事故中遭受不公平损害的个人，特别是对消费者的不利地位，司法和立法共同努力，试图改进1804 年《法国民法典》中的侵权损害赔偿制度，从而使侵权法朝着有利于原告的方向发展。法国最高法院在 1896 年对一起工人因锅炉爆炸受伤的案件中做出判决，认为工厂应该依《法国民法典》第1384 条第 1 款的规定对因物的行为（锅炉爆炸）而引起的损害承担责任，并且不能通过证明自己无过错而免责。随后，在 1898 年法国立法机关颁布法律在工伤事故领域采上述原则。② 司法和立法政策上的动向为法国学者在 19 世纪末提出危险责任理论，并最终为法国在20 世纪 30 年代确立一般性的无过错责任提供了实践基础。法国司法在 1930 年的判决中将民法典第 1384 条第 1 款适用到包括机动车事故在内的一切因为无生命的物的行为所引起的损害中，从而确立了第1384 条第 1 款作为一般责任根据的地位，同时也引起第 1385 条和第

---

① 王泽鉴：《民法学说与判例研究》（5），中国政法大学出版社 1998 年版，第 275—276 页。

② 参见张民安《法国侵权责任根据研究》，载吴汉东主编《私法研究》（第 3 卷），中国政法大学出版社 2003 年版，第 336—339 页。

1386 条的责任性质的变化,即由过错责任向严格责任转变。① 在德国,对于日益普遍化的工业事故和交通事故中受害者的救济,其不得不委助于特别立法,从而在民法典外形成了体系庞大且内容零乱的危险责任规范。从 1838 年普鲁士铁路法铁路事故责任的规定,到 1990 年商品责任法及环境责任法的颁布,在长达 150 年期间内,危险责任立法涵盖了矿业、汽车、航空、水污染、核子损害、药物等事故领域。正如德国学者赫德曼所说:"侵权法的发展乃实现于特别法之中。若干特别法才是发展的真正角色。在特别法里面,渐有铁路及汽车的责任,工厂及电力设备的责任,'经济生活的新秩序',已大规模的见诸实现。"② 值得注意的是,所有上述关于严格责任的法规(除环境损害责任和动物侵权责任外)都有一个共同的特点,这就是它们都规定了被告赔偿责任的最高金额限制,并且除了根据《德国民法典》第 823 条外,不能就精神损害、痛苦和其他非物质损害请求赔偿,③这是德国侵权法严格责任特色④。危险责任理论的出现,导致了在民法典中过错责任外存在着另外一种责任根据,其不再追究行为人主观心理状态的可责难性,只要是存在危险物质化损害的结果,行为人都要为此承担责任。

英美法中,过失侵权行为的确立较大陆法系晚,但是其概念并非来源于大陆法。其产生之初就是以客观主义的形态出现的,过失的认定采"合理人"的行为标准。起初,19 世纪的普通法中,产品的生

---

① 参见张民安《法国侵权责任根据研究》,载吴汉东主编《私法研究》(第 3 卷),中国政法大学出版社 2003 年版,第 340—341 页。

② 王卫国:《过错责任原则:第三次勃兴》,中国法制出版社 2000 年版,第 89 页。

③ 参见 [德] 罗伯特·霍恩、海因·科茨、汉斯·G. 莱塞《德国民商法导论》,楚建译,中国大百科全书出版社 1996 年版,第 180 页。

④ 冯·巴尔教授认为,德国法中不承认严格责任中的精神损害赔偿,不过是一个走向误区的制度和理论体系的结果而已。在拿破仑法典下的监管者责任适用范围中是没有相应特色的;西班牙关于准客观责任的司法实践也无意在严格责任领域内就可赔偿性损害问题发展任何不同于过错责任的特别规则,因为两者都以西班牙民法典第 1902 条为基础。参见[德] 冯·巴尔《欧洲比较侵权行为法》(上卷),张新宝译,法律出版社 2001 年版,第471 页。

产者对最终消费者是不承担任何责任的，因为他们和消费者之间不存在任何交易关系，除非消费者直接从生产者那里购买商品。① 在商品制造人责任领域，美国法院起初亦采严格的过失责任规则，其后法院为使被害人多获赔偿机会，遂适用"事实自证"规则来减轻被害人的举证责任，从而最终在 Greenman V. Yuba Power Products Inc.（1962）一案确立了商品制造人侵权行为的严格责任。② 1977 年的《侵权法重述》（第 2 版）第 519 条对其定义为："某人从事某种异常的危险活动，尽管他已尽到最大的注意防止损害，仍应对该活动给他人人身、土地或动物所致的损害负责。"③ 但是，英美侵权法并未形成如大陆法危险责任的一般原则，严格责任的构成要件有赖于依社会发展和道德、政策的判断在个案中加以确定。英美判例法中形成的属于严格责任的规则有，Rylands V. Fletcher 规则、对动物的责任、代理责任、商品责任等，它们的构成要素需依个案认定，有很大差别，缺乏统一性。法官往往根据案件的实际情况，判断案件应适用的判决先例，不断调整适用个案的构成要素，比较灵活。因此，综观英美侵权法，到底某类案件有什么样的构成要件是众说纷纭，也许真理就是"有损害就应该救济"。

总之，传统大陆法系国家"过错"概念多采主观过错理论，但是在社会出现严重的工业事故、产品侵权和交通意外的情况下，为救济无辜的受害者（消费者），立法和司法上采用了危险归责理论。危险责任考虑到社会安全之一般道德要求，令危险之个体承担更多的义务，反映了现代社会对消费者生命和安全高度重视的道德观念。英美法中具体侵权行为的创设过程，针对个案的权利保护，也向我们展现了判例法的优越性。从过失规则的创设，到

---

① Stephen D. Sugarman, A Century of Change in Personal Injury Law, *California Law Review*, 2000.
② 参见王泽鉴《民法学说与判例研究》（2），中国政法大学出版社 1998 年版，第 159 页。
③ 王利明：《侵权行为法归责原则研究》修订版，中国政法大学出版社 2003 年版，第 160 页。

严格责任规则的发展，特别是商品制造人严格责任的产生——从过失侵权理论推演出无过失规则，更体现着美国法律思维方式的独特之处。

二　产品缺陷责任的扩张

从世界范围内来看，产品责任经历了一个从合同责任向侵权责任、从过错责任到无过错责任的发展过程。特别是伴随着 20 世纪 60 年代世界消费者运动的蓬勃发展，产品责任问题日益受到各国的重视。可以说，产品责任是无过错责任在产品侵权领域扩张的结果，是消费者安全保障权在侵权法中的具体体现，它的确立使得侵权法中消费者因商品侵害所产生的损害无须证明经营者的过错即可追究其责任，既有利于保护现代商品面前处于信息弱势的消费者，亦可激励经营者采取新技术，努力提高商品的安全性能。

（一）产品缺陷的认定

从各国立法来看，产品责任亦称产品缺陷责任，是因产品存在缺陷造成他人人身和财产损害而由产品的生产者、销售者承担的侵权责任。对于产品缺陷的认定是产品责任法的核心问题，其不仅涉及责任的性质，更涉及责任的范围和请求赔偿的依据的不同。

1. 产品的范围。产品，依通常的理解，为"生产出来的物品"。但从法律上来看，产品的范围与日常生活的理解略有不同。依《布莱克法律词典》的解释，产品是"在商业上提供的使用或消费的物品，通常是：（1）有形的个人财产；（2）制造或生产的结果；（3）通过商业渠道提供给最终使用或消费的物品"①。这是从法律的角度对产品所作的较宽泛的定义，即产品是通过商业流通提供给消费者使用或消费的有形物品，不包括无形财产。从各国产品责任法关于产品的定义来看，基于各国产品责任法律渊源的不同和司法传统，英美各国和

---

① Bryan，Garner A.（2009）. Black's Law Dictionary（9th edition）. *St. Paul*，*MN*：*West Publishing Company*，p. 1328.

大陆法系的规定有很大的不同。美国法学会《侵权法重述第三版：产品责任》第 19 条规定："（a）产品是经过商业性销售以供使用或消费的有形动产。其他种类如不动产和电，当它们的销售及使用情形与有形动产的销售及使用足够类似而适用本重述所述规则显得适当时，也是产品。（b）服务，即使是商业性提供的，也不是产品。（c）人类血液及人类组织器官，即使是商业性提供的，也不受本重述规则的支配。"① 英国最初在 1987 年的《消费者保护法》规定，产品是指任何商品或电，还包括由作为产品的零部件、原材料或其他物件构成的另一产品；但是未经加工的捕获物和农产品除外。后来为落实欧盟指令，在 2000 年修改《消费者保护法》将初级农产品和狩猎品亦包括在内，扩大了产品责任的适用范围。可见，英美各国对产品责任法中的产品的范围是较为广泛的，除法律禁止流通的商品外，只要是市场中可交易的商品，包括动产、不动产和电力在内，都属于产品的范围②。

欧盟各国规定与英美国家有所差异。《欧洲经济共同体产品责任法指令》（1985/374/EEC）第 2 条规定："为本指令目的，产品指除初级农产品和狩猎产品以外的所有动产，即使已被组合在另一动产或不动产之内。初级农产品是指种植业、畜牧业、渔业产品，不包括经

---

① 美国《统一产品责任示范法》有类似规定，第 102 条 c 款规定："产品指具有真正价值的、为进入市场而生产的、能够作为组装整件或者作为部件、零件交付的物品。但人体组织、器官、血液组成成分除外。"国家技术监督局政策法规司编：《国外产品质量与产品责任法规选编》，中国计量出版社 1992 年版，第 5 页。

② 美国各州对于不动产是否纳入产品的范围意见并不统一，有部分州已经将产品责任原则适用于不动产交易。在里程碑意义的案例 Schipperv. Levitt & Sons, Inc. 案中，一个婴儿被浴室水槽龙头中的热水严重烫伤，因为开发公司未安装一个不昂贵的混合阀以降低从热水器中出来的水的温度。法院判决，开发商为伤害负严格责任，推理认为，批量建筑商比消费者能够更好地承担建筑缺陷的风险，"Levitt 对房屋的批量生产及买卖与汽车的批量生产及买卖，二者之间不存在有意义的区别，相关更重要的政策考虑也是相同的。"很多法院将严格责任适用于被作为固定装置加进房屋或者其他建筑物的缺陷产品。如建筑取暖以及空调系统、热水器、窗户、屋面覆盖层系统、车道涂料。参见［美］欧文《产品责任法》，中国政法大学出版社 2012 年版，第 338 页。

过加工的这类产品。产品亦包括电。"① 但是，1999 年英国疯牛病的出现，迫使欧洲议会和理事会为消除消费者对欧盟农产品质量的担忧，重建农产品消费信心，通过了《修订关于缺陷产品法律责任的指令》（1999/34/EC），将产品责任的范围扩大到了初级农产品和狩猎产品。

中国法律对产品责任的规定散见于《侵权责任法》《民法通则》《消费者保护法》和《产品质量法》等相关法律之中。《产品质量法》第 2 条和第 73 条对产品的范围做出明确规定，从相关法律资料来看，我国法律上所谓的产品仅指经过加工制作，用于销售的产品，包括工业品、手工业品、农产品。不包括未经加工制作的矿产品（如煤、铁矿石、石油等）、初级农产品（如小麦、蔬菜等）、初级畜禽产品水产品等；不包括未投入流通的生活自用产品、赠予的产品、试用的产品、加工承揽的非标准产品等。不包括工业、民用建筑物在内的建设工程。② 从产品的范围来看，相比欧盟地区的规定更为严格，不仅将不动产排除在外，而且将未投入流通的试用产品、赠品、农牧产品以及军工产品排除在外。由此，产生的问题是，通过非销售方式进入流通领域的产品（如租赁、试用、赠品等）、农产品和商品房的缺陷所导致的消费者人身和财产损害，只能以违约责任或者过错侵权责任请求赔偿损失，对于处于劣势地位的消费者而言，无疑雪上加霜。特别是近年来商品房缺陷问题突出的情况下，若《产品质量法》的范围不包括商品房，则商品房缺陷只能诉诸瑕疵担保责任请求损害赔偿，无法要求其承担产品召回义务，因商品房缺陷导致的人身和财产损害只能依据《侵权责任法》第 6 条的规定承担过错侵权责任，这势必增加消费者举证责任的负担，值得检讨。

---

① 德国 1989 年实施的《产品责任法》第 2 条规定："本法所称产品是指任何动产，即使已被装配在另一动产或不动产之内，还包括电。但未经初步加工的包括种植业、畜牧业、养蜂业、渔业产品在内的农业产品（初级农产品）除外，狩猎产品亦然。"

② 参见全国人大常委会法制工作委员会经济法室、国家技术监督局政策法规司《〈产品质量法〉实用指南》，中国民主法制出版社 1994 年版，第 6 页。

2. 产品缺陷的认定标准。产品缺陷是认定产品责任的基础和前提。中国《侵权责任法》第 41 条和《产品质量法》第 41 条都规定，因产品存在缺陷造成他人损害的，生产者应当承担侵权责任。但是，对于产品缺陷的认定标准，各国立法仍然有所差异。《欧洲经济共同体产品责任法指令》（1985/374/EEC）第 6 条规定："1. 若某产品不能具备人们对产品合理期待的安全性能，该产品即存在缺陷，考虑到一切情形，包括：（a）对产品的说明；（b）对产品用途的合理预期；（c）将产品投入流通的时间。2. 不能仅仅因为后来有更好的产品投入流通而认为（以前的）产品存在缺陷。"在这里，所谓产品的缺陷是指产品不具备可合理期待的安全性，具体判断时要参考产品的使用说明、产品的通常用途和产品投入流通与否等因素。英国 1987 年的《消费者保护法》第 3 条亦规定"如果产品不具有人们有权期待的安全性，该产品即存在缺陷。"可见，在欧盟范围内，"可合理期待的安全性"是判断产品缺陷的重要标准。

在美国，根据《侵权法重述》（第二版）第 402A 节规定："凡销售有不合理危险的缺陷产品者应对最终使用者或消费者因此遭受的人身或财产损害承担赔偿责任。"依《布莱克法律词典》的解释，所谓有缺陷的产品是指产品具有不合理的危险而不能满足正常使用，也就是说，由于不充分的使用指示，或者在设计或制造中存在潜在的危险，它不能满足期待的用途。[1] 显然"不合理的危险"，也即不能满足消费者期待的用途或者安全性，这与欧盟立法是类似的。但不同的是，欧盟指令采用列举的方式将该抽象的标准进一步具体化和客观化，而美国司法实践中的标准带有更强烈的主观色彩和迎合消费者保护主义的趋势。[2] 同时，随着法院将第 402A 节的原则适用于更广泛的背景和不断扩大的产品范畴，产品危险的不同形式越来越揭示自身

---

[1] Bryan，Garner A.（2009）. Black's Law Dictionary（9th edition）. *St. Paul*，*MN*：*West Publishing Company*，p. 1328.

[2] 参见罗勇《产品责任法之产品"缺陷"问题比较研究》，《西南民族大学学报》（人文社科版）2007 年第 10 期。

的差异，法院和评论人开始探讨不同产品缺陷之间的差异。① 结果是，《第三次侵权法重述：产品责任》通过确定三种不同的产品缺陷（制造缺陷、设计缺陷和警示缺陷）及其各自的法律标准，为缺陷产品提供了更为明晰的答案，取代了三十多年前公布的《第二次侵权法重述》第402A条②。

中国《产品质量法》第46条的规定与美国《侵权法重述》（第二版）的规定类似，缺陷是指产品存在不合理的危险。但是不同的是，本条规定，判断产品的缺陷时若有相关质量标准的，是指违反该标准，国家标准和行业标准成为认定产品是否存在缺陷的首要标准。依此，若产品符合相关质量标准，即使存在不合理的危险，仍构成免责事由，对消费者保护是否公平，值得检讨。在时某、王某诉蜡笔小新（福建）食品工业有限公司案（简称果冻案）和韦某诉南海市永华玩具厂案（简称童车案）中，被告都提出其所生产的产品符合国家或行业标准作为产品不存在缺陷的抗辩，法院判决最后虽并未采纳被告的抗辩，但是《产品质量法》第46条的不合理之处已显露无遗。

（二）损害范围的确定

产品责任的认定是以损害的存在为前提条件的，所谓无损害即无责任。就损害而言，在产品责任中通常涉及三种类型③：（1）产品自身的损害，即因为产品的缺陷致使产品本身毁损或丧失使用功能；（2）产品缺陷所导致的人身损害和精神损害；（3）缺陷产品以外的其他财产损害。从比较法上来看，对于后两种类型的损害，各国立法大都将其纳入可赔偿的范围。从《欧洲经济共同体产品责任法指令》（1985/374/EEC）第9条的规定来看，指令所指的损害不仅包括死亡、人身或健康伤害，还包括财产损害，但是对于财产损害的赔偿既

---

① 参见［美］欧文《产品责任法》，中国政法大学出版社2012年版，第126页。

② 参见张岚《产品责任法发展史上的里程碑——评美国法学会〈第三次侵权法重述：产品责任〉》，《法学》2004年第3期。

③ 参见王利明《侵权责任法研究下》，中国人民大学出版社2011年版，第237页。

有最低数额的要求（门槛额度），又有最高数额的限制（第16条①），并且不包括缺陷产品本身的损害；同时，对于精神损害赔偿（非物质损害赔偿）授权各国立法自行规定。《德国产品责任法》通过将欧盟指令转化为本国法，确立了独立于民法典之外的产品责任法，虽然并未明确规定产品责任的精神损害赔偿，但是根据《德国民法典》第253条②的规定，缺陷产品导致身体、健康、自由等受侵害的可以请求金钱赔偿。在美国，产品责任损害赔偿的范围与欧盟国家类似，在《统一产品责任示范法》第102条（F）做出了明确规定，包括财产损害，人身肉体伤害、疾病和死亡，由人身肉体伤害、疾病和死亡引起的精神痛苦或情感伤害，由于索赔人被置于直接人身危险的境地而引起的精神痛苦或情感伤害。但是与欧盟国家不同的是，损害赔偿并没有门槛数额和最高数额的限制，同时精神损害赔偿亦给予明确规定。中国《产品责任法》第41条第1款的规定与上述规定类似，但是，《侵权责任法》第41条的规定却删去了"缺陷产品以外的其他财产损害"。从解释上来看，产品责任损害赔偿的范围应包括缺陷产品本身，显然与其他国家的规定不同。同时，从比较法上考察，此处的财产损害是否亦包括纯粹经济损失在内，值得探讨。

1. 缺陷产品自身的损害。从比较法来看，产品责任损害赔偿的范围中多将缺陷产品自身损失排除在外。其主要理由在于，产品责任本质上属于因物的行为引起的损害，产品本身受有侵害，系属纯粹财产上的损失，与保护受害人之健康安全并无直接关系。基于产品缺陷

---

① 《欧洲经济共同体产品责任法指令》（1985/374/EEC）第16条规定，所有成员国均可规定，由同类商品的相同缺陷导致的死亡或人身伤害，生产者对损害的责任应受损害赔偿总额的限制，该总额不得低于7000万欧洲货币单位。但该规定在法国、比利时、意大利、荷兰等多数国家并未被转化，德国和西班牙引入责任的经济限额。

② 《德国民法典》第253条"非物质损害"（1）仅在法律所规定的情形下，才能因非财产损害而请求金钱赔偿。（2）因侵害身体、健康、自由或性的自主决定而须赔偿损害的，也可以因非财产损害而请求公平的金钱赔偿。《德国产品责任法》第1条第1款规定："如果缺陷产品造成他人死亡、人身或健康伤害、财产损害，生产者应当就造成的损害对受害者予以赔偿。在造成财产损害的情况下，只有受到损害的是缺陷产品以外的财产，该财产通常是用于私人使用或消费，而且受害者主要为这种目的而获取该财产，才适用本法。"

所导致自身损害本身是产品的价值及品质问题，应该根据合同追究当
事人的违约责任。① 同时基于合同相对性原理，制造者若对已经流通
入市场的产品自身损害亦承担责任，显然将合同责任的范围和合同默
示担保义务不当扩及于第三人。② 上述观点，从债法原理上和合同之
债形成的逻辑上来看，自属正确无疑。但是在产品缺陷造成产品自身
损害和其他人身和财产损害共存的情况下，若要求受害人分别提起违
约之诉和侵权之诉，则显然有违产品责任设计的初衷，徒增维权成本
和讼累。就此而言，中国《侵权责任法》第 41 条的规定，显然"有
利于及时便捷地保护用户、消费者的合法权益"③。但仍需要检讨的
是，若对此处的缺陷产品本身导致的纯粹经济损失不加限制，则势必
导致违约责任和侵权责任的混淆，产品瑕疵和产品缺陷责任的不分，
不适当地扩大制造者的责任范围和合同可预见性规则的破坏。④ 对于
单纯的缺陷产品本身的损失是否应当纳入产品责任的范围需要慎重
考虑。

2. 纯粹经济损失的赔偿。何谓纯粹经济损失，各国法例和学说
区别很大，其一，所谓"纯粹经济损失"是指那些不依赖于物的损
坏或者身体及健康损害而发生的损失；其二，非作为权利或受到保护

---

① 首先确保产品的价值及品质，乃契约明示或默示担保责任的规范目的。产品不具预
期功能，违背担保责任，消费者可以拒收，并有违约赔偿请求权。买卖法的设计是用来规
范买卖双方的经济上利益关系。商品无过失责任制度的设计，并非用来削弱契约法的规范
功能，而是用来保护身体及其他之物不受侵害。在立法政策上固可要求商品制造者，就其
商品缺陷所造成身体或其他之物的损害负责，但不可认为制造者应对其商品不能满足所有
消费者经济的期待负责。……其次若要求商品制造者对非契约相对人的消费者所受纯粹经
济上利益的损失，负侵权行为赔偿责任，则制造者无法精确计算有多少使用人或买受人的
预期使用利益，将造成制造者责任的无限扩张，使制造者长期处于不安定之状态，应非侵
权行为法之规范目的。参见王泽鉴《民法学说与判例研究》（第 8 册），北京大学出版社
2009 年版，第 183 页。

② 参见［美］美国法律研究院《美国侵权法重述第三版：产品责任》，肖永平等译，
法律出版社 2006 年版，第 49 页。

③ 参见王胜明《中华人民共和国侵权责任法解读》，中国法制出版社 2010 年版，第
214 页。

④ 参见王利明《论产品责任中的损害概念》，《法学》2011 年第 2 期。

的利益侵害结果存在的损失。① 就产品缺陷而导致的纯粹经济损失而言，主要包括商品本身因其缺陷而不堪使用、毁损或灭失，致买受人受有损害，如价值减少、支出修缮费、不能营业或须对第三人负损害赔偿责任。② 例如，因汽车自燃导致消费者车中物品损坏而支出的修理费用。在产品责任法中，对于纯粹经济损失的赔偿，考察各国立法，基于纯粹经济损失的不确定性及水闸理论，避免诉讼泛滥，增加行为人负担，限制其行为自由，多做限制或节制。③ 法国法上通过《法国民法典》第 1382 条的规定对法益（包括纯粹经济损失）给予保护，但是实务上亦多强调直接性的因果关系。英国法院基本上采过失纯粹经济损失责任排除规则，美国法上则干脆将纯粹经济损失排除于产品责任领域而委诸合同法。德国法因侵权法的类型化限制，区别权利和利益，纯粹经济损失仅限于违背保护他人的法律或故意以悖于善良风俗的方法致损害他人时，方可以请求。考察中国立法和司法实践，根据《民法通则》第 106 条第 2 款和《侵权责任法》第 2 条、第 6 条和第 7 条的规定来看，侵害法益的亦应当承担侵权责任，并未排除纯粹经济损失的赔偿。从各级法院在司法实践中体现的观点以及主流学说来看，大体上虽然认为该款规定的保护范围及于纯粹经济利益，但是保护程度低于绝对权。④

（三）责任主体的范围

产品责任的主体是因为产品存在缺陷造成他人人身和财产损害而依法承担侵权责任的自然人和法人，主要涉及产品的制造者和销售者等。但就各国立法而言，规定并不一致。在美国，多数产品责任案件中，唯一或者主要被告是设计、生产并出售缺陷产品的制造商，但是

---

① 参见［德］克雷斯蒂安·冯·巴尔（Christian Von Bar）《欧洲比较侵权行为法下》，张新宝译，法律出版社 2001 年版，第 33 页。

② 参见王泽鉴《民法学说与判例研究》（第 8 册），北京大学出版社 2009 年版，第 186 页。

③ 参见王泽鉴《侵权行为法》，北京大学出版社 2009 年版，第 308 页。

④ 参见葛云松《纯粹经济损失的赔偿与一般侵权行为条款》，《中外法学》2009 年第 5 期。

因为在产品从设计到分销到消费者手中的流通链条上，每个参与者都可能从中获得利润，并因此可能承担责任。根据《侵权法重述第三版：产品责任》的规定，除产品的制造者外，产品的零售商及其他非生产性销售者、原材料及零部件供应商、母公司、表见生产商及特许人、继受公司和各种营销参与者等都可能因产品缺陷承担责任。[①] 在欧盟，《欧洲经济共同体产品责任法指令》（1985/374/EEC）尽管仅规定生产者承担责任，但是条文中生产者的范围已经扩展到整个生产过程的全部参与者。根据第 3 条的规定，成品（finished product）的制造者、原材料的生产者或者部件（component part）的制造者以及任何以生产者名义出现，并将自己的姓名、商标或识别性标记标注于产品上的人都是生产者（producer）；产品的进口商，任何以生产者面目出现的，在产品上注明其姓名、商标或特殊标志的人。同时，产品的销售者，如果提供生产者无法识别的产品时，视为生产者，承担与生产者同样的责任。可见，欧美诸国对于产品责任主体的范围并没有严格限定在产品的生产者或者制造者，只要是参与产品生产和流通的主体都有可能向消费者承担责任，这种立法状况与消费者运动中加强消费者权利保护的呼声是密切相关的。

中国《侵权责任法》和《产品质量法》第 41 条至第 43 条明确规定了产品责任的主体是产品的生产者和销售者。但是，对于生产者和销售者的认定，法律并没有明确规定。结合《侵权责任法》第 44 条的规定，显然，运输者和仓储者并非产品的生产者或者销售者，消费者不能向其直接请求赔偿产品缺陷导致的损失。但是，产品的进口商、原材料及零部件供应商、商标人或特许人等是不是生产者，或许存在疑问，需要法律明示。否则，消费者在无法追究产品的生产者和销售者的责任时，请求上述主体承担责任时极有可能以该条规定为由而不承担责任。同时，值得关注的是，对于产品的进口商亦不能解释

---

① 参见［美］欧文《产品责任法》，中国政法大学出版社 2012 年版，第 309—325页；许传玺《美国产品责任制度研究》，法律出版社 2013 年版，第 177—202 页。

为销售者，因为如将"进口者"解释为《侵权责任法》第42条所称"销售者"，至少在最终责任的承担上，进口者可举证证明自己就产品存在缺陷并无过错而免责，也可通过指明缺陷产品的生产者、供货者而免责（第42条），此种解释结果，与其他立法例规定进口者应负与生产者相同的无过错责任相较，在保护被害人上尚嫌不周。①

更值得检讨的是，生产者和销售者产品缺陷责任的归责原则。根据相关立法资料对《侵权责任法》第42条的解释，产品的生产者承担无过错责任，产品的销售者承担过错责任。②但是，司法实践中亦有根据第43条的规定要求销售者承担无过错责任的判决。可以说，由于法律规定的混乱不清，导致司法实践中"因案而异""见仁见智"，法律适用成为个案利益平衡的工具。③

三　服务缺陷责任的确立

服务责任，亦称服务缺陷责任，是服务经营者提供服务存在缺陷而导致消费者人身或财产损害所应当承担的侵权责任④。从比较法上来看，与产品责任多数国家规定生产者或销售者承担无过错责任不同，对服务责任多数国家仅通过合同或者过错侵权责任给予救济。对此，有必要探讨服务责任和产品责任的异同及各国区别立法的缘由，并且对其合理性给予检讨。

（一）服务与服务缺陷

从立法上来看，所谓服务通常指非直接以生产或制造商品或转移物权或智慧财产为客体的劳务。⑤根据《欧洲共同体关于服务责任之

---

①　参见高圣平《论产品责任的责任主体及归责事由——以〈侵权责任法〉"产品责任"章的解释论为视角》，《政治与法律》2010年第5期。
②　参见王胜明《中华人民共和国侵权责任法解读》，中国法制出版社2010年版，第222页。
③　参见张江莉《论销售者的产品责任》，《法商研究》2013年第2期。
④　参见金福海、王林清《论消费者权益保护法规定的服务责任》，《烟台大学学报》（哲学社会科学版）2000年第4期。
⑤　张严方：《消费者保护法研究》，北京法律出版社2003年版，第127页。

理事会指令草案》，服务的定义为："任何在商业基础之上进行的或者以公共服务和独立方式提供的服务，而不论是否有报偿，也无需动产的制造者或者权利或知识产权的转让者将此等报偿作为服务的直接或唯一的目的。本指令不适用于为了维持公共安全所提供的公共服务。对于套装旅游或与废弃物有关的服务，亦不适用。"中国《消费者权益保护法》和其他法律并无明确的关于服务的定义，但是从相关立法释义来看，一般认为服务即为某种劳务，是与生活消费有关的有偿服务。① 从立法本意来看，对于服务的范围，原则上讲，只要提供服务一方从事的是市场经营活动，接受服务的一方是为了个人或者家庭终极消费的需要，而不是为了从事生产经营或者职业活动的需要，都应该纳入消费者保护法的范围，即使金融、医疗和教育亦应包括在内。② 但是，同时也应当看到，何种服务纳入消费者保护的范围亦关乎法律政策和行业发展的问题，例如，公益性的医疗服务和公共服务是否应当纳入消费者保护法服务的范围颇多争议而仍未达成共识。③

从上述定义来看，服务与产品相比较而言，两者在消费过程中都可能对消费者的人身和财产造成损害的危险，但是从消费者获取产品和服务的过程来看，还是有所差异。首先，服务本身提供的是一种劳务，是无形的"产品"，而产品本身是有形的实体。这就决定了在服务缺陷的判断上，即使是同一类服务，由于服务的提供相对于每个个体的消费者都是极具个性的，无法统一量化为具体的判断标准，因为服务质量的判断是依赖于服务接受者的主观感受和服务过程的亲身体验的。例如，即使是在同一家餐厅就餐，每个消费者的体验都不可能完全一致。其次，服务的"生产"与消费是同步进行，用户和消费者直接参与其"生产"。服务过程本身无法储存，服务者提供服务的

① 参见何山主编《〈中华人民共和国消费者权益保护法〉释义及实用指南》，中国民主法制出版社 2013 年版，第 10、21 页。
② 参见全国人大常委会法制工作委员会民法室、贾东明主编《中华人民共和国消费者权益保护法解读》，中国法制出版社 2013 年版，第 11、9 页。
③ 参见全国人大常委会法制工作委员会民法室编《消费者权益保护法立法背景与观点全集》，法律出版社 2013 年版，第 230—237 页。

过程也就是用户和消费者消费的过程，服务的"生产"在时间、空间上与消费是同步的。① 相反，产品天然的流通性决定了从生产到最终消费者一般都会经历时间和空间上的隔离，以至于最终的消费者经常并不直接从生产者处购买产品。这种差异决定了在责任的追究上，服务消费具有明显的相对性，消费者容易向服务提供者主张权利；而产品的流通性决定了消费者很难向产品的生产者主张权利。由此，在责任追究上，通过合同法来追究服务提供者的责任对消费者的保护并不是明显不利，因为可以通过扩张合同义务的范围（例如附随义务的范围）来间接实现消费者利益的保护。② 相反，根据合同的相对性原理，消费者向产品的生产者追究责任却面临着诸多限制，这亦是产品无过错责任在诸多国家获得共识的原因。

服务缺陷是服务的过程或者结果存在危害消费者人身或财产的"不合理危险"，从而违背消费者"有权期待的安全性"。但是，如上所述，服务所提供的"产品"是无形的劳务，服务是否存在"缺陷"依赖于当事人自身的体验，而且其过程是无法保存的，亦无法参考市面上尚存的同类产品进行进行检验，服务的风险无法精确掌控。③ 因此，从比较法上来看，仅有少数国家对服务缺陷和服务责任进行规定，例如，巴西1990年《消费者保护法》第14条的规定和中国台湾地区1994年"消费者保护法"第7条的规定。在中国并未如《产品质量法》对服务责任单独制定法律规定服务缺陷责任，根据《消费

---

① 参见赵康、刘璇《服务侵权责任是独立的质量侵权责任》，《政法学刊》2000年第4期。

② 例如，刘中云诉中国银行股份有限公司衡阳分行、中国建设银行股份有限公司衡阳市分行财产损害赔偿纠纷案中，法院即以被告违背合同附随义务为由判决其承担民事责任。湖南省衡阳市中级人民法院二审认为，刘中云在建行衡阳分行办理了银联卡，双方之间形成了储蓄存款合同关系。当事人应当遵循诚实信用原则，根据合同的性质、目的和交易习惯履行通知、协助、保密等义务。建行衡阳分行有义务保障储户银行卡内的资金不被他人盗取，同时也有义务通知和告知持卡储户注意识别犯罪分子利用各种高科技手段窃取银行卡内存款的方式、方法及防范措施。由于发卡行建行衡阳分行既不能保障所发银行卡卡内信息的安全，又未告知持卡人熟知犯罪分子利用高科技手段获取卡内信息及密码的方式方法，故应承担刘中云银行卡内资金被盗取的民事责任。

③ 参见王泽鉴《侵权行为法》，北京大学出版社2009年版，第573页。

者权益保护法》第 18 条、第 19 条和第 48 条的规定来看，因服务存在缺陷造成消费者损害的可以要求经营者赔偿，可以推断所谓服务缺陷的一般判断标准应为服务不符合保障人身和财产安全的要求或消费者有权期待的安全要求，具体可分为服务设施的缺陷、服务行为的缺陷和服务指示缺陷等类型。[①]

（二）服务责任的归责原则

从服务的范围来看，不仅包括具有安全卫生危险的医疗、餐饮、旅游、住宿等服务业，还包括不具有安全卫生危险的律师、会计师、金融等专业技术服务以及传播、通信、娱乐、文化教育服务等。[②] 由于服务的广泛性、复杂性和特殊性，目前美国及欧盟多数国家和地区对服务缺陷引起的损害赔偿仍采用过错责任原则，且部分服务责任采取举证责任倒置的做法。[③] 英国 1982 年《货物和服务提供法》规定，在营业过程中，任何提供服务的契约，提供者均默示地约定其将以合理的注意和技术提供服务。若违反该项规定，则需要承担责任。显然，该法的规定与英国 1979 年《货物买卖法》规定，出卖人对于出售的商品，不得主张其已尽合理的注意而不负责任是不同的。依英国判例，服务业者区分为商业上的交易行为与专门职业人员之服务，前者采无过失担保责任。而在美国，法院传统上即将服务排除于产品的范围，区别提供服务者与产品销售者，只在服务和商品混合契约适用无过失责任，纯粹的服务契约，提供服务者不适用无过失责任，而就其故意和过失的行为负责。[④] 欧盟最初曾试图对服务侵权采用无过错原则，但由于受到欧美各国和学者的反对，1990 年《欧洲共同体关

[①] 参见金福海、王林清《论消费者权益保护法规定的服务责任》，《烟台大学学报》（哲学社会科学版）2000 年第 4 期。

[②] 参见詹云燕《海峡两岸消费者保护法关于商品与服务责任的比较与借鉴》，《亚太经济》2005 年第 4 期。

[③] 参见孙颖《服务侵权的无过错责任》，《法学》2008 年第 11 期。

[④] 参见陈聪富《侵权归责原则与损害赔偿》，北京大学出版社 2005 年版，第 154 页；柴振国、赵英《论服务责任——以消费者权益保护为中心》，《河北法学》2005 年第 1 期。

于服务责任之理事会指令草案》最终建议稿采用过错推定原则，将举证责任有服务提供者承担，但该草案并未最终获得欧洲理事会通过，仅希腊采纳。① 在中国，亦有部分学者赞同服务责任应采过错责任或过错推定原则。杨立新教授认为由于服务具有直接性，证明服务的提供人的过错相对容易，提供服务导致合同当事人之外的人损害的，一般适用过错责任原则承担侵权责任。② 柴振国教授认为原则上服务责任采取过失责任主义下的举证责任倒置，并以特别法的形式就一些高风险服务业，配合经济发展、社会利益的考量，确认无过失责任，避免严苛的责任而影响经营者的经营自由。③ 司法实务中亦有类似的案例，赵丽川与余姚宾馆人身损害赔偿纠纷上诉案中（简称余姚宾馆案），法院判决"余姚宾馆虽然不是直接的加害人，但其存在明显的服务管理方面过错，应当依法承担民事赔偿责任"④。显然法院判决被告承担责任的依据在于其因过错没有尽到安全保障义务。

有个别国家和地区采服务责任无过错原则。巴西《消费者保护法》第14条和中国台湾地区"消费者保护法"第7条即规定，服务提供者就其有缺陷之服务承担无过错责任。中国《侵权责任法》并未对服务责任做出一般性规定，《消费者权益保护法》亦未明确规定服务责任的归责原则。但就相关立法资料和学说来看，多数赞同《消费者权益保护法》就服务责任已采无过错责任原则。《消费者权益保护法释义》一书认为："消费者只要购买、使用商品或者接受服务而受到了人身、财产的损害，就可以依法获得赔偿。这里并不需要生产

① 参见王泽鉴《侵权行为法》，北京大学出版社2009年版，第573页；孙颖《服务侵权的无过错责任》，《法学》2008年第11期。

② 参见杨立新、杨震《有关产品责任案例的中国法适用——世界侵权法学会成立大会暨第一届学术研讨会的中国法报告》，《北方法学》2013年第5期。

③ 参见柴振国、赵英《论服务责任——以消费者权益保护法为中心》，《河北法学》2005年第1期；钟毅《试析服务责任》，《法律适用》1998年第7期；赵康、刘璇《服务侵权责任是独立的质量侵权责任》，《政法学刊》2000年第4期。

④ 参见（2000）浙法民终字第164号判决书。

者、销售者或服务提供者具有过错。"① 学说认为，结合《消费者权益保护法释义》第 48 条的规定，应肯定中国《消费者权益保护法》已经确立了服务无过失责任。②

但笔者认为，由于服务类型的多样化、服务风险的差异化和经营者风险控制能力的不同，对于服务责任不应该一概而采取无过失责任原则，应该允许特别法上针对特殊行业。例如，律师服务、医疗服务和会计服务等，例外规定服务服务提供者承担过错责任或过错推定责任。

首先，过错责任不利于服务消费者权益的保护。尽管服务消费者相比较产品的消费者而言，更容易向经营者主张过错或者通过违约责任实现救济，但是，由于某些服务的专业性，例如美容、金融等，消费者很难获得经营者"过错"的证据。即使采用过错推定，举证责任倒置，但是经营者仍然可以举证证明自身无过错、受害人故意或第三人原因及不可抗力等免责。在现代科技高度发达，消费环境日益复杂的今天，由消费者就经营者服务存在过错进行举证，无疑难比登天。

其次，服务责任和产品责任尽管在经营范围和经营方式上存在差异，但就危险来源而言，具有相同的性质，本质上并无不同。③ 服务责任和产品责任所不同的是，前者是透过服务本身或者服务过程侵害消费者的安全保障权，后者是通过产品侵害消费者的安全权，但是两者所侵害的都是消费者的人身和财产权益。况且，就危险性而言，某些服务领域的危险性并不比产品缺陷的危险性低，例如航空服务业、医疗美容业等，在同等危险的情况下，就产品责任和服务责任区别对待对消费者而言是不公平的。

---

① 国家工商行政管理局条法司：《消费者权益保护法释义》，长春出版社 1993 年版，第 78 页。

② 参见柴振国、赵英《论服务责任——以消费者权益保护法为中心》，《河北法学》2005 年第 1 期。

③ 参见金福海、王林清《论消费者权益保护法规定的服务责任》，《烟台大学学报》（哲学社会科学版）2000 年第 4 期。

再次，无过错责任并非结果责任，无须承担举证责任，相反，受害者需举证证明服务存在"缺陷"或"不合理的危险"。虽然服务是否存在"缺陷"是个事实判断问题，但事实上就缺陷的认定过程来说，所谓"不合理的危险"或者"期待的安全性"更多的是自由裁量的结果。其结果是，经营者是否承担责任，首先取决于"缺陷"的认定。在某种意义上，"缺陷"的认定类似于"水闸"的功能，调节着实现预防经营者责任过度膨胀侵犯经营者自由和保障消费者弱势群体利益之间平衡的作用。所谓"严格责任原则虽然有利于保障消费者的权益，但它是以加重经营者的负担为代价的，对生产的发展有一定消极影响"① 的担忧，实在是没必要的。相反，令经营者承担严格责任，不仅有利于给消费者安全和健康提供最大保护，更有利于强化服务提供者的社会责任，提升服务品质，提高消费者生活的质量②。

最后，考虑到特定行业并无特殊的危险和公益性，无过错责任仍应当存在例外情形。在中国台湾地区，虽然法律上未就采取无过错责任的服务范围做出限制，但是学理上认为，不能认为所有的服务皆包括在内，而应该依消费者保护法的立法目的、服务的危险性、分散责任可能性、举证的困难等因素，决定其应否承担严格责任。③ 因为考察严格责任之理论基础，在于肇致损害的原因的危险性和严重性，从事危险事务获益的人承担损害赔偿乃是正义的要求，加之责任保险制度的推行使得从事危险事务者更可以借保险机制分散损害，所以在确定服务无过错责任的范围上应该就其危险性和责任分散机制等综合考虑。

四 惩罚性赔偿制度之检讨

在侵权法领域，惩罚性赔偿仍然是一项饱受争议的制度。在英美

① 赵康、刘璇：《服务侵权责任是独立的质量侵权责任》，《政法学刊》2000 年第 4 期。
② 参见孙颖《服务侵权的无过错责任》，《法学》2008 年第 11 期。
③ 参见王泽鉴《侵权行为法》，北京大学出版社 2009 年版，第 575 页。

国家，惩罚性赔偿从产生伊始就获得了巨大的成功，但近年来却备受质疑。而在欧陆国家，虽然学术上相当多的学者支持惩罚性赔偿金，但立法上仍然持谨慎态度，仅在个别国家和地区立法中有所体现。中国《侵权责任法》《消费者权益保护法》《食品安全法》和《旅游法》都规定了惩罚性赔偿金，多数学者对此持赞成态度。但仍需要检讨的是，惩罚性赔偿和侵权法的损害补偿功能有无矛盾，其与公法上的行政处罚及刑罚如何协调，惩罚性赔偿在民法中应否普遍化。

（一）目的和功能的阐释

从历史上来看，惩罚性赔偿系英美普通法的损害赔偿制度，始于英国 1763 年的 Wilkes V. Wood 案，法官认为："陪审团有权判决比实际损害额更高的赔偿金额。损害赔偿制度不仅在于满足被害人，且须惩罚该罪行，吓阻未来类似事件发生，并彰显陪审团对该行为本身的厌恶。"[①] 而在美国，惩罚性赔偿金最初主要针对欺侮及羞辱的惩罚，在 1784 年 Genay V. Norris 案中，被告被判决惩罚性赔偿金作为吓阻他人类似行为的典范。美国实务型律师西奥多·塞奇威克（Theodore Sedgwick）在《论损害赔偿金的评估》一文中论证道：法律"允许陪审团授予惩罚性、报复性或者惩戒性赔偿金；换句话说，它将社会以及受侵害的个人的利益融合在一起，而且给付赔偿金不仅是为了赔偿受害人，而且还是为了惩罚侵权人"[②]。到 20 世纪，法院开始判决不平等或不公正对待原告（劳工、消费者）的铁路及商业企业惩罚性赔偿，限制其商业权力的滥用；而在 20 世纪 60 年代后，惩罚性赔偿金扩展到产品责任以及商业侵权领域，甚至在许多州将其扩展到合同领域[③]，在雇佣合同和保险契约中，针对被告滥用其支配权力的恶意

---

① 陈聪富：《侵权归责原则与损害赔偿》，北京大学出版社 2005 年版，第 200—202 页。

② ［奥］赫尔穆特·考茨欧、瓦内萨·威尔科克斯主编：《惩罚性赔偿金：普通法与大陆法的视角》，窦海阳译，中国法制出版社 2012 年版，第 199 页。

③ Timothy J. Phillips, The Punitive Damage ClassAction: A Solution to the problem of Multiple punishment, 1984 *U. Ill. L. Rev.* 153.

行为，美国法院都愿意判决被告承担惩罚性赔偿金。① 今天，尽管惩罚性赔偿金备受争议，认为其有僭越国家处罚权之嫌，并且无有效的控制手段导致陪审团滥用，数额过大对商业活动造成负面影响。② 而且自 20 世纪 80 年代以来，美国学术界和司法界就惩罚性赔偿金的社会作用和经济影响，是否符合宪法正当程序和对受害者的保护等方面掀起激烈讨论和改革的浪潮③，直接导致美国联邦最高法院在惩罚性赔偿金适用方面的限制和积极介入，但是总体而言，惩罚性赔偿仍然运行良好且深入人心。

考察英美惩罚性赔偿金的历史演变，可以发现，惩罚性赔偿金不仅具有损害填补的功能，而且具有惩罚、威慑和教育的功能，这是惩罚性赔偿金即使在今天仍然在普通法体系中占有一席之地的重要原因。所谓损害填补不仅在于补偿实际损失，而且在于填补精神上的损害与"加重损害"等无法以金钱计算的损害和诉讼成本。④ 但是，需要注意的是，填补损害并非惩罚性赔偿金的主要功能，基于报复主义的思想，通过惩罚那些具有道德非难性的行为和威慑从事不法行为的经营者，实现社会整体利益的保全，才是惩罚性赔偿金的真正目的。从早期的历史背景和因素来看，惩罚性赔偿金的产生与当时的陪审团制度、赔偿范围的限制以及政治制度都是息息相关的⑤，特别是在当

---

① 参见王利明《美国惩罚性赔偿制度研究》，《比较法研究》2003 年第 5 期。

② 参见董春华《美国产品责任法中的惩罚性赔偿》，《比较法研究》2008 年第 6 期；陈聪富《侵权归责原则与损害赔偿》，北京大学出版社 2005 年版，第 253 页。

③ 全国人大常委会法制工作委员会民法室编：《消费者权益保护法立法背景与观点全集》，法律出版社 2013 年版，第 289 页。

④ 参见陈聪富《侵权归责原则与损害赔偿》，北京大学出版社 2005 年版，第 203—207 页。

⑤ 首先，普通法早并无关于损害赔偿数额的明确的衡量标准，法官无权推翻陪审团超越损害填补赔偿数额的赔偿金额，陪审团基于对案件的亲身经历判决高额的赔偿金并无不合理之处。其次，早期普通法对非具体损害，如精神痛苦与情绪受挫，无法以金钱计算，认为不得请求损害赔偿，惩罚性赔偿金制度即在于补其不足。最后，对于国家权力机关的谨慎信任，使得英国人民不愿意建立强大的警察或检察制度，授予私人扮演"检察官"角色，可以节省政府建立检察体系的经费。参见陈聪富《侵权归责原则与损害赔偿》，北京大学出版社 2005 年版，第 199—202 页。

时补偿性赔偿金概念狭窄的情况下，惩罚性赔偿金对于无形损害的赔偿是其他制度所不可替代的。而这些因素，即使在今天仍然未完全消失。首先，就原告的损害而言，纯粹的补偿性质的赔偿金并不能完全弥补被告对原告侵害所产生的额外的费用支出，如律师费及诉讼费，而且就原告所受到的感情及精神上的伤害及其他无形的损失，现在的损失和未来的损失等，纯粹补偿性质的赔偿金是远远不够的。其次，对于那些恶意的和不道德的侵权行为，部分的目的在于实现公共利益的维护，这种"民事罚金"因此具备准刑法的性质。正如在旧金山案的主审法官指示陪审团的那样："当法律所确定的义务被故意地拒绝履行时，或者以伤害权利人感情的方式履行时，陪审团或多或少地要承担一种公共的角色，并且要在受害人所遭受的纯财产损害之外进行扩展。"[①] 也就是说，惩罚性赔偿金是对公共不法行为的惩罚，基于该理由，美国八个州[②]要求原告将惩罚性赔偿金的一部分上交给州，例如，在美国，佐治亚州、印第安纳州以及爱荷华州要求原告将惩罚性赔偿金的75%交给州立基金。再次，对被告苛加惩罚性赔偿金，不仅在于阻止其重复犯错（具体的威慑），更重要的是对于其他经营者起到警示作用，以儆效尤。正如1996年美国最高法院在北美宝马（BMW of North America）诉戈尔（Gore）案中主张，"一个州可以允许惩罚性赔偿金，这可以通过惩罚不法行为和阻止这种行为的重复实施来进一步保护其合法利益"[③]。最后，由于英美国家在法律传统上并没有公法和私法的划分，惩罚性赔偿究属公法责任，还是民法责任事实上并没有大陆法系国家所认为的那样重要的意义。相反，为

---

① Turnu v North Beach and Mission R. R. Co. , 34 Cd 594, 598 (1868) . 转引自［奥］赫尔穆特·考茨欧、瓦内萨·威尔科克斯主编《惩罚性赔偿金：普通法与大陆法的视角》，窦海阳译，中国法制出版社2012年版，第218页。

② 即阿拉斯加州、佐治亚州、伊利诺伊州、印第安纳州、爱荷华州、密苏里州、俄勒冈州以及犹他州。

③ 517U. S. 559, 568 (1996) . 转引自［奥］赫尔穆特·考茨欧、瓦内萨·威尔科克斯主编《惩罚性赔偿金：普通法与大陆法的视角》，窦海阳译，中国法制出版社2012年版，第225页。

弥补刑法和行政法适用范围的有限性，避免严苛的程序要求妨碍受害者的救济，对侵害人惩处民法上的制裁就是必要和适当的。因此，尽管惩罚性赔偿金产生的初始因素随着社会的变迁，或许已经发生翻天覆地的变化，但是惩罚性赔偿金所具有的直接起诉侵害者给予民法上的惩罚，实现对不法行为威慑，却是公法上的惩罚所无法替代的。

与英美国家普遍认同惩罚性赔偿金制度不同，大陆法系国家大多持排斥的态度。其理由在于，首先，基于公私法的严格划分，侵权法中惩罚性赔偿金的引入违背公私法划分的法律传统的。基于公私法划分的传统，刑法和行政法的任务和职能惩罚是惩罚犯罪和不法行为，维护社会公共利益，而民法的功能是协调私人之间的利益关系，对受害的个体给予补偿和救济。但是，在侵权法下授予惩罚性赔偿金违背了刑法和民法之间的分离——这种分离被认为是现代法律文化的一项成就，倒退到惩罚与赔偿那种古老的混合也违背了现代惩罚性法律的基本原则，例如罪刑法定和法律的确定性原则。① 基于此等观念，在民法上对受害者给予超过损害限度的赔偿是不符合民法的平等观念的，更是以私人之权利剥夺他人之财产的僭越国家权力的行为，是混淆公私法划分的基本原理的做法。其次，在大陆法系国家，通过损害范围的扩展和民法救济程序的发展，对于惩罚性赔偿金所承担的传统民法侵权法补偿性功能不足的缺陷已经有所弥补。在欧陆各国，通过将损害赔偿的范围扩展到精神损害赔偿，并且以不当得利法涤除侵害者的不法收益，惩罚性赔偿金所具有的惩罚不法获益的功能亦可以被部分替代。在这种情况下，在侵权法中嵌入与侵权法的功能和民法的基本原则相悖的惩罚性赔偿金，似乎并无必要。最后，在惩罚性赔偿金的分配上，法律将惩罚性赔偿金赔付给个别受害者的做法，并不具有充分的理由。惩罚并不是民法的理念，基于公共利益在民法上给以

---

① 参见［奥］赫尔穆特·考茨欧、瓦内萨·威尔科克斯主编《惩罚性赔偿金：普通法与大陆法的视角》，窦海阳译，中国法制出版社 2012 年版，第383—384 页。

侵害者惩罚本身已经超越民法的功能，若再由个别受害者保有以公共利益为名的赔偿金，其正当性何在。对于其他受到威胁但没有遭受损害的人是否公平，仍然值得检讨。

就此而言，尽管在英美法中惩罚性赔偿金仍然被侵权法视为其传统的一部分，并且仍然发挥着重要的功能，但是在严格区分公私法的大陆法系国家，包括中国，是否真有必要移植是值得怀疑的。首先，惩罚性赔偿金虽然自《消费者权益保护法》颁布以来就引入中国，但是实际生活中究竟能发挥多大作用值得反思。根据全国消协组织受理投诉情况统计①，2013 年消协共受理消费者投诉 702484 件，解决 635748 件，为消费者挽回经济损失 117157 万元，平均每件投诉损失赔偿额为 1843 元。其中，因经营者有欺诈行为得到加倍赔偿的投诉 9459 件（占 1.48%），加倍赔偿金额 1709 万元（占 1.46%），平均加倍赔偿案值 1807 元。可以发现，加倍赔偿所占投诉比例不到 1.5%，而平均赔偿金额甚至低于全部投诉的平均赔偿金额。虽然这并不能完全否定惩罚性赔偿金的作用，但是亦可证明惩罚性赔偿金最起码并没有发挥所期望的效果。其次，将惩罚性赔偿金在侵权责任法或民法中移植是否妥当。《欧洲示范民法典草案》就此指出："侵权责任法的规范意旨就在于使遭受此种损害的人恢复到如同损害没有发生时此人所处的状态。侵权责任法无意惩罚任何人，也不求使受害人获利。其目标也不在于使社会财富再分配，或依据社会连带的原则将个人整合人一个共同体。恰恰相反，它的目标是保护。"② 由此，欧陆国家之所以没有引进惩罚性赔偿金，就是因为民法中的其他制度。例如，损害赔偿法、不当得利的扩张已经部分解决了传统填补性赔偿的缺陷，而对于公共利益的维护则委诸公法或消费者协会等社会团体的公益诉讼解决。如果因政策或政治原因而强行引入惩罚性赔偿金，则会引起原有侵权法体系和民法基本原则的冲突，实在是利大于弊。

---

① 2013 年全国消协组织受理投诉情况分析，参见中国消费者协会网站。

② 欧洲民法典研究组，欧盟现行私法研究组编：《欧洲示范民法典草案欧洲私法的原则、定义和示范规则》，中国人民大学出版社 2011 年版，第 65 页。

那么，在中国民法从整体上继受德国法而建立，若将惩罚性赔偿金强行植入，则其自德国法传统而引进的其他制度，如行政处罚、刑事处罚、不当得利、精神损害赔偿等，如何衔接，功能上如何协调，值得反思。最后，中国《消费者权益保护法》引入惩罚性赔偿金时，如同中国台湾地区"消费者保护法"第51条，亦就赔偿额度设有责任上限。就此而言，两者都非美国式的惩罚性赔偿金。但不同的是，中国《侵权责任法》在产品责任规定了一般性的惩罚性赔偿金，而中国台湾地区"民法典"在产品责任（第191条之1）中并没有规定惩罚性赔偿金。事实上，就惩罚性赔偿金设限，是否能起到其原有的惩罚和威慑的功能，值得怀疑。若就产品或服务缺陷所导致的后果而言，死亡或健康严重受损对消费者而言本身就是无法估量的，而财产损失或轻微的人身伤害，三倍的赔偿或许根本都无法弥补其为维护权益所支出的金钱和时间成本，如律师费用和诉讼费用。所以，此处有限制的惩罚性赔偿金与其说是惩罚性的，不如说是对超过填补性赔偿之外损失的合理补偿。这种限制性的惩罚性赔偿金可以说有惩罚之名，而无惩罚之实。

但是，这并不是说本文反对惩罚性赔偿金的引入，而是认为基于中国民法移植的传统和现行立法体系，惩罚性赔偿金并不适宜在民法中植入。"侵权法并不是嵌入惩罚或者预防工具的合适领域"，"唯一的出路就是考虑发展其他法律救济体系的可能性，这就能够提供充分的预防效果，而不会违背私法的基本原则"。[1] 例如，在公诉体系中可以嵌入私人起诉来减轻公诉机关的压力，并且考虑给予起诉人一定金额的补偿作为激励；在民事诉讼中，允许某些社团，甚至消费者，作为受害方代表申请禁令以及提出赔偿诉求并将获得的惩罚性赔偿金额纳入公共赔偿基金金。如此，方可发挥惩罚性赔偿金真正的功能，通过私人之诉对经营者的恶意不法行为起到惩戒的作用。

---

[1] ［奥］赫尔穆特·考茨欧、瓦内萨·威尔科克斯主编：《惩罚性赔偿金：普通法与大陆法的视角》，窦海阳译，中国法制出版社2012年版，第388页。

（二）相关法律规范的检讨

中国自 1993 年《消费者权益保护法》第 49 条引入惩罚性赔偿以来，之后在《合同法》（1999）第 113 条第 2 款、《食品安全法》（2009）第 96 条第 2 款、《侵权责任法》（2009）第 47 条、新《消费者权益保护法》（2013）第 55 条、《旅游法》第 70 条以及《最高人民法院关于审理商品房买卖合同纠纷案件适用法律若干问题的解释》（2003，简称《商品房买卖合同司法解释》）第 9 条亦规定惩罚性赔偿，总体上在合同法领域和产品责任领域确立了我国的惩罚性赔偿金制度。但是，从具体内容来看，多部法律规定的惩罚性赔偿金不仅存在体系性的法律适用问题，而且存在责任失衡和赔偿标准不统一的问题，更没有考虑到与其他制度的协调。

1. 多部法律之间惩罚性赔偿规定的矛盾。总体上看，中国惩罚性赔偿制度存在合同领域的惩罚性赔偿和侵权责任领域的惩罚性赔偿。对于前者，根据《合同法》第 113 条第 2 款和新《消费者权益保护法》第 55 条的规定，经营者对消费者提供商品或者服务有欺诈行为的，即承担违约责任，依照"消费者购买商品的价款或者接受服务的费用的 3 倍"增加赔偿的金额。但是，根据《商品房买卖合同司法解释》买受人可以"请求出卖人承担不超过已付购房款一倍的赔偿责任"。此处，惩罚性赔偿金不仅计算依据"已付购房款"与新旧《消费者权益保护法》"购买商品的价款"不同，而且其规定惩罚性赔偿金可以和补偿性赔偿金并存且在一倍以下由法官依据个案实情具体确定亦与新旧《消费者权益保护法》的固定数额不同。① 对于后者，依据《食品安全法》第 96 条第 2 款，《侵权责任法》第 47 条和新《消费者权益保护法》第 55 条第 2 款，明知商品或者服务存在缺陷，仍然向消费者提供的，造成消费者损害的，可以要求经营者承担惩罚性赔偿金。但是，《食品安全法》的规定与《侵权责任法》和新《消费者权益保护法》不同的是，经营者的惩罚性赔偿没有"死亡或

---

① 参见朱广新《惩罚性赔偿制度的演进与适用》，《中国社会科学》2014 年第 3 期。

者健康严重损害的"的损害后果要求,而且金额的认定采用"支付价款十倍"的标准,显然存在体系上的矛盾。由此,在新《消费者权益保护法》颁布后,《商品房买卖合同司法解释》和《食品安全法》关于惩罚性赔偿的法律规定如何适用,需要学理上的解释。

2. 惩罚性赔偿的构成要件。首先,就惩罚性赔偿中的损害而言,无论是美国,还是中国新《消费者权益保护法》,损害的存在都是其前提条件,甚至是惩罚性赔偿金数额认定的基础。根据美国《侵权法第二次重述》第 908(2)条的规定,在适用惩罚性赔偿时,受害人必须首先证明已经发生了实际损害,而且这种损害是被告的行为造成的。同时,对于惩罚性赔偿数额的认定,损害的大小或者补偿性赔偿的数额亦是重要的参考标准。根据中国台湾地区"消费者保护法"第 51 条的规定,损害不仅是惩罚性赔偿的构成要件,而且损害额亦是确定惩罚性赔偿金的依据。

其次,对于惩罚性赔偿构成要件中主观恶意的认定。中国新《消费者权益保护法》区分合同相关的惩罚性赔偿和侵权惩罚性赔偿,分别规定不同的认定标准。前者强调欺诈,就是指经营者故意隐瞒真实情况或者故意告知对方虚假的情况,欺骗对方,诱使对方做出错误的意思表示而与之订立合同;后者强调"明知",即侵权人的主观故意[1],包括希望损害的发生或者放任损害的发生[2]。事实上,从经营者向消费者提供服务和产品的过程来看,"欺诈"和"明知"实质上都是强调经营者的主观恶意状态,只不过是内容不同而已,用"故意致损"一词足以涵盖两者内容。就违约和侵权惩罚性赔偿采用不同的构成要件,事实上徒增法律适用上的竞合问题和复杂性。

3. 惩罚性赔偿金额的认定。从美国法院对于惩罚性赔偿金额认定的因素来看,美国法院是以多重标准而非单一标准认定。例如,新墨西哥州规定惩罚性赔偿金数额必须"合理并符合正义,考虑所有不

---

① 参见王胜明《中华人民共和国侵权责任法解读》,中国法制出版社 2010 年版,第 236 页。

② 参见杨立新《我国消费者保护惩罚性赔偿的新发展》,《法学家》2014 年第 2 期。

法行为的本质与加重或减轻不法行为的情况。必须与填补性赔偿及损害合理相关，并与其事实状况非不成比例"①。在著名的 BMW V. Gore 案中，联邦最高法院提出三项审理惩罚性赔偿金额度的指导原则：（1）被告行为的应受谴责性；（2）惩罚性赔偿与补偿性裁决之间应具有"合理"的比例；（3）与其他惩罚（包括民事的和刑事的）比较是否合理。② 中国《消费者保护法》偏低的固定数额的以商品或服务价款以及损害额为标准的惩罚性赔偿认定标准，事实上都已经严重偏离美国本土惩罚性赔偿金的报复与惩罚目的。因为偏低的惩罚性赔偿金，即使以损害额的倍数来认定，事实上对大型的企业经营者来说都是微不足道的"损失"，不足以震慑其违法行为，反而使其为提前预防此类损失，内化此类损失为商品或服务价格，毁坏惩罚性赔偿金制度设计的初衷。就此而言，废除惩罚性赔偿金的倍数限制，而根据若干因素合理确定惩罚性赔偿金的数额，更能发挥惩罚性赔偿金的效果。

4. 相关制度之间的竞合处理。首先，就合同相关的惩罚性赔偿和侵权惩罚性赔偿竞合的情况下，例如，在经营者明知产品存在缺陷而虚假宣传导致消费者购买该产品，导致其健康严重受损，消费是否可以合并请求惩罚性赔偿。如上所述，合同相关的惩罚性赔偿和侵权惩罚性赔偿的区分本不具有合理性，在新《消费者权益保护法》将二者区分后，就面临着竞合的问题，杨立新教授认为两者不可以"兼容"，因为这是两个不同的惩罚性赔偿责任，一个是合同相关的责任（缔约过失责任或违约责任），一个是侵权责任，适用的条件不同，惩罚的目的相同。③ 笔者认为，合同相关的责任和侵权责任产生的基础是不同的，前者所体现的是对合同信赖利益或者履行利益的救济，

① 陈聪富：《侵权归责原则与损害赔偿》，北京大学出版社 2005 年版，第 230—247 页。

② 参见［美］欧文《产品责任法》，中国政法大学出版社 2012 年版，第 376—378 页。

③ 参见杨立新《我国消费者保护惩罚性赔偿的新发展》，《法学家》2014 年第 2 期。

而侵权责任是对固有利益的维护，在产生上述产品缺陷导致健康严重受损的情况下，既有消费者信赖利益或者履行利益的损失，亦有人格利益的损害，若不能够兼容，以第 55 条第 2 款请求侵权惩罚性赔偿时，信赖利益或履行利益受损可能无法完全得到赔偿，因此在这种情况下，应该以第 55 条第 1 款和第 2 款的规定为依据，综合认定惩罚的数额和效果。① 其次，在行政处罚和刑事罚金存在的情况下，可否减免惩罚性赔偿金额。从美国法院的判决来看，除非特定情况，如果被告已经因同一非法行为承担多次惩罚性赔偿，则禁止再作惩罚性赔偿判决。② 因为像公法上的罚款或罚金一样，惩罚性赔偿不是为了补偿受害人所受损失，而是为了发挥惩罚与威慑功能，在违法者承担公法上的惩罚后，再处以民法上的惩罚性赔偿金，是违背一事不再罚的原则的。③ 本文认为，在侵权者依照新《消费者权益保护法》第 56 条或第 57 条承担公法上的罚款或罚金责任后，在民事程序中应该减少或者免除其承担的惩罚性赔偿金。

尽管"惩罚性赔偿制度补充了民法、刑法二元分割造成的法律调整'相对空白'，使得各种不法行为人都承担其应负的法律责任，从而实现法律对社会的妥善调整"④。但是，考察惩罚性赔偿金的历史起源及制度背景后，本书发现美国惩罚性赔偿金制度根源于传统的陪审团制度，公私法区分的相对弱化以及早期填补性损害赔偿制度的局限性等因素。但是，考察欧陆国家根深蒂固的公私法划分的传统以及

---

① 参见朱广新《惩罚性赔偿制度的演进与适用》，《中国社会科学》2014 年第 3 期。另外该文亦指出第 55 条第 1 款中的所言"损失"，是一种缔约上信赖利益损失，不是侵害人身权或财产权引起的固有利益损失，更不可能是因违约产生的期待利益损失。与主流学说有所差异。主流观点认为，《消费者权益保护法》规定的惩罚性赔偿金是由违约造成的惩罚性赔偿责任。参见王利明《惩罚性赔偿研究》，《中国社会科学》2000 年第 4 期；杨立新《〈消费者权益保护法〉规定惩罚性赔偿责任的成功与不足及完善措施》，《清华法学》2010 年第 3 期。

② 参见全国人大常委会法制工作委员会民法室编《消费者权益保护法立法背景与观点全集》，法律出版社 2013 年版，第 300 页。

③ 参见朱广新《惩罚性赔偿制度的演进与适用》，《中国社会科学》2014 年第 3 期。

④ 王利明：《美国惩罚性赔偿制度研究》，《比较法研究》2003 年第 5 期。

建立于此基础上的法律原则和制度，在民法中是无法容纳以维护公共利益为目的的惩罚性赔偿制度的。中国引入的惩罚性赔偿制度，可能并不符合公私法划分的传统，而且并未发挥预期的效果。这种所谓的"惩罚性赔偿金"的实际效果可能仅仅是一种加重的补偿性赔偿而已。未来的出路应当是在其他法律体系中，如私人公诉制度或者公益诉讼，给予惩罚性赔偿制度合适的位置，恢复惩罚赔偿金的惩罚和威慑功能。而在当下，在惩罚性赔偿金继续存续于民法体系中时，现实的选择是，将其视为给予私人的现实损害之外的其他损失的加重的补偿性赔偿，并且完善具体的构成要件和认定标准。

第四章

消费者运动的民法回应
之立法技术变革

消费者运动的风起云涌导致越来越多的国家和地区通过特别民法对消费者进行特别保护，这些立法的逐渐增多又导致民法典在市民社会生活中基本法地位的衰落。为回应消费者运动的诉求，越来越多的国家考虑通过修改债法对消费者提供特殊保护，在民法典中增加更多具有强制性的规范，以实用主义的态度在民法典中对消费者提供保护。这些国家的做法，无疑是针对传统民法在现代社会所面临的挑战采取的回应型做法，是在包括立法结构、体系和规范配置等方面所进行的立法技术的变革。

第一节　消费者私法的内部结构

随着现代民法的观念和制度变迁，在整个民法体系之中，除却传统的以普遍主义和私法自治为特征的一般规范外，还嵌入了对消费者进行以特殊保护和限制经营者自由为特征的专门立法。现代民法中已经形成了一个以保护消费者利益为目标的具有一定结构和体系特征的规范群。[1]

---

[1]　消费者私法的产生由来已久，在德国，事实上在 2002 年民法典改革之前，民法典之外就存在诸多消费者特别私法，经过 2002 年债法现代化法改革之后，大部分消费者特别私法都纳入民法典之中，但《产品责任法》仍游离于民法典之外。参见张学哲《德国当代私法体系变迁中的消费者法——以欧盟法为背景》，《比较法研究》2006 年第 6 期，第 41—54 页。（转下页）

一　比较法上消费者私法的基本结构

(一)《德国民法典》中消费者私法的结构安排

经过债法现代化,《德国民法典》将大部分民法典之外保护消费者的特别民法,以法典编纂的形式,合理地安排在民法典的总则和债法编中。在民法典总则部分,对消费者和经营者明确定义。在债法总则部分,主要规定一般交易条款和特殊交易形式,规定消费者在消费者合同中的撤回权和退还权。在债法分则部分则针对消费品买卖、信贷合同(金钱借贷和物的消费借贷)以及居间合同进行特殊规定。通过再法典化,特别民法中的消费者私法已经成为民法典的有机组成部分,民法典外围的债法特别法,主要是消费者合同法的内容被系统整合入民法典中[1],对消费者的保护成为民法一般法的内容,完成了在民法中"从边缘到核心,从冲突到统一"[2]的过程。但是,由于德国民法典侵权法过错责任原则的限制,产品责任法的内容在债法现代化法中并未被纳入民法典中,而是作为特别民法继续游离于民法典之外。

《德国民法典》中的消费者私法规则例示

第一编　总则

第一章　人

第一节　自然人、消费者、经营者

第二编　债务关系法

第二章　通过一般交易条款来形成法律行为上的债务关系

(第305条至第310条)

(接上页)在日本,以《消费者契约法》的制定为契机,学者对消费者私法进行了比较系统而深入的研究,例如长尾治助《消费者私法の原理》,有斐阁1992年版;[日]松本恒雄《消费者私法ないし消费者契约と言う観念は可能かつ必要か》,载[日]椿寿夫鹄《现代契约と现代债榗の展望》第6卷,日本评論社1991年版。

① 这些债法特别法为《德国一般交易条款规制法》《德国消费者信贷法》《德国房门口交易撤回法》《德国远程销售法》和《德国部分时间居住权法》。

② 张学哲:《德国当代私法体系变迁中的消费者法——以欧盟法为背景》,《比较法研究》2006年第6期。

第三章 因合同而发生的债务关系（第 311 条至第 361 条）

第一节 成立、内容和终止

第二目 特殊的交易形态（第 312 条至第 312g 条）（上门交易、异地交易、电子商务）

第五节 解除；在消费者合同的情形下的撤回权和退还权（第 346 条至第 361 条）

第八章 各种债务关系

第一节 买卖、互易

第三目 消费品买卖（第 474 条至第 479 条）

第二节 部分时间居住权合同（第 481 条至第 487 条）

第三节 贷款合同；经营者和消费者之间的融资援助和分期供应合同

第一目 贷款合同

第二分目 消费者贷款合同的特别规定（第 491 条至第 505 条）

第二目 经营者和消费者之间的融资援助（第 506 条至第 509 条）

第三目 经营者和消费者之间的分期供应合同（第 510 条）

第七节 物的消费借贷合同

第十节 居间合同

第二目 经营者和消费者之间的贷款媒介合同（第 655a 条至第 655e 条）

（二）意大利《消费法典》中消费者私法的结构安排

意大利《消费法典》的颁布被学术界称为意大利漫长而艰难的消费者保护法构建工程中的最后一块木楔。① 其特点在于以部门法典的

---

① 参见胡俊宏《〈消费法典〉的编纂与意大利消费者保护法的新近发展》，载胡俊宏、雷佳译《意大利消费法典》，中国政法大学出版社 2013 年版，第 1—2 页。

形式，将涉及消费者保护的私法和公法规范统一协调地规定在法典之中，综合调整涉及消费者保护的消费者合同和产品缺陷问题。从内容上看，在总则规定了消费者和经营者的定义。在消费者合同的订立阶段，规定缔约前的经营者义务，及不得从事不正当商业行为，并且对于特殊的缔约方式，如场外交易、远程合同、电子商务等做出特殊规定；针对典型的消费者合同，如分时度假合同、长期度假合同、转售合同及互换合同和旅游合同、公共服务合同等做出有别于普通合同的特殊规定。在产品安全和质量部分，涉及产品投放市场后的阶段，主要包括缺陷产品损害赔偿责任制度和纯粹经济损失情况下提供保护的消费品的法定担保和商业担保。

意大利《消费法典》中的消费者私法例示

第一编 总则

第一章 总则暨立法宗旨

第三条 定义（消费者、经营者）

第二编 教育、信息、商业行为与广告

第二章 消费者信息

第三章 商业行为、广告及其他商业宣传

第二节 不正当商业行为

第一分节 误导性商业行为

第二分节 侵犯性商业行为

第四章 广告宣传的特殊形式……

第一节 加强电视购物中的消费者保护

第三编 消费关系

第一章 一般消费合同

第二章 商业活动的开展

第二节 促销

第三章 合同方式

第一节 缔结合同的特殊方式

（三）《欧洲示范民法典草案》中消费者私法的结构安排

《欧洲示范民法典草案》（简称《草案》）是由欧洲民法典研究组和欧盟现行私法研究组集合欧盟所有成员国的顶尖法学家①历经 25 年的时间通力合作完成的，是为完成 2005 年向欧盟委员会承诺的任务，为"官方"起草《欧洲示范民法典》提供一个学者性质的草案。草案于 2008 年 12 月完成，在 2009 年出版，是目前世界上最新的民法典草案。它的制定，集纳了大陆法系和英美法系的代表国家如德国、荷兰、英国等国家的法律精英，对世界法律理念、法律制度和法律教

---

① 主要成员包括：克里斯蒂安·冯·巴尔（Christian von Bar）教授（德国/奥斯纳布吕克，主席）、圭多·阿尔帕（Guido Alpa）教授（罗马/热亚那）、迈克尔·基·布里奇（Michael G. Bridge）教授（伦敦）、毛里·博伟达（Maurits Barendrecht）教授（荷兰/蒂尔堡）、休·比尔（Hugh Beale）教授（华威）、埃莱克·克莱夫（Eric Clive）教授（英国/爱丁堡）、尤金·达克罗尼亚（Eugenia Dacoronia）教授（雅典）。

育等都具有重大影响。①《草案》以自由、安全、正义和效率为示范民法典的根本原则，将对弱势群体的保护（特别是消费者）作为其有机的整体进行考虑，并且对欧盟委员会发布的八个消费者指令②在《草案》中进行了审查和处理③。其显著地体现在以下规则之中：第一卷第一章关于消费者的定义和通知的规定，第二卷第三章关于于市场营销和先合同义务的规则，第二卷第五章关于撤回权的规则以及第二卷第九章第四节关于不公平条款的规则，它还明显地体现在第四卷关于买卖合同、租赁合同和保证合同的规则中，以及第六卷侵权责任中缺陷产品责任的规定④。《草案》对消费者保护的规定，已经不是零散和局部的，而且是系统和全面的。其内容从消费者合同前的准备阶段，到合同磋商缔结阶段，再到合同履行和争议处理阶段，不仅涉及对消费者的事后救济，还有事前的预防性规则；重点内容在于强化经营者的告知义务，赋予消费者广泛的权利（知情权和撤回权）。《欧洲示范民法典草案》可以说是集欧洲民法法典化之大成的杰作，代表着欧洲民法学的最高成就，亦反映了现代民法回应消费者运动的新趋势，对于中国民法典和消费者立法颇具启示。

《欧洲示范民法典草案》中的消费者私法规则例示
第一卷　一般规定
第1—1：105条　"消费者"和"经营者"
第1—1：109条　通知
第二卷　合同及其他法律行为

---

① 参见王金根《欧洲民法典草案及其对中国民法典制定的借鉴意义》，《西部法学评论》2010年第6期。
② 八个指令为上门推销（85/577）、远程合同（97/7）、消费者合同中的不公平条款（93/13）、价格提示（98/6）、不作为诉讼（98/27）、消费品买卖及担保（1999/44）、分时度假（94/47）、一揽子旅游（90/314）。
③《草案》并没有规定消费信贷合同的示范规则，该指令《消费者信贷指令》（2008/48/EC）是在《草案》成稿阶段才公布，还未来得及修改及反映。
④ 欧洲民法典研究组、欧盟现行私法研究组编：《欧洲示范民法典草案欧洲私法的原则、定义和示范规则》，中国人民大学出版社2011年版，第71页。

第一章　一般规定

第2—1：109条　格式条款

第2—1：110条　"未经个别磋商的"条款

第三章　市场营销与先合同义务

第一节　告知义务

第2—3：102条　经营者向消费者推销时的特别义务

第2—3：103条　与处于特别不利地位的消费者订立合同时提供信息的义务

第2—3：104条　实时远程通信中的告知义务

第2—3：109条　违反告知义务的救济措施

第二节　防止输入错误和确认收到的义务

第2—3：202条　收到的确认

第四节　主动推销的动产或服务

第2—3：401条　未答复无债务

第五章　撤回权

第一节　撤回权的行使与效力

第二节　特别撤回权

第2—5：201条　在经营场所之外磋商的合同

第2—5：202条　分时度假合同

第八章　解释

第一节　合同的解释

第2—8：103条　不利于条款提供人或处于支配地位的当事人的解释

第九章　合同的内容与效力

第一节　合同的内容

第2—9：102条　视为合同条款的先合同陈述

第2—9：103条　未经个别磋商的条款

第四节　不公平条款

第三卷　债务及相应的债权

第三章 债务不履行的救济措施

第一节 一般规定

第3—3：108条 经营者未能完成消费者依远程通讯的指令

第四卷 有名合同及其权利与义务

第一编 买卖合同

第一章 适用范围与定义

第二节 定义

第4.1—1：204条 消费买卖合同

第二章 出卖人的义务

第三节 标的物与合同相符

第4.1—2：304条 消费买卖合同中的不正确安装

第4.1—2：309条 消费买卖合同中减损标的物与合同相符
的权利的限制

第四章 救济措施 第一节 对减损救济的限制

第4.1—4：101条 消费买卖合同中减损标的物与合同不符
的救济措施的限制

第五章 风险负担的转移

第一节 一般规定

第4.1—5：103条 消费买卖合同中的风险负担转移

第六章 消费品瑕疵担保（整章）

第二编 租赁合同

第一章 适用范围及一般规定

第4.2—1：103条 消费租赁合同中减损租赁物与合同相符
的权利的限制

第4.2—1：104条 消费租赁合同中减损租赁物与合同不符
的救济措施的限制

第三章 出租人的义务

第4.2—3：105条 消费租赁合同中的不正确安装

第六章 出租人的救济措施：特别规定

第4.2—6：102条　消费租赁合同中责任的减轻

第六卷　侵权责任

第三章　归责

第二节　无过错责任

第6—3：204条　缺陷产品造成损害的责任承担

第七编　保证合同

第四章　消费者保证的特别规定（整章）

（四）其他国家和地区消费者私法的结构安排

尽管多数国家并没有将消费者法直接嵌入民法典之中，但是多数国家或通过特别民法的形式规定消费者合同法或产品责任法的内容，或者以综合性的消费者立法规定消费者私法的具体制度。从内容来看，主要包括：（1）消费者合同中格式条款的规制成为消费者私法重点规制的内容，例如中国台湾地区"消费者保护法"中关于定型化契约的规定，日本《消费者合同法》中消费者合同条款无效的规定，韩国《约款规制法》中不公正约款条款的规定，《波多黎各民法典》中附随合同的规定，新《荷兰民法典》中对于不公平条款的规定，以及中国《合同法》和《消费者权益保护法》中格式条款的规定等。（2）特殊方式的消费者合同的规定。例如，中国台湾地区"消费者保护法"中关于邮购买卖和访问买卖等特种买卖的规定。（3）典型合同中针对消费者的特别规定。例如，新《荷兰民法典》在第7—7A编特征特殊合同的规定中对消费者、患者和游客的规定，这些条款多来自欧盟指令[①]。（4）产品责任法的规定。例如新《荷兰民法典》为落实欧盟产品责任指令，在第6编第3章第3节第185—193条完整地规定了产品责任[②]。英国1989年《消费者权益保护法》第一章即关于产品责任的规定。

[①]　参见亚科布·海玛《1992年荷兰新民法典概况》，刁君姝、田志钢译，《比较法研究》2006年第1期。

[②]　张民宪、马栩生：《荷兰产品责任制度之新发展》，《法学评论》2005年第1期。

二　消费者私法的基本结构特征

考察大陆法系主要国家民事立法的经验，可以发现，消费者私法作为民法中以保护消费者利益为目的的特别法地位已经得到确立。从民法主体制度的扩张，到意思表示瑕疵理论的更新，再到消费者安全法（包括产品责任和服务责任）；从普通消费者到特殊消费者（例如金融消费者）的规定，从特殊的交易形式到典型合同中保护消费者的特殊规定，在民法内部已经形成了一个结构较为完整的消费者私法体系。总体来说，现代民法中消费者保护的法律规范是多层次和体系化的。现代民法围绕着消费者特殊保护的需要，将弱者保护纳入民法的基本理念之中，在传统民法形式平等的基础上将实质正义贯穿于民法的债法之中，在民法中形成了系统的消费者规范。

1. 在民法典中，针对自然人的普遍性规定仍然是保护消费者的基本规则，而消费者的特殊保护规则主要存在民法典的总则、债法总则、合同和侵权的规定。民法典的基本规定仍然是保护消费者的基础，消费者保护的规则不能脱离民法典而成为独立王国。从德国债法现代化法和欧盟民法典草案来看，其并非在民法典中单独设立消费者私法编，而是将消费者私法的规则在合同总则、合同分则和侵权责任中与其他规定无缝衔接，融入民法典的一般规定之中。这可以说是各国重新修订民法典时的普遍做法。

2. 上升到民法典一般规定的消费者保护法，并非面面俱到的，而是规定那些达成社会共识的规则。在这里，需要协调好民法典和特别法之间的关系，对于常态和异态的关系在发生质变的时候，立法者要因时而动，适时修法。[①] 若法律对弱势群体的特殊惠遇已成为全社会的共识，这些新规则已获得"新自然法"的地位时，民法典也可以考虑将其纳入，至少是简要规定一般规则。[②] 对于消费者私法的哪

[①] 参见苏永钦《民事立法者的角色——从公私法的接轨工程谈起》，载苏永钦《民事立法与公私法的接轨》，北京大学出版社2005年版，第13页。

[②] 参见谢鸿飞《民法典与特别民法关系的建构》，《中国社会科学》2013年第2期。

些部分应当纳入民法典之中，需要斟酌规则的普遍适用性，例如对于所有消费者普遍适用的规则可以纳入民法典，但是对于欠成熟的或者特殊的消费者，如金融消费者，由于法律规则的不稳定性和过渡性，则仍然将其留在民法典之中是较为妥当的做法。

三　中国消费者私法体系结构之检讨

总体来看，经过三十年的立法活动，中国消费者保护已基本形成以《消费者权益保护法》为中心，其他相关民事、行政和刑事法律规范为主体的法律体系。但是，就消费者私法而言，整体上是缺乏体系和存在制度上的疏漏的。

1. 民事法律中的消费者保护规范。民事法律规范主要涉及对消费者和经营者之间的交易关系和消费活动的调整，包括民法通则、合同法、侵权法和关联法规。例如，《民法通则》（1986）第 119 条和第 122 条确立了缺陷产品致损的严格责任及其人身损害赔偿的规则。新《合同法》（1999）规定合同的一般规则，其中第 39 条至第 41 条格式合同的规定和分则中租赁合同、客运合同等章则体现了对消费者的特殊保护规则。《侵权责任法》（2007）第五章产品责任的一般规定则统摄其他法律中产品责任的规定。除民事法律外，其他法律中亦有关于消费者保护的一些特殊民事法律规范[①]，其与民法规定构成一般法和特别法的关系。

2. 经济法律中的消费者私法规范。经济法规范主要从社会性角度对作为整体的消费者和经营者之间消费关系进行干预，对经营者市场行为进行规制，主要体现在消费者权益保护法、反不正当竞争法、产品质量法、广告法、价格法、计量法、反垄断法及其关联法规中。

---

① 例如，《产品质量法》（2000）第 40 条关于产品质量瑕疵担保责任的规定，第 41 条至第 46 条关于缺陷产品责任的规定。《广告法》（1994）第 38 条关于虚假广告责任的规定。《农产品质量安全法》（2006）第 54 条关于消费者赔偿责任的规定。《食品安全法》（2009）第 96 条关于人身、财产损害赔偿责任与十倍赔偿金的规定。《旅游法》（2013）关于旅游服务合同的规定等。

作为消费者保护基本法的《消费者权益保护法》在2013年进行修正，其充实和强化了消费者权利的保护，规范了网络购物等新的消费方式，扩大了消费者协会的职能，完善了行政部门的监管职权，其"更加注重公平，体现了契约自由和契约正义同等关注，体现了平等善待消费者与经营者，同时旗帜鲜明向消费者适度倾斜的立法理念"①。除《消费者权益保护法》外，其他涉及消费者保护的经济法律则从消费关系的各个层面对经营者和消费者的行为进行了调控和规制。

总体上，尽管《合同法》已经对格式条款进行规制，《旅游法》对旅游合同进行了规定，《食品安全法》《产品质量法》和《侵权责任法》规定了产品责任，新《消费者权益保护法》中亦有格式条款、撤回权和产品或服务缺陷责任的规定。但是，总体上我国民法缺失消费者资格的规定，对消费法律行为中意思表示的特殊性没有涉及，缺少就消费者进行特别保护的合同法，《合同法》分则中针对消费者弱势地位区别其他主体进行特别保护的规范鲜见。而《消费者保护法》作为混合性的法律并没有区分消费者私法规范，并非特别民法，更没有出现消费者合同的概念，区区63个条文，对于日益复杂的消费法律关系的调整，远不能胜任。"这不仅与德国、日本等市场经济发达的大陆法系国家的立法状况相去甚远，而且也远远落后于市场经济在中国蓬勃发展所提出的加强对消费者进行保护的要求。因为市场经济就是契约经济，消费者合同普遍存在于市场经济当中。"②

首先，以综合性的《消费者权益保护法》为中心形成了一个公私法融合的规范群。《消费者权益保护法》既是消费者政策法，也是裁判法，其中不仅包含调整消费者和经营者之间消费关系的民事规范，也包含对经营者行为进行管理和处罚的行政规范和刑事规范。而围绕《消费者权益保护法》形成的其他消费者关联法规，则涉及消费品安

---

① 刘俊海：《新〈消费者权益保护法〉是全面建设消费者友好型社会的法律基石》，《中国工商管理研究》2014年第3期。

② 刘青文：《〈消费者合同法〉立法建议》，《中德法学论坛》，2010年，第132—144页。

全、卫生、质量、价格计量、标示宣传等内容。

其次，这些规范中立法的侧重点不同，数量和内容呈现明显的不平衡现象。在数量众多的消费者有关的经济法中，充斥着大量的对产品质量和计量方面的行政监督和管理类的涉及市场经济秩序管制的法律规范，而与消费者密切相关的特殊合同规定如无店铺销售、强制缔约、消费信用合同、分期付款销售合同、信用卡合同等则没有规定，这显然难以适应日益高涨的消费者保护运动的实践需要。

总之，目前的消费者私法总体上呈现计划经济向市场经济转型的特征。由于中国的市场改革是在政府主导下逐步推进的，在消费者立法方面，与西方发达国家相比较，"中国消费者保护法的产生，最初不是从传统民法而是从以行政法为主体的公法发展起来的"[1]。自然而言，目前消费者私法充斥着管制经济法的色彩就是不可避免的。随着市场体系的健全和完善，未来消费者保护必然过渡到从民法领域寻求更多的法律支持和制度资源。

第二节　消费者私法的外部结构

消费者私法的外部结构，亦称消费者私法的立法体例，是消费者私法立法的技术套路。从各国消费者私法的立法体例来看，主要有民法典模式和特别法模式，而后者由于特别法的不同整合方式，又有综合性消费者特别法和专门性消费者特别法两种形式。必须注意的是，不同的立法形式，不仅仅是法律编纂技术上的差异，更来自对民法典价值和功能的不同认识，这对我国消费者私法立法体例的选择至关重要。

一　消费者私法的民法典模式

民法典的分解现象使得学者们重新开始审视传统民法和民法典的

---

[1]　杨琴：《中国六十年：消费者保护法的演进历程》，《贵州大学学报》（社会科学版）2009 年第 6 期。

内在精神和价值基础，即民法典之外的特别民法和民法典之间的关系，民法和宪法、行政法之间的关联，民族国家的民法和超国家立法的关系，这种反思至今都未有结果。但仍然值得庆幸的是，反法典化的争论并没有阻止立法者修订民法典的决心，更没有彻底废弃民法典的意图。反而，越来越多的国家，正在踏上浩浩荡荡的民法典修正的道路，使得民法典尽可能地包容多元化的社会需求。例如，荷兰民法典的修正，意大利民法典和德国民法典的修订，拉丁美洲国家亦正在重订民法典，而诸多独联体国家和亚洲国家等却正在走上民法法典化之路。民法的法典化仍然是大陆法系国家立法者的不懈追求，或许可以说，"二十世纪的非法典化进程已经日薄西山，解法典化正在向重订法典转变"①。

迄今为止，在民法典中规定消费者法的国家仅有荷兰和德国，但是在大陆法系国家，这种消费者私法的立法体例已经具有示范性的作用，可能成为未来消费者立法的一种趋势。从其立法背景来看，这些国家修改民法典从而将消费者特别民法纳入民法典，直接动因首先来自在于落实欧盟消费者指令的需要。在德国，根据欧共体《关于消费品买卖的指令》（1999/44）的规定，必须在 2002 年 1 月 1 日以前将之转化为内国法。以此为契机，德国司法部于 2000 年在原有债法改革"讨论草案"的基础上重新启动了债法的修改，其中重要的议题是将关于消费者保护的特别法以及欧盟的相关消费者指令纳入《德国民法典》。由于改革的仓促和有欠成熟，该草案受到众多学者的批判，甚至有 258 名学者公开表示拒绝接受此种形式的改革方案。但是，最终该草案在几经波折和修改后，还是在 2001 年 10 月和 11 月分别得到联邦议院和联邦参议院的通过，在 2001 年 11 月 26 日《德国债法现代化法案》公布，2002 年 1 月 1 日起正式生效。② 纵观德国消费者

---

① 参见路易斯·F. P. 雷瓦·费尔南德斯教授在厦门大学的演讲《阿根廷共和国民法典：过去、现在与未来》，宋旭明译，http://www.romanlaw.cn/subm - 7. htm。

② 参见杜景林、卢湛《德国债法改革：德国民法典的最新进展》，法律出版社 2003 年版，第 2—4 页。

私法的法典化的改革历程，联邦政府的推动是重要力量。特别是与时任联邦司法部长的汉斯·福格尔（社民党）的勃勃政治雄心密不可分，其借此来展示所领导的司法部具有完成重大法律改革的能力。①

德国立法者并没有选择在民法典之外颁行单行法转化欧盟消费者指令，而是以此为契机启动整个债法现代化法案，并将消费者特别民法纳入民法典之中。个中缘由，除德国立法者对于法典化传统的偏好外。更重要的是，仍然以形式理性自居的德国民法典已经严重脱离社会经济生活和法律的实践发展，特别是消费者保护的需要。自 1978 年在司法部的推动下德国进行债法改革以来，整合民法典之外的特别法，将新型的合同关系纳入民法典和改革现有的特定类型的债，适应债法国际化的需要等议题就被纳入民法典现代化改革的视野。② 可以说，消费者法纳入民法典之中，是民法典现代化改革的重要内容，是民法典适应现代消费者社会需要的主动变革，这应当说是民法典改革的内因。更重要的是，从学理上看，消费者保护法并不是债法的一个独立分支（如合同、侵权、不当得利），它由背离普通民法原则的一些特殊规定构成，但不能离开这些一般原则而发展。③ 在这种情况下，在普通民法之外制定一部独立的消费者合同法典会影响民法的质量；相反，应该把消费者合同法与普通民法融合在一起，将整个合同法予以系统化。④ 正如德国法学家齐默曼教授所言："需要铭记的是，如果一部一般性合同法不能囊括消费合同，那么这样的合同法将是非常贫弱的，很难说具有全面性；这样的合同法无法促进法律内部的融贯一致，无法扩大法律的包容性，也无法为法律的进一步发展提供智识和理论支持。"⑤

----

① 参见魏磊杰《德法债法改革之比较：一个宏观的视角》，载陈小君主编《私法研究》第 10 卷，法律出版社 2011 年版，第 24—49 页。

② 参见［德］齐默曼《德国新债法：历史与比较的视角》，法律出版社 2012 年版，第 50—51 页。

③ Christian von Bar, Coverage and Structure of the Academic Common Frame of Reference, *European Reviezv of Contract Law*, Vol. 3, 2007, p. 356.

④ 参见朱淑丽《欧盟民法法典化研究》，上海人民出版社 2013 年版，第 47 页。

⑤ 参见［德］齐默曼《德国新债法：历史与比较的视角》，法律出版社 2012 年版，第 318 页。

尽管德国现代化的方案仍然屡遭质疑，很多学者认为这种整合方式仍乏善可陈，在定义的精确性、体系化程度、整合的全面性、形式美感、语言风格，特别是德国民法典既有内容与消费者法的协调性等方面存在诸多缺陷和法律适用的复杂化的问题。[①] 但是，德国债法现代化法改革的完成，使学者们不得不改变既有的根深蒂固的民法典思想传统的认识和过去灵活特别法与判例法并存的体系模式的路径依赖。由此，通过民法典重构，德国民法典对传统法典理念进行完善和再塑，将游离于民法典之外的特别民法和判例吸收进民法典之中，使其尽可能克服解构化所带来的弊端而更好地发挥规范和裁判的功能，从而使得民法典可以随时代变迁，不断调整而历久弥新。这不能不说是民法典现代化的基本模式，即"分解—重构—再分解—再重构"。就此而言，在消费者私法民法典化中，法典的形式完美性适度让位于实用性，亦非不能接受，因为，民法典不仅是一部实践个人自由的理性法，更是一部实践社会公正的市民社会的生活法。

二　消费者私法的特别法模式

从目前来看，消费者私法的非民法典模式仍然是大多数国家的选择，即使是在重新修订或者制定民法典的国家，亦很少将德国式的模式奉为改革的方向。在意大利，消费者私法被从民法典中"驱逐"而纳入新制定的《消费者法典》之中。在中国台湾地区，消费者私法则被放置在类似于意大利《消费者法典》的综合性"消费者保护法"中。而在紧邻的日本，则是制定单独的《消费者合同法》。总体上，在消费者私法的立法体例上，这些国家并未选择民法典化的模式。考察其立法的理由，可以发现，尽管民法典赖以存在的社会和经济基础已经悄然发生变化，但是民法典"技术中立"的法学传统仍然在大陆法系国家根深蒂固。

[①]　参见谢鸿飞《民法典与特别民法关系的建构》，《中国社会科学》2013 年第 2 期；魏磊杰《德法债法改革之比较：一个宏观的视角》，陈小君主编《私法研究》第 10 卷，法律出版社 2011 年版，第 30 页。

首先，消费者保护法是基于对消费者"非理性人"和"弱者"地位的假设和"不对称家长制"① 的立法指导思想的产物，与传统民法理性人假设相悖。"'消费者'被立法者假定为'弱而愚'的，就像还未成熟的'儿子'一样，国家应该像'家长'一样，为了其利益而在一定程度上限制其自由，替他进行决策和安排，对他实施特别的保护。就这样，人们放弃了对私法与公法严格区分的立场，一些强制性的规范在消费者保护法中频频出现，国家法律极大地介入私人合同关系之中。"② 但是，以"理性人"预设为前提的传统民法典是不会考虑社会中的人的差别的，其不应该也不能优先保护社会中任何特定群体或阶层的利益，否则是不符合权利平等、自由和自治的民法理念的。将消费者法纳入民法典不仅与民法典平等主体假设相悖，而且与民法中的理性人基本图像存在偏差，如此，消费者法是无法与民法典规范共存的。

其次，消费者法的制度和概念体系无法与民法典的潘得克吞体系相融合，强行植入会带来体系效益的减损。"技术中立"是传统民法和民法典所秉持的基本立法思想，也是潘得克吞法学留给后世的最有价值的精神财富。"技术中立不仅要求民法典是形式理性的法律，满足法律适用的形式主义与普遍主义要求，而且还要求民法典具有所谓超越时空的普遍性。"③ 这种形似逻辑理性制定的民法典，以严密的逻辑体系塑造了一个几近完美的封闭的科学体系，其完全剔除法律与政治、经济和文化的联系，抽离了罗马法的历史和民族因素，远离多元和多变的利益团体和政治家的干预，最大限度地获得了民法典的自足和自主。正是基于这样的原因，意大利《消费法典》附带的一个报告文件指出："之所以过去会将这些与消费者保护相关的规定插入

---

① 该理论主张：立法者应愈加多地代替当事人决策，但条件是此等决策在给犯错误的人带来最大的利益的同时，对完全理性的人少带来或不带来损害，这样对于两种不同的人，国家对其代行决策的程度是不一样的，所以这种家长制被称为"不对称的"。参见徐国栋《人性论与市民法》，法律出版社 2006 年版，第 92 页。

② 参见齐云《对意大利〈消费法典〉的双重透视——以民法典与部门法典的关系为视角》，陈小君主编《私法研究》第 13 卷，法律出版社 2012 年版，第 413 页。

③ 谢鸿飞：《民法典与特别民法关系的建构》，《中国社会科学》2013 年第 2 期。

民法典，是因为当时缺少一个合适的地方可以体系地放置这些规定，而《消费法典》的颁布使得暂时性地将这些条款插入民法典成为不必要，而且新的《消费法典》现在就成了最适合于体系性地放置保护消费者的法律规定的地方。"① 如果将消费者私法纳入民法典之中，不仅民法典的体系荡然无存，而且这种政策性立法会导致民法典"纯粹性"的丧失。当消费者法的概念、术语和制度等毫无逻辑地塞入民法典中时，肯定无法获得内部融贯的效果，而这正是反对将消费者法纳入民法典的最为中肯的理由，也是我国众多学者反对将消费者法纳入民法典的最重要的理由。

最后，将消费者法纳入民法典之中，可能导致民法典稳定性的削弱。民法典的稳定性亦是体系化的结果，使得人们可以依此预见自身行为的后果，有利于塑造安定的社会秩序。同时，民法典的稳定性亦有利于法律传统和法律智识的传承和延续，否则动辄变动的规则会令法学研究者和法官无所适从，不利于形成法律共同体的共识和法律信仰。正如意大利《消费法典》的领衔起草者 Guido Alpa 教授所言，"《消费法典》不仅仅是一个消费者的'权利宣示'，即它明确规定了消费者基本权利，而且还是一个有用的规范工具，即它作为一个'有机的容器'（contenitore organico），可系统地、有条理地容纳与消费者相关的规范，并且很容易进行修改更新"②。在不破坏民法典既有体系的情况下，特别法或部门法典的方式，既可以实现对消费者特别保护的需要，亦可以实现消费者私法领域的有限的体系化，特别是考虑到消费者法因立法政策的变化而频繁变动的情况下更是如此。③

① 齐云：《对意大利〈消费法典〉的双重透视——以民法典与部门法典的关系为视角》，陈小君主编《私法研究》第 13 卷，法律出版社 2012 年版，第 415 页。
② 同上书，第 409 页。
③ 例如，2002 年德国完成《债法的现代化》之后，欧盟又颁布了一系列与债法（仍然主要是关注消费者保护方面）相关的指令，这样德国债法面临着新一轮的解构，德国必须不断将欧盟指令转化到民法典中去或制定单行法。而意大利在 2005 年颁布《消费法典》后，由于欧盟指令及内国法，到现在它也经历了四次修订，不过由于它采用的是"部门法典"的形式，其修改相对也就容易多了，而且还能保持其原有的体系性和系统性。

可见，消费者私法非民法典的立法体例是有其源远流长的法律传统的，并非简单的立法技术的问题。其不仅涉及民法典理念的变化，更涉及消费者私法和民法典的体系融合的问题。在这种情形之下，中国消费者私法立法体例的选择，仍需要结合中国的立法传统和现实需要，做出谨慎的选择。

三　消费者私法立法体例的评价

就消费者私法的立法体例而言，明显地发现有两种互相对立的观点存在，即民法典化与非民法典化。两者的观点似乎都有道理，但细细品味起来，仍有许多有待商榷和呈待解决的问题。

第一，现代市民社会的变迁和民法典观念的变革。从行为经济学的角度，在现实生活中，传统民法和民法典为市民社会所预设的常态的"理性人"是根本不存在的。现实中只存在有限理性的有差别的个体和"弱而愚"的人，"它动摇了传统民法所持的理性人假定，以'有限的理性'动摇了理性人的理论理性方面；以'有限的意志力'动摇了理性人的实践理性方面；它还以'有限的自利'动摇了传统民法所持的经济人假设中的行为目的论"[①]。由此，所谓的形式理性并不符合现代市民社会中人的普遍特征或者常态，民法典似乎更多的是法学家的艺术品或者法官裁判的工具而已，其究竟在多大程度上是市民社会生活的真实反映，就不得而知。德国和法国民法典所经历的法典解构过程，实质上证明，脱离市民社会生活的民法典如果不进行改革，实质上已经沦为司法者案边的"花瓶"而已。在这种情况下，消费者私法的民法典化，与其说是作为现代市民社会自然人常态的消费者被植入民法典，不如说是民法典从高高在上的人回归现实中人的常态而已。消费者法在德国民法中，从被认为与传统民法的价值观和原则相背离，因此被长期排除在私法法典之外，到与民法的立法目的

---

① 徐国栋：《民法私法说还能维持多久——行为经济学对时下民法学的潜在影响》，《法学》2006 年第 5 期。

相协调，并重新融入民法体系之中，其根本原因，就在于社会制度的变迁以及立法目的的深层变化。①

第二，民法典的平等原则和"消费者"的特殊保护。传统民法和民法典的观念中，所有自然人人格上一律平等并受到平等保护，在自由竞争的经济环境下，这并不会出现实质上的不公正的问题，可以说平等即意味着公正。但是，现代社会中，由于消费者信息能力和经济能力上的不对等，这种形式平等的结果却会导致严重的事实上的不公平。正是基于此种状况，国家才予以立法纠正民法上个体间的此种不公平，对消费者进行特殊保护。就此而言，传统的平等原则在新的时代需要赋予新的含义，即平等并不意味仅仅是形式上的平等，实质上的平等亦是民法和民法典追求的价值目标。"平等原则并不妨碍在人员群体中按事物性质进行合理区分。""消费者或经营者的身份不是像一种性质那样依附于人身，而是根据具体法律行为的目的上的关联关系而互相区别。每一个自然人都可以作为消费者或作为经营者做出行为——视其身份之不同而相关的法律规定也可以不同。"②"身份"的差异并不意味着法律地位上的歧视，而是为更妥当地解决市民社会中纷繁复杂的纠纷，如同商法上对商人身份进行区分一样，民法中对自然人和经营者的区分亦是适应社会现实需要的实质正义原则的体现，即不同情况不同对待。

第三，民法典的体系性、稳定性与消费者私法。民法典的体系性是民法规则高度抽象化和逻辑性的体现，这使其可以相对有限的法条和凝练的语言涵盖市民社会生活的绝大部分。但这并不是说，体系性就意味着封闭性，就意味着抱守残缺。民法典完全可以通过适当的立法技术，保持其面向市民生活的开放性，并且不断地将经过实践检验的具有普遍性和长期稳定性制度通过体系化的方法整理纳入民法典之

---

① 参见张学哲《德国当代私法体系变迁中的消费者法——以欧盟法为背景》，《比较法研究》2006年第6期。

② ［德］迪特尔·施瓦布：《民法导论》，郑冲译，法律出版社2006年版，第86—87页。

中。而考察现代市民社会，在"消费者"已经成为自然人普遍的身份特征的情况下，在消费者私法已经蔚然成型的前提下，如果民法典仍然故步自封，则损害的不仅是民法典的权威性，更是民法典的作为市民社会基本法的地位。正如日本民法学家大村敦志所言："民法既然被称为'市民社会的基本法'，如果不将商业交易和消费者交易的存在考虑进去，这种'市民社会'将会成为什么样的社会呢？而时至现代，恰恰是商业交易和消费者交易在交易中占有中心地位。如果民法典不对这些交易的方法显示出关注，难道能称其之为'市民社会'的基本法典吗？"① 诸多民法学家以 19 世纪历史法学派的潘得克吞体系为参照，认为消费者私法纳入民法典之中会破坏民法典的体系性和稳定性，这实质上是对民法典存在的社会基础的忽视，亦是对民法典体系性的误读。民法典的体系性仅仅意味着将民法中最基本的、普遍适用的规则有机地组合在民法典中，其并不是"大杂烩"式的法律汇编，而是直面社会生活需要的"活的体系"，世易时移，变法宜矣②，稳定性并非民法典的终极追求。

因此，以形式逻辑理性、民法典的体系性和稳定性为由而否定消费者私法民法典化并没有坚实的基础。在消费社会时代，如果民法典仍然不能做出与之对应的改革，民法典在调整民事生活中的正当性将彻底被特别民法所取代，其结果将是，本来调整市民社会生活的一般法反而沦为例外法的角色。当然，这并不意味着，不假思索和体系化的整理将消费者私法原封不动地搬进民法典之中，而是说要在现有民法典的基础上充分研究和论证，将消费者私法中的成熟的和达成共识的制度在民法典中以合适的方式在合理的位置有机地结合，此或称之为消费者私法和民法典的"有机融合"方式。就此而言，德国反对消费者私法民法典化的法学家，并非在反对法典化，而是反对缺乏智识成熟和体系观照的法典化方式。

---

① 大村敦志：《近 30 年来日本的民法研究》，渠涛译，《清华法学》2012 年第 3 期。
② 参见王利明《关于中国民法典体系构建的几个问题》，《法学》2003 年第 1 期。

第三节 消费者私法的规范配置

一般而言，依民法规范是否为当事人意思所排除其适用，可分为任意性规范、强制性规范以及半强制性规范。① 在消费者私法中，各种不同类型的规范虽然功能上各有差异，但亦相互结合，通过设置对应的协调规则来解决消费者和经营者之间的利益冲突，实现其组织社会秩序的功能。消费者私法正是通过配置不同类型的规范，揭示立法者对于消费者和经营者不同行为模式的价值判断，为司法裁判的公正性提供法律依据。考察消费者私法中各种规范类型的地位和价值，有助于解决未来消费者立法的科学性和妥当性。

一 消费者私法中的任意性规范

任意性规范是消费者私法中重要的组成部分，是可以当事人的意思排除适用的法律规范，主要功能在于补充当事人的意思。其范围不仅包括民法中可以适用于调整消费关系的任意性规范，而且包括特别民法中调整消费者和经营者之间债务关系的任意性规范，其最能体现消费者和经营者之间私法上的自治关系。

（一）任意性规范的功能

在消费者私法中，任意性规范主要体现在典型消费者合同法中，是在合同当事人就合同内容没有约定或约定不明时，补充当事人之间合同约定的法律规定。尽管消费者法是法律对消费者进行倾斜性保护的结果，但是从根本上仍然在于实现消费者的消费自由。"立法者制定任意性规范，并非要剥夺当事人意志的主导地位，而是通过假设当事人意志对有瑕疵的表达进行弥补和修缮，并希望以此继续维持私法

---

① 该分类参见王泽鉴《民法总则》（增订版），中国政法大学出版社 2001 年版，第 49 页；［德］卡尔·拉伦茨《德国民法通论》（上册），王晓晔等译，法律出版社 2003 年版，第 44 页。

范围内自治和他治的明确边界。"① 民法中的任意性规范不仅具有重要的经济功能，而且具有重要的行为指导和裁判上的功能。②

首先，节约交易的成本。现实生活中的大量消费者契约大都是标的不大，金额较小的交易，若令每项交易都要求完备的契约条款则势必增加契约谈判的成本。由此法律增设若干典型消费者契约类型，规定重要的交易条件和权利义务配置，使消费者在和经营者缔约时除非必要无须花费大量时间就合同的细节进行谈判。同时，为避免合同不因为主要内容模糊不清或者没有约定而导致合同无效，影响交易的效率，契约法设立解释性的性规范和补充性的性规范，以假设的通常合同条件来弥补合同的漏洞或者对当事人的意思表示进行解释，这实质在于以法律的兜底性规定最大限度地保障交易的效率，避免动辄合同无效影响消费信心。

其次，实现裁判的确定性。绝大部分的消费者契约都是口头且即时结清的交易，对于可能契约的内容和履行根本没有确切的认识。在这种情况下当事人缺乏明确的意思表示而产生纠纷，若没有可预见性的法律规则（任意性规范），则极容易导致法官凌驾于私法自治之上而滥用自由裁量权，将非当事人所愿的合同内容强加给双方，可以说，任意性规范在当事人未明确排除适用时，不仅给法院提供了裁判规则，而且提高了裁判或法律的可预见性。③

最后，行为指导功能。通过典型消费者契约的法律规定，消费者可以知晓合同的主要风险和权利义务，进而可以预防合同的风险，指导自身的消费行为。同时，消费者私法中的任意性规范多自社会一般交易规则抽象而来，大多数情况下合乎当事人推动的意思，或者是对交易双方权利义务风险的公平分配，这些规则的存在可以说是双方当

---

① 刘恬：《任意性规范与意思自治关系之德国法考察》，《郑州大学学报》（哲学社会科学版）2012 年第 2 期。

② 参见苏永钦《私法自治中的国家强制——从功能法的角度看民事规范的类型与立释法方向》，《走入新世纪的私法自治》，中国政法大学出版社 2002 年版，第 16 页。

③ 参见朱庆育《私法自治与民法规范凯尔森规范理论的修正性运用》，《中外法学》2012 年第 3 期。

事人之间法定的"标准合同"，对现实中大量存在的格式合同可以起到指导和规范作用。

总体上，就任意性规范与私法自治之间的关系而言，其功能主要在于弥补当事人约定内容的不足。立法者经常针对若干交易上典型的契约类型，就其认为有待规范的事项，将自己置身于契约当事人的立场，斟酌契约目的与当事人利益状态，基于公平利益衡量，认为有理性的当事人就此事项，应会为此约定，基于此种理解，将此假设的约定内容，制定为任意规定，以备约定不完备时，补充约定的不足，解决法律适用的问题。[①] 此说明，任意性规范的功能不仅在于经济上和行为指导上，更重要的是在法律适用上为法官裁判提供依据。

（二）任意性规范的类型和认定

任意性规范依其在消费者合同漏洞补充中的作用可以细分为补充性的任意性规范和解释性的任意性规范。补充性的任意性规范的意旨在于允许当事人通过合同安排自身事务，在意思不完全时由法律衡诸双方利益给予弥补。例如，《合同法》第 133 条规定："标的物的所有权自标的物交付时转移，但法律另有规定或者另有约定的除外。"对于买卖合同中所有权的转移，可以由合同当事人自行约定，如在合同全部价款支付完毕后转移，此做法并不违反法律；但是，如果合同中并没有约定所有权转移的规则而发生纠纷时，则法官可依第 133 条的所有权移转规则径行裁判。对于解释性的任意性规范的意旨在于当合同意思表示不明确或含糊时，由法律就不明白之处进行释明。例如《合同法》第 62 条规定，当事人就合同内容约定不明确，依照第 61 条的规定仍不能确定的，适用下列规定。依该条规则，对于合同中的质量要求、价款或报酬、履行地点、履行期限、履行方式和履行费用约定不明确的，法官在裁判中可依第 62 条的规定，对合同内容做出解释。

对任意性规范的认定方法，总体上有两种基本的方法。一种是形式上的认定方法，即依据民法规范中的指示性用语来判断是否属于任

---

① 参见陈自强《民法讲义Ⅱ——契约之内容与消灭》，法律出版社 2004 年版，第 45 页。

意性规范。在法律条文中，若包含"但书""另有约定的除外""另有约定或者另有交易习惯的除外""可以""有""约定不明确的"等用语的规范多为任意性规范，实质上都在赋予当事人就相关事项进行另行约定的权利以排除法律规范的适用。例如，《消费者权益保护法》第25条第3款规定，"退回商品的运费由消费者承担；经营者和消费者另有约定的，按照约定"。依此条规范，对于消费者撤回权行使中的运费承担问题，消费者可以和经营者约定或者由经营者单方承诺自行承担，这并不违背本条的规定。第二种是实质上的认定方法。尽管法律条文中没有出现上述语词，但是考察法律规范背后的立法意旨，若仅在规范当事人之间的私人利益或者协调合同当事人之间的利益冲突，使得当事人之间意思表示的内容完备或者明晰，则该法律规范为任意性法律规范。① 我妻荣先生也曾指出，"强行规范与任意规范的区别，只能通过考察该规定的宗旨来决定，而无法揭示出一个一般性的原则"②。例如，《旅游法》第69条规定："旅行社应当按照包价旅游合同的约定履行义务，不得擅自变更旅游行程安排。"虽然法条规定中没有出现任意性规范的指示性语词（如当事人另有约定的除外等），但是考察该规范的目的意在就旅游合同中合同当事人之间的行程变更问题做出规定，并不涉及第三人利益或者公共利益，应当允许当事人之间就合同履行中的行程变更问题另行约定。而根据该法第73条的规定："旅行社根据旅游者的具体要求安排旅游行程，与旅游者订立包价旅游合同的，旅游者请求变更旅游行程安排，因此增加的费用由旅游者承担，减少的费用退还旅游者。"所以第69条应为任意性规范。再者，《合同法》第229条规定："租赁物在租赁期间发生所有权变得的，不影响租赁合同的效力。"该条并未出现任意性规范的指示性用语，但是考察该条的立法目的在于协调租赁合同当事人之间在租赁物所有权发生变动时的合同效力问题，不涉及第三人或者公共利益的问题，应当

---

① 参见王轶《论合同法上的任意性规范》，《社会科学战线》2006年第5期。
② 我妻荣：《新订民法总则》，于敏译，中国政法大学出版社2008年版，第239页。

允许租赁合同的当事人之间另有约定，如约定租赁期间所有权变动时合同即终止，从而排除该条的适用。事实上，从《房屋租赁合同纠纷解释》第20条的规定来看，亦认可本文的解释。

总体来说，对于消费者私法中的补充性规范和解释性规范而言，根本上都在于补充合同内容的漏洞，可以避免合同因内容不完备或模糊而无效，以维持交易的秩序。但是，就两者的法律效果而言，补充性规范所呈现的内容并非当事人意志的体现，而是来自法律的规定。相反，解释性的任意性规范，仍然是根据规则进行解释的意思表示，可归因于私法自治。因此，在立法上对两者进行区分，事关合同的效力，中国《合同法》未能通过妥当的立法技术区分这两类规范的适用，在涉及错误的法律效果判断时，或许会有障碍。[①]

二　消费者私法中的强制性规范

消费者私法中的强制性规范是针对私人行为的法律干预，是不得任意排除适用的规范。[②] 从规范目的来讲，是为私人活动设置行为标准和界限，违反这些规定首先要承担民法上的不利后果。民法上的强制性规范区别于在宪法、刑法和行政法上规定的纯粹以调整国家和私人之间关系的公法中的强制性规范。后者是以维持社会公共秩序和公共利益为目的，以对私人特定行为的禁止为主要内容，是私法自治不可逾越的"禁地"，若违反，则要承担公法上的责任（行政责任和刑事责任）。例如《治安管理处罚法》在第三章对违反治安管理的行为，如扰乱公共秩序的行为、妨害公共安全的行为、妨害社会管理的行为和侵犯人身、财产权利的行为规定相应的处罚措施，即属于典型的公法上的纯粹以管制为目的的强制性规范。

---

① 参见王轶《论合同法上的任意性规范》，《社会科学战线》2006年第5期。
② 本书所探讨的消费者私法中的强制性规范，仅指民法中以规范消费关系，保护消费者利益为目的的强制性规范，是狭义的强制性规范，并不包含公法上的管制规范，尽管它亦可能通过民法中的转介条款［例如《合同法》第51（5）条，《德国民法典》第134条、第823（2）条等］进入民法。转介条款就是在民法典内设置某些条款使得某些管制法规基于政策的考量"流入"私法。

（一）强制性规范的类型和功能

从保护消费关系中消费者利益的角度来看，不仅民法中的诸多强制性规范可以适用保护消费者利益的需要，而且特别民法中诸多具有民法效果的强制性规范亦可以视为消费者私法的有机组成部分。这些规范从总体上来讲，具有共同的特征，即以实现消费者关系中的实质公平为目标，但是在具体功能上有所差别。

1. 民法中的强制性规范。民法中亦在内部设立若干强制性规范，以为私法自治提供最低限度的法律要求，其主要包括：（1）法律关系基本结构的规范，即为法律关系的创设规定主客体、权利与行为能力、权利类型和法定内容等基本要素的强制性规范。例如，关于法人成立条件的规定，行为能力的规定，物权种类和内容法定的规定等。这些规定是市场经济活动的基础性要素，其要解决的是谁有资格参与市场活动，以及那些要素进入市场进行交易的问题。（2）有关法律行为效力和民事责任的规范，这是民法中数量最多的强制性规范，是在为法官决断当事人行为的合法性提供裁判依据，其包括关于合同成立和生效要件的规定，关于责任构成的规定，民法规范中直接以诚实信用原则、公序良俗和公平合理等道德性准则对当事人的行为提出要求的效力性规范等。例如，《德国民法典》第138条违反善良风俗的法律行为的无效的规定①，中国《合同法》第40条关于格式条款无效的规定，第51条关于无权处分的规定，第52条关于合同无效的法定情形的规定，第53条关于合同免责条款无效的规定等。（3）技术型的强制性规范②。例如，民法中关于时效的规定、期间的规定、法律行为的解释规则等。民法中的上述强制性规范，看似是对私法自治的限制，"表面上和任意规范对立的强制规范，实际上只是在强制性上显著不同，就其功能而言，则在大多数情形下，只是从另一个角度

① 事实上，德国早期即通过该一般条款对消费者进行特殊保护。参见张学哲《德国当代私法体系变迁中的消费者法——以欧盟法为背景》，《比较法研究》2006年第6期。
② 参见钟瑞栋《民法中的强制性规范公法与私法"接轨"的规范配置问题》，法律出版社2009年版，第73—74页。

去支撑私法自治而已。强制规范并不'管制'人民的私法行为，而毋宁是提供一套自治的游戏规则，像篮球规则一样，告诉你何时由谁取得发球权，何时必须在边线发球，规则的目的在于让所有球员都能把投、跳、传的体能技巧发挥到极致，唯一不变的精神就是公平"①。

此外，民法中还有引致其他法律的强制性规范，即民法中的转介条款，使得其他法律如公法、民事程序法和民事特别法等以此为通道进入民法。例如，《合同法》第51（5）条，中国台湾地区"民法"第71条。这些转介条款的存在"使得在民法之后陆陆续续订定的多如牛毛的法令，像躲在木马里面的雄兵一样涌进特洛伊城，管制法令摇身一变成为民事规范，私法自治的空间，包括法律行为和事实行为，实际上随着国家管制强度的增减而上下调整"②。换句话说，这些公法管制性规范进入民法，实质上并非以国家管制代替私法自治，而毋宁是防范私法自治逾越"雷池"而侵犯公共利益和国家利益，例如对于买卖鸦片的行为，自可依《合同法》第51（5）条为由使其无效。

2. 特别民法中的强制性规范。在消费者私法中，首要的问题即是消费者和经营者的主体资格问题。消费关系是消费者和经营者特定主体之间的法律关系，消费者和经营者资格的确定，是能否对自然人进行特别保护和对经营者适用消费者私法的前提条件。《德国民法典》第13条和第14条分别是对消费者和经营者的界定，是典型的资格强制型规范。中国《消费者权益保护法》第2条和第3条，虽然并未明确规定消费者和经营者的含义，但是从其规定来看，是在界定消费关系的双方当事人和法律适用范围的问题，亦可视为此类规定。从功能上来看，消费者私法上的资格型强制性规范重点在于解决"弱者"的资格问题，厘清消费关系和普通民事关系之间的界限，本质上是消费者私法适用范围的问题。其次，基于消费者的弱者地位和易受侵害的特点，在消费法律关系中对于经营者的行为自由多做限制而扩大消费者的权

---

① 苏永钦：《走入新世纪的私法自治》，中国政法大学出版社2002年版，第17—18页。

② 同上书，第7页。

利，这些规范在经营者和消费者之间形成不可合意变更的强制性规范。例如，《德国民法典》第491a条对于消费者贷款合同下的先合同信息提供义务的规定，中国《消费者权益保护法》第三章、第六章和第七章关于经营者义务、经营者责任承担的规定，多为强制性规范。

对于特别民法中保护消费者利益的强制性规范，学者们多从保护弱者的消费者政策的角度来看待，认为"《消费者权益保护法》从消费者的利益出发，在充分考虑消费者弱者地位的基础上给予消费者特殊的法律保护，体现了国家对消费者利益的倾斜式保护，是国家对社会经济生活的一种干预"①。这种观点，事实上是将消费者作为一个群体来看，从消费者的弱者地位出发，强调通过强制性规范的介入来限制经营者的自由，矫正市场失灵，以恢复市场秩序和公共利益，所得出的结论自然是消费者法是公法或者经济法。但仔细观察，这些具有强制性的规范，并非全部导致公法上的责任，经营者的法定义务亦会构成消费法律关系的法定内容，违反该等义务亦会导致私法上的效果，如合同效力瑕疵或者承担民事责任。"不应该一开始就指责这些规范，认为它们肆意干涉当事人自主安排合同的自由。如果合同并非当事人自治之结果，那么这些规范就会阻止这些合同成立或生效，而这正是一种维护私人自治的合法机制。这些规范实质上促进了以合同自由为基础的市场经济功能的正常发挥。"②

因此，对于消费者法中的强制性规范，不能简单地以实现公共政策目的为由将其纳入公法的范畴，而忽视这些强制性规范的两面性，即这些规范既关涉公共利益，亦是调整消费者个体和经营者之间私人利益的工具。就这种私人关系而言，特别民法上的这些强制性规范，与其说是对社会生活的干预，不如说是法律上以实现实质上的消费自由为目的而提供的另一套消费者社会中市场经济的行为规则，就此而言，其与民法中的强制性规范在功能上没有本质的区别。

---

① 漆多俊主编：《经济法学》，复旦大学出版社2010年版，第175页。
② [德]齐默曼：《德国新债法：历史与比较的视角》，法律出版社2012年版，第297页。

（二）强制性规范的认定

在消费者私法中，强制性规范的意义实质上在于划定经营者和消费者自由行为的界限。特别是针对经营者的行为，强制性规范具有行为指导和行为限制的作用，但在消费者私法中哪些规范视为强制性规范，却并非泾渭分明。总体来讲，如同任意性规范的认定，有两种基本的方法或者认定的方法。第一种是形式上的认定方法，或可称为文义解释的方法。类似于识别任意性规范，对于法律规范中出现"应当""不得""必须""禁止"等字眼的，可以为识别强制性规范提供指示或提示。但是，并不是据此就可以判定其是强制性规范，事实上，很多带有该类词语的规范，并非强制性规范。例如，《合同法》中"应当"共计出现320次，但不能说明合同法就是强制性法，如《合同法》第132条规定，"出卖的标的物，应当属于出卖人所有或者出卖人有权处分"。虽然该法条有"应当"二字，但并不能认定该条规定系属强制性规范，因为民法中无权处分制度的存在意味着法律并未完全禁止当事人进行无权处分。[①] 因此，运用语义解释的方法来判断强制性规范时，可行的方法是先利用任意性规范的形式上的识别方法缩小强制性规范的范围，然后结合规范目的进行识别。第二种是实质上的认定方法，或可称为目的解释的方法，即通过探求制定法律文本的目的以及特定法律条文的立法目的，来阐释法律的含义。[②] 依前述对于强制性规范的类型划分，在民法内，若其意旨在为私法自治设定最低限度的规则，如行为能力、意思表示的要件、对合同自由的限制等，这些规则当属强制性规范。在特别民法中，情况比较复杂，由于其本身就以实现特定的公共政策为目的，在规范配置上公法和私法相混合，究竟是否属于强制性规范，应就具体法律规范目的进行考量。如果该具体规范的目的在于对特定群体的利益，如消费者，进行特殊保护，或者涉及社会公共利益或国家利益的保护，

---

① 参见李祖坤《合同无效的司法处理》，博士学位论文，吉林大学，2011年，第34页。
② 参见王利明《法学方法论》，中国人民大学出版社2012年版，第365页。

则可以确定为强制性规范①，例如《消费者权益保护法》第20条的规定。该规定对于经营者在提供商品或服务时的宣传行为进行规制，意在禁止其对产品或服务进行不当宣传，损害潜在的消费者群体的利益，应视为强制性规范。对于经民法中的转介条款进入的公法中的强制性规范的判断，从该法的立法目的和法条意旨，多数情况下容易判断。例如，依《环境保护法》第1条的规定，则第42条的规定当属强制性规定无疑。

（三）强制性规范的民法配置模式

在现代民法中，强制性规范已经成为民法的有机组成部分，发挥着设定市场活动基本"游戏规则"和"裁判规则"的作用，使得市场参与者能够在公平的环境下参与市场竞争和进行交易。民法中如何科学地设置强制性规范，不仅是单纯的立法技术问题，更关涉民法政策目标的实现。

首先，最重要的莫非特别民法中的强制性规范以何种方式与民法向衔接。纵观各国民事立法，多将其外接于特别民法之中，其理由大致在于特别民法实现特别的公共政策目的，例如对于消费者和劳动者等"弱者"的保护，与民法在功能上有诸多差异。按照此观点，特别民法应当是独立于民法典之外，以"外接"的方式与其相对接，例如通过对法源的扩张将民事法规的范围扩张及于特别民法，正如中国台湾地区"民法"第1条的规定。通过该条规定，特别民法，包括消费者保护法等皆纳入法院得径行援引的法律范围。

---

① 亦有学者对此标准提出质疑，认为公共利益标准无疑是强制性规范的重要判断标准，但一个具体法律规范旨在保护公共利益并不能说明其一定具有"强制性"，也不能就断言违反该法律规范的合同一定无效。此外，公共利益本身需要类型化，否则就不能为问题的解决提供统一标准，但在类型化的过程中又会产生许多争议。特别是随着消费者保护运动的兴起，旨在保护弱势合同主体的民事特别立法大量出现，理论界和实务界日渐承认的"保护性无效理论"在一定程度上修正了传统的"公共利益标准"。"保护性无效理论"主张只有对弱势合同主体不利的情况下才可以认定合同无效，它并非直接以保障公共利益为目标，而是以合同无效的法律效果保障弱势合同主体的利益，这与平等主体假设前提下的"合同无效理论"有所不同。参见刘凯湘、夏小雄《论违反强制性规范的合同效力——历史考察与原因分析》，《中国法学》2011年第1期。

但是，在德国和荷兰，则与此相反，将消费者保护法以内设的方式纳入民法典中。尽管这一做法的驱动力量来自欧盟消费者指令的落实和系统化整理的需要，但是不可否认的是，这种方式为特别民法纳入民法提供了新的思路和可行性的范例。其理由在于，消费者私法不是一个独立的民法领域，而是民法的内在组成部分；这一组成部分不应当总是停留在普通民法之外，与民法典平行存在与适用，应当调整原有的普通民法体系，将消费者私法统一地融入民法典之中，以便更好地实现私法自治、合同自由和实质公平等民法基本理念。① 也就是说，将看似与传统民法的自由精神格格不入的消费者私法纳入民法典之中，事实上体现了社会对民法典所期望的价值由单一化向多元化的转向，从形式上的自由向实质公正的转变。就此而言，消费者私法中的强制性规范纳入民法典之中，就其目的而言，实不在于"管制"，而在于保护消费者的自由之实现，这其实并不违背民法典所倡导的私法自治理念。对于消费者私法中的强制性规范是以外接或者内设的方式进入民法或民法典之中，实质上是纯粹的立法技术问题，并不关涉两者立法政策的差异，以所谓的"立法政策"为由将消费者私法中的强制性规范排除于民法之外，并不具有坚实的理由。

其次，外在于民法的管制性公法的内容，显然不能将其直接规定在民法之中，否则公私法分立的立法传统将不复存在。更重要的是公法和私法所要实现的立法目的，前者以管制为目标，防止政府和私人行为对社会公共利益的侵害，维护基本的社会秩序；后者则以实现私法自治为目标，通过市场活动的基本规则，保障市场参与者能够在公平的秩序中实现充分的意思自治。但是，并不是说两者是界定对立的领域，公法中的强制性规范事实上确立了私人活动的边界，在私人行为触犯该行为界限的情况下，不仅会产生公法上的责任，而且可能会产生私法上的不利后果。对于消费者和经营者之间的消费法律关系而

---

① 这一意见的代表人物是维斯特曼（H. P. Westermann），他早在 20 世纪 80 年代关于债法改革的讨论中，就已经提出了这一观点。参见张学哲《德国当代私法体系变迁中的消费者法——以欧盟法为背景》，《比较法研究》2006 年第 6 期。

言，经营者在违法公法上的强制性规范的情况下，亦可能会导致承担私法上的责任。但是这种私法上的责任承担，并非直接援引公法上的强制性规范的结果，而是通过转介性条款，将该等违反公法的行为赋予私法上的效果。例如，中国台湾地区"民法"第 184 条第 3 款的规定："违反保护他人之法律，致生损害于他人者，负赔偿责任。但能证明其行为无过失者，不在此限。"第 71 条之规定："法律行为，违反强制或禁止之规定者，无效。但其规定并不以之为无效者，不在此限。"由该规定而设置公法规范进入私法领域的主要管道，事实上也是各国民法典的普遍做法。

最后，民法中的强制性规范，是不区分消费者和经营者，为所有的民事主体从事市场活动而设置的规则，这是私法自治的最低限度。如同比赛要设计游戏规则，普通民法中的这些基本规则是所有民事主体参与市场交易的基础性的制度安排，从市场准入的资格到交易的客体，从权利的类型到内容，从行为的界限到责任的要求等，涵盖市场交易的各个环节。这些规则，从资格要件到行为规范，事实上已经构成完整的民事主体从参与市场到退出市场必须遵守的基础性要件。

三 特殊形态的消费者私法规范

任意性规范和强制性规范的划分有助于正确认识法律规范的不同功能和性质，但是，事实上，这种对法律规范的"二分法"，并不周延，未穷尽所有的法律规范，还存在诸多"中间地带"的法律规范。① 这些

---

① 例如，德国学者拉伦茨在《德国民法通论》中提出半强制性规范。［德］卡尔·拉伦茨：《德国民法通论》（上册），王晓晔、邵建东译，法律出版社 2003 年版，第 44 页。王轶教授将《合同法》中的法律规范类型化为：任意性规范、倡导性规范、授权第三人的法律规范、强行性规范以及混合性规范。参见王轶《民法典的规范配置——以对我国〈合同法〉规范配置的反思为中心》，《烟台大学学报》（哲学社会科学版）2005 年第 3 期。钟瑞栋则在上述分类基础上提出将强制性规范分为资格型强制性规范、权限型强制性规范、要件型强制性规范、伦理型强制性规范、政策型强制性规范、技术型强制性规范和管理型强制性规范。钟瑞栋：《论民法中强制性规范的类型》，《人大法律评论》2010 年第 1 期，第 62—81 页。许中缘教授按照行为效果、规范逻辑、规范目的，将民法规范分为强行性规范、任意性规范、许可性规范以及宣示性规范。参见许中缘《民法规范类型化之反思与重构》，《人大法律评论》2010 年第 1 期，第 82—118 页。

介于任意性规范和强制性规范之间的法律规范类型，事实上兼有自治和管制的双重色彩，所不同的是，由于立法目的和立法技术方面的差异，各自的侧重点不同而已，由此导致在法律适用方面有所不同。

（一）单方授权性规范

单方授权性规范，是法律将决定法律关系变动的权利赋予单独的一方的规范，包括授权一方当事人规范和授权第三人规范。[①] 这些规范在合同法和消费者法中都有少量的存在，其目的或许在于基于法律行为中的一方或第三方在交易中的弱势地位或者不利地位，或为维护第三方的利益，通过单方授权赋予决定法律行为效力的权利，以避免强制性法律规范过于严苛而不符合当事人自身的意愿，或者为弥补当事人意思自治的不足等。

1. 授权一方当事人的规范。主要表现为消费者法中对消费者的单方授权性规范，例如授予消费者撤回权，缔约过失责任的损害赔偿请求权、撤销权、退货权、合同解除权等。这些规范在性质上与任意性比较类似，一方当事人可以放弃，也可以行使，合同的相对方无论什么结果都必须接受。但是，与任意性规范不同的是，合同的另外一方当事人，不能单方决定该条款是否适用，就此而言，该规范对于另外一方当事人是具有强制性的。例如，依《消费者权益保护法》第25条的规定，消费者可以单方决定是否排除适用该条款，而不予退货，对消费者一方具有任意性；但经营者不可以单方决定排除该条款的适用，否则其规定是无效的。同时，消费者和经营者可以约定或者经营者单方面承诺，在上述销售方式之外的商品和超过七日的时间内，消费者仍然享有撤回权，从而排除该条款的适用。由此，就授权一方当事人规范而言，更接近任意性规范，相比较强制性规范，可以赋予消费者更大的自治空间，不失为实现法律上弱者保护政策的绝佳方式。

---

① 参见钟瑞栋《民法中的强制性规范公法与私法"接轨"的规范配置问题》，法律出版社2009年版，第28—42页。

2. 授权第三人规范。主要是授予合同关系以外某个特定第三人针对合同行为享有特定权利，尤其是享有请求确认影响自身利益的合同行为无效或请求撤销影响自身利益的合同行为的权利的法律规范。[①]其主要表现为合同的订立和履行中涉及特定第三人利益的规范和特定第三人对合同当事人负有监管责任的规范。例如，《合同法》第230条规定，出租人出卖租赁房屋的，应当在出卖之前的合理期限内通知承租人，承租人享有以同等条件优先购买的权利。该条是赋予承租人优先购买权的规定，但是不足之处在于，缺少法律效果的规定，即买卖合同是否无效。《合同法》第47条的规定，法定代理人对限制行为能力订立的合同的追认权，亦是该类型的规范。

总体上，在消费者私法中单方授权性的规范，单方授予消费者权利的规范较多，其法律意旨无非基于消费者相比较经营者处于信息和经济上的弱势地位，若不能纠正此等不公平地位，势必导致消费者利益受损，损害交易信赖而伤及消费信心。但若径直以强制性规范苛加经营者义务，则未必符合消费者个案之利益考虑，因为"家父主义"的立法虽然动机是良好的，但是结果未必符合当事人的本意。况且，对于培育市场中具有独立自主意识和理性精神的消费者，"家父主义"的立法可能适得其反。相反，将消费事务的决定权赋予消费者的做法，可能更加符合消费者的本意，有利于消费者自主意识的提高。毕竟，理性的消费者才是自己利益的最佳判断者。

（二）单方强制性规范

在现代消费者法中，单方强制性规范无疑是最具有特色的规范类型。其根源于以落实消费者特殊保护政策的目的，在法律中设置最低保护标准或基准的强制性规范，要求双方当事人，特别是经营者必须遵守该规定，一般不得排除适用，除非当事人做出相比较法律更有利于实现公共政策目的的约定，否则低于该基准的约定或条款是无

---

① 参见王轶《民法典的规范配置——以对我国〈合同法〉规范配置的反思为中心》，《烟台大学学报》（哲学社会科学版）2005年第3期。

效的。

依强制性规范的强制对象不同，单方强制性规范可以分为主体强制、内容强制和时间强制。① 其中与消费者有关的是主体强制类的规范。例如，《消费者权益保护法》第 55 条第 1 款规定的与合同相关的惩罚性赔偿责任，若经营者和消费者约定，或者经营者单方承诺"假一赔十"，则应当认为是做出更有利于保护消费者的约定，可以排除该条的适用，该约定或承诺是有效的。因为根据《消费者权益保护法》第 16 条的规定，"经营者和消费者有约定的，应当按照约定履行义务，但双方的约定不得违背法律、法规的规定"。在"王进府与河南移联网通科技有限公司买卖合同纠纷案"中②，二审法院认定，上诉人王进府在购买被上诉人移联公司售出的本案争议手机时，被上诉人移联公司向不特定的人做出了"假一赔十"的承诺。根据《合同法》的规定，该承诺对本案双方当事人当然有效。现在有证据证明上诉人王进府购买的由被上诉人移联公司售出的金典牌 JD—998 移动电话机是假冒产品的情况下，被上诉人移联公司应当按其承诺向上诉人王进府赔偿 10 倍货款。该判决所持的观点值得肯定。由此，对于单方强制性规范与法律行为的效力问题上，对于法律规范要求一方作为或不作为而言，具有强制性，但该强制性规范并非不可排除适用的。

与任意性规范相比较，单方强制性规范为当事人的行为设置了底线和基准，若双方的约定违背该基准则其约定是绝对无效的，其目的为当事人的行为自由设置界限。而与强制性规范相比较，单方强制性规范多在于给经营者强加作为义务或不作为义务，设置行为的底线，其目的在于实现立法者在该事项上最低管制目的和对弱势地位的消费

---

① 参见朱庆育《民法总论》，北京大学出版社 2013 年版，第 55 页。

② 参见〔2009〕郑民一终字第 973 号。该案中，原审法院认为，按照中国《电信管理条例》的有关规定：国家对电信终端设备、无线电通信设备和涉及网间互联的设备实行进网许可制度，接入公用电信网的必须取得进网许可证，未获得进网许可证的电信设备，不得在国内销售。被告向原告销售没有入网许可证的手机，违反了该行政法规的强制性规定，故双方之间的买卖合同无效，被告应当退回原告手机款 1800 元，原告应当将所购买的手机退还被告。原审判决认定合同无效的理由值得检讨。

者的保护。但是，对于经营者的强制并非具有绝对性，若其提供的交易条件比法律规定的基准条件更加优越，或更有利于政策目标的实现，则法律亦不禁止该类约定，其与任意性规范又具有相近似的地方。

总体上，在消费者私法中，任意性规范、单方授权性规范、单方强制性规范和强制性规范，其管制程度依次加强，而自治范围逐渐削弱。这种对法律规范的类型化的整理，避免了"二分法"非此即彼的极端化归类，可以有助于立法者斟酌社会经济政策的变化，在消费者立法过程中对特定事项以妥当的立法技术扩大或缩小当事人自治的范围，实现自治和管制之间的平衡。当然，对于任意性规范和强制性规范的界限，有时候并非泾渭分明，如何处理，"基于对私法自治的尊重，在强制性质的民事规范是否具有特殊公共政策目的不甚明确的时候，即应朝单纯自治规范的方向去解释，法官应避免假设有特殊公共政策目的的存在，或对合目的性做扩大解释，而伤害了自治机制，换言之，就是'有疑义，从自治'"①。而就各种类型法律规范在私法上的法律效果而言，基本上体现着立法者对私法自治的容忍度。是以管制的方式规制社会秩序，给予违法者惩戒，还是留给当事人在法律限定的范围自由决定，由其承担民法上的后果，在违反强制性规范的时候否定其效力，仅使其承担私法上的责任，事实上反映着法律政策的倾向和立法意图。

---

① 苏永钦：《走入新世纪的私法自治》，中国政法大学出版社 2002 年版，第 45 页。

第五章

消费者运动与中国民法
变革之具体方案

中国的消费者运动是政府推动下的社会维权和个体维权相结合的社会运动，具有后发达国家消费者运动的后发优势，即政府依法实施行政和法律保护的高起点特征。尽管社会维权和个体维权力量薄弱，但是在政府的推动下，消费者立法和执法活动在起步阶段就具有强有力的保障。基于这种特征，在消费者保护过程中，立足于中国的经济和社会的变迁，推动作为市场经济基本法的民事立法的系统性改革，是符合中国经济的市场化改革趋势的，具有坚实的政治基础和推动力量。

第一节　消费者运动与中国民法理念的更新

消费者运动是现代社会发展变化过程中自然而生的社会秩序变革，是在中国社会从计划经济向市场经济转型过程中社会问题和矛盾在消费领域的集中凸显。这种社会矛盾需要通过法律的不断变革来化解，从而实现社会和经济秩序的重新塑造，促使社会和经济发展从无序走向有序。在此过程中，中国民法必须践行自身的使命回归对社会现实的观照，进行主动性变革。正是消费者运动带来的社会压力，使得中国民法需要重新思考自身在市民社会中的定位，系统重塑民法的理念和制度。

一　中国民法变革中的法律移植和本土化

中华人民共和国民法文化和制度的真正建设是从改革开放时才开始的。伴随着市场的开放和经济活动的逐步繁荣，"下海"淘金成为时髦选择的同时，市场秩序的混乱亦成为当时社会的典型写照。在管制性经济思维的框架下，《民法通则》和《经济合同法》成为规制市场经济秩序的必然选择，也成为逐步培养民法文化的开山之作。时至今日，当市场经济成为中国经济的典型形态的时候，当社会逐渐从失序走向稳定的时候，面对当下中国的社会和经济基础，民法的变革时代已经来临。可以说，中国民法的变革正是在中国社会适应外部压力的过程中从传统走向现代的背景下产生的，是不断适应改革开放要求而进行的主动变革。在这种回应型法律的要求下，民法的生命力不仅在于适应社会变革的需要以妥当的方式处理私人之间的纠纷，而且在于能够维持民法基本观念的稳定性。消费者运动重塑中国市民社会精神面貌的过程，也是中国民法通过自身变革适应社会发展要求的变革的过程。在这个过程中，不可避免地涉及外国法的移植和本土法律传统的进化。

首先，就民法的变革而言，不可能摆脱对市场经济活动共通性法律规则的移植。就传统中国社会而言，自然经济条件下的小农社会治理所依赖的是礼法教化和公法威慑，自始缺乏商品经济社会的民法文化和制度资源。在这种法制环境下，要实现建立市场经济体制之目标，就必须从其他已经建立市场经济体制的国家去寻找相应的制度资源去模仿和借鉴，以此实现"后发型"国家的法律现代化。这种法律现代化的路径，正是近代以来中国法律进化的主要特征，也是改革开放以来中国法律成长发展的主要模式。当然，更为重要的是，在法律现代化之路上，中国社会的价值观念和西方社会的价值观念，可能并没有人们所想象的那样大的差距。"中国法律传统和西方法律传统在一系列重要问题上是精神契合的，两大传统的法制在解决国家社会面临的共同问题时采取的解决方案是大致相通的，中西法律文化之间的差距并没有我们从前认为的那样大。……这说明人类各大民族的法制文明有非常重要的深层次的共同价值基础和手段选择上的共性。这种共性是各大民族的文明创造者们从未相互商量的，但却是发自文明深处或人类的人性深处。某种意义上的'万民法''理性法''自然法'是客观存在的。"① 这些共同法律观念的存在或许是我们可以移植他国法律制度并实现法律现代化的坚实的思想基础。

其次，现代性作为人类文明的形态，虽然在各国的表现形式和发展历程有所不同，但是仍然有诸多共同的特征。在社会和经济方面，工业化、城市化、市民化、技术化等都可以说是各国现代化的普遍特征。如前所述，中国现代化的过程正是通过工业现代化、科学技术现代化实现整个社会经济、政治和文化等的变革，其所经历的正是西方发达国家经历过的农业社会向工业社会和后工业社会发展的现代化路径。这所谓的现代化将逐渐改变中国的社会面貌，影响中国社会的文化和观念，特别是法律传统。这可以说是中国移植他国法律制度的经济和社会基础。这充分体现在，随着全球化的深化，商业和贸易规则特别是合同法，日益趋同化。因此，在消费者保护方面，以重塑消费者和经营者之间交易规则为目的的现代民法，自然可以充分借鉴各国成熟和完善的制度规则为我所用。

最后，民法的变革并非"全盘西化"，而是传统法适应社会变革的需要不断借鉴和吸收外来法的过程。"众所周知，从西方引进的以维护权利为主导思想的法律原则，很容易被吸纳到中国现存的官僚制度中去，权利的维护很容易变质成为权力和关系的运作，以及不同利益集体之间的'摆平'。"② 单纯的移植很容易脱离制度的文化背景，引进的理论和原则都不容易付诸实践。而单纯的本土化，由于缺乏民法文化的传统和可以为现代市场经济所用的有效制度资源，难堪中国民法现代化的历史重任。因此，中国民法的变革，必然是继受法和固有法不断整合和发展而融入本土的过程。"无论是何种先进的文明成果和法

---

① 范忠信：《中西法文化的暗合与差异》，中国政法大学出版社2001年，自序Ⅱ—Ⅲ。
② 黄宗智：《过去和现在：中国民事法律实践的探索》，法律出版社2009年版，第235页。

律制度要真正在一个国家扎根而逐渐融入该国的社会主流，不经本土化或者没有适宜的本土予以迎合是决然不可能的。"① 中国民法的变革，不可能与中国的传统社会决然割裂，即使经历过社会主义革命的中国，传统中国文化仍然是不可忽视的影响中国民法现代化的重要力量。中国民法的变革必须立足于中国传统社会向现代社会的转型特征和中国社会的现实需要，反映已经发展和变化的社会和经济状况。这种社会背景就是，在政府主导的经济发展模式下，中国当下正在发生而且继续进行的经济现代化以及与之相关的社会和文化的急剧变动。中国消费者所面临的不仅是强势的国有垄断企业和投机性商业活动的欺压，而且要快速适应工业化和城市化导致的"陌生人"社会的规则体系和纠纷解决机制。可以说，中国民法的变革不仅面临着为实现市场自由竞争秩序建立规则的重任，而且肩负实现社会公平正义的使命，同时还要防止政府借维护权利之名而行权力滥用之实。

考虑到消费者运动中民法的理念和制度变革的现实背景，民法的变革应该是立足于中国工业社会向后工业社会转变的市场经济发展的现实需要，在充分调研中国最广泛的普通消费者日常基本生活需要的基础上，对于发展型和享受型消费给予前瞻性的保护性制度设计。应该是在现有法律实践情况充分调查的基础上，合理吸收中国社会生活的习惯性规则，为普通消费者提供公平的市场交易规则，以培育其自主消费和理性消费的观念。

二　消费者保护与中国民法理念的更新

各国的历史和现实经验表明，民法的变革需要有与现代市场经济和市民社会相适应的民法理念的引领，否则单纯的制度文本的移植只能成为"纸面上"的民法，无法成为市民社会内在的行为准则。中国民法的理念是引领中国民法制度现代化的核心价值观念，是植根于中国社会现实的民法观念，是与日益成熟的中国市民社会相匹配的现

---

① 辜明安：《中国民法现代化研究导论》，西南财经大学出版社 2008 年版，第 15 页。

代法治观念。在消费者保护运动的背景下，这种民法观念所赖以生成的基础在于：（1）中国的市场经济体制正在逐步完善，为发挥市场在资源配置中的基础地位，作为市场经济基本法的民法，要承担建立以自由竞争为核心的基础性交易规则的历史使命。（2）中国社会在工业化和城市化的驱动下，中国社会正在形成庞大的有产者阶层，传统的村落熟人社会将逐步走向城市陌生人社会，作为市民社会基本法的民法要正视中国社会正在发生和即将发生的这种社会变革。（3）消费者作为市民社会自然人的最普遍性身份特征，是民法回归市民社会最需要关注的现实。由于底层的消费者群体，特别是农村消费者，在市场中相对于提供基本需求的垄断企业和采用新科技生产产品的企业处于明显的劣势地位，中国民法消费者的原型绝不可能是强而智的理性人，而是"弱而愚"的具体人。（4）中国最广大的消费阶层仍然是以衣食住行为主的基本需求型的普通消费者，尽管耐用消费品和服务消费亦正在步入相对富裕的消费者的生活，由此决定民法规则的设计重点在于确保产品的安全和价格的合理，但是对于服务类消费亦应具有前瞻性的制度设计。基于上述前提性结论，中国民法观念必然是建立于混合经济模式基础上的自由—社会主义思想观念的产物。

首先，基于市场经济在推动中国社会变革的基础性地位，自由作为民法的根本观念是具有现实基础的。成熟的市场经济离不开具有自由意志的独立个体的推动，更离不开公平竞争的市场环境的塑造，因为自由竞争的市场是可以为消费者创造最大福利的。"民法的使命就在于，在一个相互衔接的总体法律制度中，追求民法本身的目标，那就是保障个人的自由，以及为合同自由和结社自由的行使、为保护所取得的权利及为此种权利的行使、为财产自由和为人格发展领域的不可侵犯制定恰当的规则。"① 尽管在西方现代民法中这种自由主义的民法观似乎已经势弱，但是在缺乏民法文化的中国社会中，强调培育个体独立意识和个人自由的民法观念却尤其必要。在从来不缺乏国家、社会和集体观念的中

---

① ［德］迪特尔·施瓦布：《民法导论》，郑冲译，法律出版社 2006 年版，第 57 页。

国，强调私法自治和契约自由的观念，就是在从根基上建立市场经济和市民社会的基本价值观念。否则，缺失自由观念的所谓的市场经济建设，只不过是国家管制经济的"翻版"而已，是"无源之水，无本之木"。特别是，要从市场经济的本质出发，由市场承担资源配置的基础性作用，政府的干预就应该遵循市场的规律，以恢复而不是限制自由竞争为政策和立法的出发点。由此，对于消费者的保护而言，所需要关注的是从根本上保证市场能够处于自由竞争的状态，为消费者提供多元化的选择。例如，公共服务企业要在更广泛的领域打破市场垄断，促使企业能够提供更优质的和多样化的服务。在价格的形成机制上，要最大限度地发挥市场的功能，使消费者可以得到最大的实惠，例如对于商品房价格的行政干预应该尽可能地减少，甚至消灭，否则扭曲的商品房价格将会带来更严重的投机行为。为实现消费者的消费自由，法律和政策所要做的无非就是对于滥用市场权力的经营者的行为进行约束和惩戒，对于破坏市场竞争规则的经营者进行规制，对于侵害消费者权利的经营者进行惩罚。所以，所谓市场经济的民法观，所贯彻的就是自由竞争的秩序观，消费者自治的价值观。

其次，所谓自由的民法观是建立在主体地位平等和机会均等的前提之上的。平等不仅仅意味着法律上的宣示，而且是法律实践中的平等对待。"但《民法通则》制定至今，平等条款的规定在我国政治国家的框架下，几乎成为一种宣示性条款：即平等在民事活动中很难得以体现。如国家财产和个人财产难以得到平等保护；市场主体中制造者、销售者和消费者之间难以实现平等，消费者总体上属于弱势群体；在司法保护过程中，中国的关系社会所导致的审判的不中立，又使得民事主体难以得到平等的司法救济等等。这种不平等造成了中国民法现代化进程的阻碍，是与民法的精神相违背的。"① 在这种情况下，民法所倡导的个体自由在现实中是无法真正得到落实的。若要确保消费

---

① 郑小明：《民法理念的形成与我国现代民法制度的建构》，《南昌大学学报》（人文社会科学版）2009 年第 4 期。

者的自由选择权和消费安全的实现，就必须制定公平的市场交易规则和损害救济制度，为市场的参与者提供同等的机会参与市场竞争。法律和政策的制定者亦应该站在促进公平竞争和自由选择的角度，扶助消费者在市场中获得同经营者相对抗的条件，即法律上的权利和特别保护。特别是，从商品信息的强制披露和不公平格式条款的规制方面，实现消费者与经营者谈判能力的对待。从这个角度来讲，作为平等的民法理念，已经远非传统民法的形式平等，而是建立在对社会弱者充分关注基础上的实质平等，是在为消费者提供和经营者相抗衡的"法律武器"。这种平等观念与罗尔斯的社会正义观是相一致的。在中国，这种意义上的民法平等观念，所强调的不仅在于个体之间并不存在身份等级上的差别，亦没有人格上的高低贵贱之分，更重要的是，要确保市民社会中的个体在实践中被同等对待，在机会均等的情况下参与市场的交易活动。在此基础上，个体的自由才能够充分实现。

因此，立足于中国社会现实的民法自由、平等观念，并不是简单地对西方现代民法观念的模仿，而是基于中国当下经济发展和社会变革的判断而做出的理性选择。从某种角度来看，中国的现代化历程是从管制经济或者福利社会的模式走向福利—自由社会，而西方发达国家的现代化则是从纯粹的自由社会逐步走向自由—福利社会，东西方不同的现代化之路似乎在从不同的起点上相向而行。然而，深入思考，建立在管制模式基础上的中国现代化，由于没有经历过自由主义和个性解放的洗礼，民法不经意间就会沦为意识形态的附庸和权力的牺牲品。虽然有着殊途同归的价值取向，但是就民法观念所赖以生成的经济和社会基础却有所不同。由此决定，在言说东西方民法中的自由和平等观念之时，所处的语境和针对的问题都有所不同。

第二节　消费者运动与中国民法相关制度的变革

现代消费者运动的最大成就在于推动立法政策和制度设计在消费

者保护问题上的全面转向。在我国消费者立法中，可以看到消费者协会和民间团体在法律制定和修改中亦发挥着越来越积极的作用，为相关部门消费者立法提供咨询意见和立法建议。但是，从目前立法状况看，整个民法体系中，由于没有民法典的统摄，消费者保护的规定与民事一般法之间的互动和衔接是缺失的。本书关于中国民法中消费者保护制度改革只能就主要制度进行有针对性的规则设计。但是，这些制度设计的思路仍然考虑到了中国未来民法典制定时一般规则和消费者特别保护规则之间的衔接问题。

一 法律行为制度的完善

作为实现意思自治的工具，法律行为制度是民法总则的核心，而意思表示则是构筑法律行为制度的基础。通过相互之间具有民法效果的意思表示，当事人得以创设相互之间的权利义务关系。在消费者私法中，法律行为是消费者和经营者之间创设消费法律关系最重要的法律事实，是实现消费者消费自由的基础性制度。从未来民事法律体系化的要求出发，未来消费者私法中，应该以传统法律行为制度为基础，贯彻消费者意思自治的根本原则，在消费法律关系之界定、合意瑕疵制度和撤回权制度方面进行必要的修改和完善。

（一）消费者资格的认定

消费者资格的认定实质上在于确认何种类型的法律关系或者法律行为适用消费者法。如前文所述，其本质上仅是一种具有操作性的做法，而深层次的原因是消费者和经营者之间所存在的结构性失衡问题。基于比较法的考察和兼顾立法的稳定性和妥当性的要求，笔者认为中国《消费者权益保护法》中的消费者的界定，应采纳客观行为标准，即消费者是指非以营利或者独立的职业活动为目的，购买、使用商品或者接受服务的自然人。

首先，消费者的主体应当仅限于自然人。从各国的规定来看，消费是指直接消费或者最终消费而言的，单位或者法人是无法作为直接的消费者的。而且考虑到"结构性失衡"的情境多出现在自然人和经营者之间，而单位或者企业与经营者之间购买消费品的行为，即使最终分发给个人，鉴于其缔约能力上的对等性，应当采用《合同法》而非《消费者权益保护法》进行保护。以《布莱克法律词典》解释为例，"所谓消费者，是指从事消费之个人，亦即购买商品或服务为了个人、家庭的消费，不是为了再次将商品或服务出售；或者是为了个人目的使用商品而不是为商业目的使用商品的自然人"①。对于中国《消费者权益保护法》第62条规定农民购买农业生产资料参照适用该法的问题，笔者认为，这并非将从事生产性消费行为的农民作为消费者来对待，只不过在该类情形下，同消费者类似，都存在事实上的"弱势"问题，在其他法律没有特别规定的情况下，只能参照《消费者权益保护法》。

　　其次，消费者不仅包括契约性消费中的购买者，也包括使用型消费中的商品最终消费者。这事实上是对消费性契约关系的拓展，即将消费者法的保护范围延及与经营者无契约关系的第三人，例如消费者的家庭成员或消费品的使用者等。同时，消费者和经营者之间的消费契约可以是有偿的，可以是无偿的，如免费试用、免费品尝等。也就是说，消费者资格的认定和消费者法的适用，并不以消费者是否支付对价为条件。但是，对于具有公益性质的商品和服务的提供，例如计划生育部门提供免费公益药品、公立医院的诊疗活动和公立教育等，由于该类机构并不具有营利性——不具有经营者的资格，所提供的服务和商品不具有"交易性"应被排除于消费者法的适用范围之外。当然，若此类机构提供的商品或服务有瑕疵造成患者或学生伤害，应当根据民法或其他特别法的规定进行处理；而按照市场价格销售的药品或者提供的服务则仍然应当按照消费者法进行处理。对于具有营利性的个体诊所、医疗美容、教育培训等活动，则应当依消费者法进行处理。

　　最后，消费关系的确定以消费者消费行为的非营利性和非专业性为标准。对于非营利的判断，只要消费者购买商品和服务的目的非以再次出售为目的，或者为商业目的而使用，就应该认定其具有消费的目的。

---

① Bryan A, Garner, Black's Law Dictionary, 8th ed, *Thomason West*, 2004, p. 335.

例如，王海打假中所购买的商品，即使数量众多，但只要不是以转售或其他商业目的而为使用，则应当认定其为消费者，当然是否适用惩罚性赔偿规则还是需要个案判断。同时，对于消费者的判断还要考虑行为的反复持续性，如委托装修公司装修自住用的商品房自属消费者。但是若委托装修公司装修购买的商品房用于出租则非消费者，而是经营者。对于非专业性的判断则要考虑到此类行为的目的，即是否以职业活动或经营为目的。若以职业或工作所需而购买商品，如会计师为工作需要购买办公用品，律师为执业所需对办公场所进行装修等，其行为并非消费者法上的消费行为，而是营利性活动的组成部分，应当作为经营者来对待。因为依社会通常观念，这些群体所从事的是反复持续的专业性活动，被期待具备一定水准的专业知识，为开展该类经营活动而购买商品或者服务自然是其经营活动的组成部分，多不存在"结构性失衡"问题，不宜适用消费法特别保护。①

（二）合意瑕疵规则的完善

传统意思表示瑕疵理论基于信赖利益的保护和表示"真意"的维护，仅在合意具有重大错误和欺诈、胁迫等对当事人利益有重大影响之情形下，才给予效力之否定。否则，要坚持契约严守的原则，按照当事人协议的内容全面履行合同内容。但是，在消费者合同中，若发生非上述事由导致消费者做出非其所愿的意思表示，则传统意思表示理论显然无法为消费者提供保护。现代民法，特别是消费者私法发展过程中，在消费者合同领域中已经有对传统意思表示理论进行修正之势，以避免传统理论在消费者保护领域过于刚性的问题。借鉴各国理论和立法例，中国消费者立法亦可以汲取其主要内容，在消费者私法中对由经营者行为导致消费者非真意的意思表示，如欺诈、误导或强迫导致的意思表示错误或者不自由等，进行类型化的处理，赋予消费者撤销权。

---

① 参见［日］山本敬三《民法讲义Ⅰ·总则》，解亘译，北京大学出版社2004年版，第190页。

1. 消费者合同中的错误法理。现行法中的错误法理主要针对重大误解中的内容错误和表示错误情形，在兼顾相对人信赖利益保护的情况下，有限制地允许表意人撤销意思表示。在恶意欺诈的情形下，则错误的外延扩展到包括动机错误在内，并不限制表意人撤销权的行使。可见，传统错误法理论，在坚持意思自治的前提下，意在维持表意人的"真意"和相对人的信赖之间平衡。在消费者合同法中，传统的错误法理论仍然是有效的，但是考虑到消费者相对经营者的弱势地位，消费者意思表示的"真实"更应当处于优先的地位。在消费者因经营者的不当商业行为（误导或劝诱）导致动机错误的情况下，亦应赋予消费者撤销权，并且不考虑消费者的过失赔偿问题。如果因消费者自身的原因而产生动机错误，在符合撤回权的要件时，可以由消费者撤回该意思表示。其他情形下，传统的错误法理论，在消费者私法没有特别规定的情况，仍然可以是适用。由此，消费者因错误而引发的意思表示，在多数情况下，可以通过撤销权或撤回权而使其不产生拘束力。错误法理已经显著突破传统的错误意思表示理论，在消费者合同法领域得到了最大限度的统一。在最大限度地实现消费者意思自治前提下，兼顾到了经营者信赖利益的保护。

2. 经营者误导性商业行为的规制。经营者在缔约前或缔约时若提供给消费者的信息不真实或不全面，导致消费者对产品的性能、风险、经营者的义务、价格、售后服务以及消费者的权利等做出自主商业决定所需的重要信息产生错误判断的，消费者法应该考虑到对尚未构成重大误解和欺诈的情形，赋予消费者撤销权。

（1）告知不实。经营者在缔约前或缔约过程中，向消费者提供的信息与真实情况不符，致使消费者对该告知内容信以为真，从而以此为基础做出错误的意思表示。在这种情况下，不管经营者是否存在过失，由于告知的内容与事实相异，消费者若知悉该情况通常不会做出相同或类似的意思表示。从消费者意思表示错误的原因来看，其与传统的欺诈之错误意思表示具有类似的效果，都是对消费者决策自由的不当干涉。当然，从告知的内容来看，应该是指与合同相关的重要信息，即足以影响消费者做出意思表示的合同标的物之内容（品质、用途及属性等）及交易条件（价格、清偿期、保证、售后等）。

（2）误导性遗漏。经营者向消费者告知的内容，应当不仅是真实的，而且是全面的。对于后者而言，经营者遗漏对消费者而言重要的事实或者仅告知对消费者有利的事实而不告知对消费者不利的事实，致使消费者误以为该事实不存在而做出意思表示的，则被认定为误导性遗漏或者信息告知不全面。与告知不实不同，此属经营者的消极行为而导致的消费者的错误。但是，造成的后果都是消费者被蒙蔽而做出意思表示。例如，消费者购买经营者销售的商品房，但是并未被告知该商品房曾经有工人在该房屋内自杀，其后消费者获知该情况，则应当允许消费者撤销该合同。当然，在该等情形，由于可能存在经营者亦不知情但对消费者而言重要的事实，在误导性遗漏的构成上应当考虑到主观要件的限制，即仅在经营者对相关事项知情的情形下才有此告知义务的存在。

（3）误导性判断。正常情况下，消费者应该凭借获知的事实，自主做出是否向相对人为意思表示的判断。但是很多情况下，消费者由于专业知识和商业经验的欠缺，无法预知和判断交易的风险或市场的动向。此时，若经营者对于未来不确定的事项，做出肯定或否定的判断，致使消费者误以为经营者的告知为事实，做出非其所愿的意思表示。例如，银行为推销理财产品，以过去之收益率数值，向消费者宣传本产品收益率从未低于银行一年定期利率，致使消费者误以为该理财产品的受益会高于银行存款利率而购买，其后该理财产品收益率回落至定期利率之下。该情形下，消费者由于经营者的误导性的宣传行为而做出判断，认为理财产品的收益率比定期存款高而购买该理财产品。同传统民法中狭义错误观念不同，该误导性判断实属动机错误的范畴。

由此，借鉴《日本消费者合同法》及《债权法修法基本方针》中有关不当行销行为的规定和《意大利消费法典》中不当商业行为的规制，对于经营者误导性商业行为导致的消费者意思表示错误的，应该在未来民法典意思表示瑕疵规则或消费者合同法中予以明确规定消费者可以撤销。具体参考性立法如下：

第 X 条　误导性商业行为

（1）经营者在销售商品或提供服务时，有下列情形，消费者若知悉相关事实通常情况下不会作出相同或类似的意思表示的，消费者可以撤销该意思表示：

（a）就重要信息，告知与事实不相符的内容，致使消费者误以为该告知的内容真实而作出意思表示；

（b）遗漏重要信息，致使消费者误以为该事项不存在而作出意思表示，但经营者不知该事项的除外；

（c）就重要信息，对其将来的情况作出结论性判断，致使消费者误以为该判断为事实而做出意思表示，但经营者试图告知而消费者拒绝的除外。

（d）其他违背公序良俗的不当商业行为。

（2）前款所称"重要信息"，是指消费者合理期待了解的，通常能够影响到消费者是否作出该意思表示的，与商品或服务相关的信息。

3. 经营者强迫性行为的规制。在不当营销方式中，除误导性的商业行为外，还存在将消费者限制在一定场所或空间内使消费者被迫购买商品或接受服务。例如，上门推销化妆品被消费者拒绝仍然继续纠缠，消费者不得已而购买该商品；导游为获得商品提成而将消费者带至特约的商店，不购买商品即不允许离开。在这种情况下，消费者由于人身自由或者决策自由通常受到严重限制而做出非自愿的意思表示，应当允许消费者撤销。

借鉴日本和意大利相关立法规定，建议中国未来消费者立法或民法典制定中，对此类行为进行规制，赋予消费者撤销权。具体参考性立法如下：

第 X+1 条　强迫性商业行为

经营者在特定的场所或营销环境中向消费者销售商品或提供服务时，以暴力或者不当限制消费者行为的方式严重剥夺或者干扰消费者作出意思表示的，消费者可以撤销该意思表示。

（三）撤回权制度的完善

撤回权制度是合同严守原则的例外性规则，是消费者保护法中最具有特色的制度。尽管中国新《消费者权益保护法》借鉴其他国家立法在第25条规定"七日无理由退货"，但是如前文所述，该项制度仍然有需要完善的地方。就撤回权的一般性规定而言，该条规定仍然需要在以下方面进一步完善。

1. 撤回权的适用范围。撤回权并非消费者享有的普遍性的权利，虽然总体特征在于针对影响合同缔结过程中可能对消费者意思自由造成障碍的特殊交易方式和特殊类型的合同，赋予消费者法定的终止合同效力的权利，但其适用范围是由法律所严格限定的。中国新《消费者权益保护法》以不完全列举的方式规定网络、电视、电话、邮购等销售商品的方式适用撤回权制度，但是对于没有列举的其他销售方式和服务销售，如分期付款买卖、上门销售、消费借贷等是否可以适用，没有明确规定，存在适用范围过窄的问题。而且，对于排除适用的范围规定，仍然是粗线条的不完全的列举和兜底性的一般条款相结合的方式，造成商家以此为借口逃避责任。建议未来立法扩张撤回权的适用范围，可以借鉴《欧洲示范民法典草案》的做法，在撤回权一般规定的基础上，在特殊方式和特殊类型的消费者合同中，具体规定撤回权适用的排除情形，并且将撤回权的规定延伸到服务消费合同领域。

2. 经营者的告知义务。由于消费者通常情况下无法获知该商品是否适用撤回权的规则，未来立法修改时应该明确经营者的此项信息提示义务，否则就应该使其承担撤回权期间不起算的后果。对于告知的形式，为确保消费者能够获得准确和全面的信息，应该明确规定经营者应该以清晰易懂的语言采用文本形式将撤回权的行使方式、撤回期间、经营者的姓名或住址等内容及时告知消费者。

3. 撤回权的期间。"七日退货"的期限对于消费者来说似乎稍显不足，借鉴关于一般诉讼时效和最长诉讼时效的规定，撤回权的期限可以灵活设计，即一般规定为 14 日，但如果经营者没有告知消费者享有撤回权的情况下，撤回权不起算，以此作为对经营者不履行告知义务的法律后果之一。但最长不应该超过合同订立后一年之内。同时，撤回权起算的时点是相比较期限的长短更为重要的程序性规则，否则该项权利只能是"纸面上"的权利。未来立法应该明确规定撤回权的起算时间为合同签订之日、消费者收到经营者告知其撤回权的信息和动产交付时三者之中最晚者为准，以保证消费者在接触到所购买的商品后有充足的时间考虑是否购买该商品。

4. 撤回权的行使和后果。由于"商品完好"标准的模糊性，实践中使得无理由退货，成为有条件退货，撤回权的效果大受影响。建立未来修改立法将"商品完好"予以具体化，即以一般勤勉的程度照管返还的产品，保证退还的产品实质完整。对于撤回权行使的方式，由于中国新《消费者权益保护法》仅规定商品撤回权，将服务合同排除在外，撤回权行使的方式仅为退还商品。建议未来立法修改时，扩大撤回权的适用范围至服务合同，明确消费者可以通知或将物退回的方式行使，并且规定经营者应当在撤回通知生效后 7 日内及时返还消费者支付的价款。对于退回商品的费用承担问题，可以规定消费者仅负担合同中明确规定的用于退回产品的费用，并且不承担退回产品的风险。关于商品使用的补偿问题，可以规定以撤回权告知通知中提示该法律效果和避免的可能性为限，消费者应该对物的正常使用而发生的毁损的价额进行补偿。对于关联合同的效力问题，可以规定消费者行使其撤回权的，效力及于关联合同。

可见，新《消费者权益保护法》虽然规定无理由退货权，但是适用范围偏窄，撤回权的行使要件和程序性规范仍需要改进。借鉴其他国家立法经验，具体修改如下：

第 X 条　撤回权的适用范围

依照本法和其他法律的规定，消费者可以在特定期限内撤回合同并不再受该合同的约束。

第 X+1 条　撤回权的告知

经营者应当采用文本形式以显著方式和清晰易懂的语言提示消费者注意到撤回权的行使方式、撤回期间和撤回通知相对人的姓名或名称及住址等内容。

第 X+2 条　撤回期间

（1）撤回期间为 14 日，至迟不超过合同订立后 1 年，但当事人约定或经营者承诺超过该期限的除外。

（2）撤回期间自合同订立之日、消费者收到经营者告知其撤回权的信息、动产交付时三者时间最晚者开始起算，法律另有规定的除外。

第 X+3 条　撤回权的行使

（1）撤回权的行使无须说明理由。

（2）撤回通知到达对方当事人或者经营者收到退回产品时，撤回生效。

第 X+4 条　撤回权的法律效果

（1）撤回生效后，双方当事人之间的债务关系消灭，除本条规定外，准用合同解除的规定，但合同约定有利于撤回权人利益的除外。

（2）消费者应当妥善保管退回的产品，并保证退回的产品实质完整，除本条规定外，不承担任何责任。

（3）消费者仅负担撤回通知中明确规定的退回产品的运费，法律另有规定和当事人另有约定的除外。退回产品自交付托运人或经营者及其代理人后的风险，由经营者负担。

（4）在以下情形，消费者不承担产品或服务因毁损、灭失或价值减少而导致赔偿责任：

（a）因购买产品或接受服务所需的正常检查和测试；

（b）消费者已尽到合理注意义务。

（5）消费者应当对正当使用而发生的毁损、灭失或价值减少承担责任，但经营者在撤回权提示中未告知该法律效果和避免的可能性的除外。

（6）经营者应当在撤回生效后 7 日内及时返还消费者已经支付的产品或服务的价款。

第 X + 5 条　关联合同

（1）消费者撤回与经营者之间签订的合同，撤回的效力及于关联合同。

（2）当消费者合同约定由贷款合同部分或完全提供融资，或者贷款合同约定为特定消费者合同债务履行提供部分或完全融资的，两者之间构成关联合同。

二　消费者合同法相关制度的完善

消费者合同法是消费者私法的重点，从中国消费者合同法的角度，应当重点从经营者信息义务和格式合同的规制两个方面重点进行制度设计。

（一）经营者信息提供义务的完善

经营者对消费者的信息提供义务是贯穿合同缔约和履行阶段的一般性义务，是以诚实信用原则为基础而产生的合同附随义务。在消费者合同中，经营者信息提供义务的确立是消费者知情权实现的保障。就中国立法而言，《合同法》第 42 条规定的合同当事人不履行信息提供义务承担缔约过失责任，第 60 条和第 92 条规定的通知义务，以及第 39 条规定的格式条款提示义务是针对普通合同而言的信息提供义务的一般性规定。《消费者权益保护法》第 8 条规定知情权及其内容，第 18 条至第 20 条、第 28 条则规定经营者的警示义务、信息告知义务，第 26 条规定格式条款的提示义务。《侵权责任法》第 46 条则规定缺陷产品的警示义务。这些规定构成中国经营者信息提供义务的基本框架，涵盖合同缔结到合同履行及履行后的整个产品和服务从销售到使用过程。可以说，这些规定是处理消费者合同中经营者信息提供义务的一般性规定。当然，除此之外，在特殊类型的消费者合同中，如旅游合同、贷款合同，根据合同标的的不同，经营者告知义务的内容亦有所不同。本书仅以经营者信息提供义务的一般性规定，来探讨我国未来消费者立法中经营者信息提供义务的完善，且主要针对合同缔结阶段的信息提供义务而言。

1. 信息提供义务的成立条件。在消费者合同中经营者是否应该承担信息提供义务并不是毫无根据的主观臆断，而需要法律根据具体情形依据诚实信用和公平原则，结合当事人专业知识上的优势、获取信息的成本和信息的重要性等要素综合判断。但是，消费者合同法有必要对信息义务的成立条件进行类型化，以便消费者在实现其知情权时不至于对经营者商业信息权利造成过度侵犯。

2. 重要信息的判断标准。重要信息是对消费者购买决策具有实质性影响的有关商品和服务的信息。与经营者之间的商业合同订立过程中以商业习惯为判断标准不同，在消费者合同中信息是否"重要"要考虑到其是否影响消费者做出订立合同的意思表示，即重要信息应当以消费者的角度来判断。当然，"重要性"的判断并非完全主观的或者个案的，而是要考虑到一般消费者在通常情形下的要求。

3. 信息提供义务的履行。根据中国《消费者权益保护法》的规定，信息义务是消费者合同中经营者的法定义务。第 19 条和第 20 条规定，经营者信息义务的履行要符合全面真实和及时告知的标准。《侵害消费者权益行为处罚办法》第 6 条规定，经营者向消费者提供有关商品或者服务的信息应当真实、全面、准确，不得有虚假或者引人误解的宣传行为。但是，对于信息告知的表达和公开方式，并没有明确规定。借鉴各国立法例，未来消费者立法中应该明确规定经营者应当以清晰易懂的语言表达合同的内容，使消费者能够以便捷的方式获得和知悉。

4. 违反信息提供义务的法律后果。中国《合同法》对于缔约前信息提供义务的违反，规定由当事人一方承担缔约过失责任，即损害赔偿。对于违反格式条款的提示和说明义务的,《合同法解释（二）》规定当事人可以撤销。《合同法》对违反信息提供义务法律后果的规定主要是针对经营者之间，没有对消费者给予特别保护。《消费者权益保护法》没有就经营者违反信息提供义务的法律后果则进行规定。针对消费者特别保护的需要，经营者在缔约前违反信息提供义务，一般情况下应该赋予消费者撤销合同的权利。导致消费者损失的，应该承担损害赔偿责任。对于违反格式条款提示义务的，应该进行特别规定，使该格式条款不构成合同内容。

就经营者信息提供义务而言，一般性的告知义务是针对所有消费者合同的法定义务，消费者法应该就信息提供义务的成立条件、判断标准、履行方式和责任等进行详细规定。同时，在远程合同、电子手段和其他方式签订的合同中，以及特殊的消费者合同类型中，可以就信息告知的范围进行类型化的规定。本书仅就一般性告知义务的完善提供可资借鉴的方案，供未来立法参考：

第 X 条　合同缔结过程中的信息提供义务

在合同缔结过程中，经营者有义务将知道或者应当知道的与合同有关的重要信息告知消费者。

前款规定的重要信息是指消费者合理期待了解的，通常能够影响到消费者是否作出该意思表示的，与商品或服务相关的信息。

第 X + 1 条　信息提供义务的履行

经营者向消费者提供有关商品或者服务的质量、性能、用途、有效期限等重要信息，应当真实、全面、准确，不得做虚假或者引入误解的宣传。(《消法》第 20 条)

经营者向消费者提供的信息应该以清晰易懂的语言表达，并且采用合理的方式确保消费者知悉。

第 X + 2 条　违反信息提供义务的法律后果

经营者在合同缔结过程中不履行信息提供义务的，消费者可以撤销该合同。撤销权的期间自经营者提供所有信息后开始起算，期限为一年。

经营者不履行信息提供义务且合同已经订立的，应当承担债务不履行的责任。

经营者不履行告知义务给消费者造成损失的，应当承担损害赔偿责任。

（二）格式条款民法规制的完善

私法自治所表达内涵乃在于当事人得依其自主决定，经由意思合致而规范彼此间的法律关系。但是格式条款的出现往往剥夺消费者就合同条款与经营者进行个别磋商的机会，以至消费者合同中可能包含不公平的条款。格式条款的规制是消费者私法的重要内容，主要针对消费者合同中的异常条款和不公平条款。中国《合同法》和《消费者权益保护法》针对格式条款都有规制，主要涉及格式条款的提示义务、不公平格式条款的认定和效力等内容。但是，仍然需要在格式条款的订入、控制和效力等方面进行完善。

1. 格式条款的订入。格式条款是非经个别磋商的合同条款，并未体现合同订立的意思合意原则。为保护消费者意思之真实，凡是违背合意原则的合同条款，都应该被排除于合同内容之外。建议未来消费者立法应该贯彻合意原则，规定经营者使用格式条款的，应该提示消费者注意知晓合同条款，并经消费者同意后方可成为合同内容，并且格式条款的提示范围不应仅限于"与消费者有重大利害关系的内容"，而是全部的格式条款。同时，为避免消费者未充分了解格式条款的内容而仓促签订合同，应该给予消费者合理的期限参酌合同条款。格式条款难以辨识或者认识的，依正常情形消费者不能预见的，应该明确该条款不构成合同内容。

2. 格式条款的控制。格式条款的控制主要是针对格式条款的不公平性进行价值判断，即基于诚实信用原则和公平原则对格式条款的内容进行审查，排除不利于消费者的规定。中国《消费者权益保护法》将格式条款中有"排除或者限制消费者权利、减轻或者免除经营者责任、加重消费者责任"情形的视为不公平条款,范围仍然过于狭窄。建议未来立法对于不公平格式条款的认定,采一般条款和类型化列举的方式加以明确规定。

3. 格式条款的效力。对于认定为不公平的合同条款,自属无效无疑。但是,应当区别于未尽格式条款告知义务的法律后果,即不构成合同内容。同时,对于包含不公平格式条款的消费者合同的效力,如果除却不公平格式条款后合同效力仍可合理地维持的,其他条款仍然应当具有拘束力,即可依中国《合同法》第56条的规定处理。

依中国《合同法》《消费者权益保护法》和《侵害消费者权益行为处罚办法》第12条的规定,参考其他国家立法和《欧洲示范民法典草案》,中国格式条款的规定可以修改如下:

第X条　格式条款的订入

(1)经营者订立合同采用格式条款的,应当以浅显易懂的语言拟定合同条款,以显著的方式提示消费者注意,并给予消费者合理期间审阅全部条款内容。提示有困难的,应该以显著方式公告该条款。

(2)经营者违反前款规定的,该格式条款不构成合同内容。

(3)格式条款依正常情形显然非消费者能够预见的,该条款不构成合同的内容,但消费者明确表示接受的除外。

第X+1条　格式条款的控制

(1)格式条款违反诚实信用和公平交易原则,明显不利于消费者的,即构成本法规定的不公平条款,其内容无效。

(2)由经营者提供的格式条款有下列情形的,推定为本法意义上的不公平条款:

(a)免除或者部分免除经营者对其所提供的商品或者服务应当承担的修理、重作、更换、退货、补足商品数量、退还货款和服务费用、赔偿损失等责任;

(b)排除或者限制消费者提出修理、更换、退货、赔偿损失

以及获得违约金和其他合理赔偿的权利;

（c）排除或者限制消费者依法投诉、举报、提起诉讼的权利;

（d）强制或者变相强制消费者购买和使用其提供的或者其指定的经营者提供的商品或者服务，对不接受其不合理条件的消费者拒绝提供相应商品或者服务，或者提高收费标准;

（e）规定经营者有权任意变更或者解除合同，限制消费者依法变更或者解除合同权利;

（f）规定经营者单方享有解释权或者最终解释权。

（3）格式条款有下列情形的，无须经过不公平判断:

（a）直接来自法律法规的规定;

（b）行政规章不违反上位法的情形下被直接纳入;

（c）合同内容明白易懂。

第 X+2 条　格式条款的效力

格式条款的内容与个别约定相抵触的，抵触部分无效。

格式条款无效，不影响合同其他部分效力的，合同其他内容仍然有效。但对当事人一方显示公平者，合同全部无效。

第 X+3 条　格式条款的解释

格式条款有疑义的，应作有利于消费者的解释。

三　侵权行为法相关制度的完善

侵权法中与消费者权益保护相关的制度主要涉及产品和服务缺陷责任和惩罚性赔偿。如前文所述，中国《侵权责任法》《产品质量法》和《消费者权益保护法》等法律已经有相关规定。但是，基于消费者运动发展的趋势和保护消费者利益的需要，这些规则仍然有待完善。

（一）产品和服务缺陷责任制度的完善

从各国立法来看，产品缺陷责任和服务缺陷责任多区别对待，并不统一责任认定标准和规则原则。但是，随着服务缺陷在实践中越来越频繁地发生，特别是专业化的服务与高技术产品一样，都会对消费者人身和财产造成严重损害。在这种情况下，传统的侵权法理论区分产品责任和服务责任的理由并不充分。本书仍然延续中国《消费者权益保护法》中产品和服务缺陷责任的"统一论"思路，将两者同等对待，从以下方面提出改进建议。

1. 适用范围的扩张。如前文所述，从《产品质量法》的规定来看，中国法律中产品的范围仅指经过加工制作，用于销售的产品，建筑工程、军工产品非本法的适用范围。显然，将不动产、未经加工制作的产品、初级农产品和畜禽水产品、未投入流通的赠与产品和试用产品等排除在外。借鉴美国和欧盟立法的规定，建立未来立法时将产品的范围进行扩张，可以规定为：产品是指除初级农产品和狩猎产品以外的通过商业渠道提供给消费者使用或消费的有形动产；其他商品，如不动产和电，当它们的销售及使用情形与有形动产足够类似而可以适用本法规定时，视为产品；服务、人类血液及人类组织器官，即使是商业性提供的，亦非本法所称的产品。该定义所考虑的因素：（1）将不动产和电在一定的范围内，纳入产品质量法的范围，可以为消费者因不动产和电的缺陷所导致的人身和财产损害提供产品责任法上的救济。当然前提条件是，其使用和销售同有形动产相类似。（2）将非销售方式的产品流通，如产品营销中的赠与和试用等纳入产品责任法的范围，为消费者提供更充分的保护。（3）将初级农产品和狩猎产品排除在产品的范围，旨在考虑到在中国，这些产品的提供者目前主要是单个的农户，与发达国家以家庭农场和专业化养殖为主体的生产者相比较，技术能力和检测能力有限，无法承担与其获益相比较的严格责任。当然，随着这些产品的专业化和规模化生产能力的提供，应该逐步将其纳入产品责任法的范围。（4）人类血液[①]和组

[①]　血液不属于产品是各国的通例，中国血液的供给采用公益性方式，属于法律明确禁止的流通物。但是经过一定加工的血液和血液制品应属于产品范畴。《侵权责任法》第59条规定"输入不合格的血液"所指的"血液"应限缩解释为血液制品，即经过消毒和抗凝保存的由原料血浆制成的产品。

织器官，即使是商业性提供的，也不应当纳入产品的范围。其所考虑的乃是这类"物"非劳动成果，且具有公益性，不适宜由提供者承担严格责任。[①] 将服务排除在产品的范围之外，是因为两者在销售及消费上的重大区别和"产品"本身内涵的限定。

对于服务的范围，《消费者权益保护法》并没有明确的界定，一般而言，只要是以营利或独立的职业活动为目的向消费者提供的某种劳务，即构成消费者法中服务的范围。依此限定的范围，则公益性的服务，如公立医院和公办学校提供的医疗和教育服务等，应当非消费者法中的服务。当然，若这些非营利性机构提供营利性服务的时候，即从事目的范围外的活动时，仍然应当将其纳入消费者法的适用范围。

2. 缺陷的认定标准。产品或服务缺陷的认定应当是就产品或服务的危险性进行个案客观判断的问题，国家标准和行业标准仅仅是保证产品或服务质量的参考性或指导性标准，并不能成为个案中产品或服务不存在缺陷的抗辩事由。对于缺陷的认定应该遵循实质标准，而非法定标准。建议未来《产品质量法》第46条修改为："本法所称缺陷，是指产品存在不合理的危险，从而违背消费者有权合理期待的安全性能。"对于服务缺陷的认定亦可参考产品缺陷的认定标准。该定义借鉴欧盟和美国司法经验，即缺陷的认定从产品或服务本身的危险性和对消费者的影响两个方面提供判断依据，是原因和结果相结合的缺陷认定标准。

3. 归责原则的统一。尽管从各国立法来看，产品责任和服务责任的归责原则是区别对待的，即经营者对产品责任承担无过错责任，而对服务责任视其情形承担过错责任或过错推定责任。但如前文所述，服务责任就其服务缺陷导致的消费者人身和财产损害，本质上与产品缺陷责任没有多大区别。在因服务缺陷导致消费者人身损害的情况下，例如医疗美容，消费者对于经营者的专业能力、知识水平和操作过程等限于自身能力并不能全面掌握。如果由消费者证明经营者的

---

① 参见〔美〕欧文《产品责任法》，中国政法大学出版社2012年版，第341页。

过错，多数情况下难以实现。鉴于此种情形，应该肯定《消费者权益保护法》第48条第1款第（一）项的做法，即商品或服务存在缺陷的，应当依照法律、法规的规定承担民事责任。但是，应当注意，法律法规另有规定的情形下，特别是针对一些专业性服务，如律师、医生、会计师等的服务，因服务缺陷导致消费者人身和财产损害的不适用无过错责任。

对于销售者的产品缺陷责任，从解释论的角度，其应该同生产者一样，承担无过错责任。其一，若销售者就产品缺陷向消费者承担的是过错侵权责任，那么相比较销售者因产品瑕疵而向消费者承担违约责任，举证责任方面显然前者对消费者更为不利，不符合责任承担的比例原则。[①] 其二，就第41条至第43条作整体解释。第43条规定的是产品的生产者和销售者的无过错责任，是消费者向生产者和销售者请求承担产品责任的规范基础，而第41条和第42条是生产者、销售者承担侵权责任之后，生产者、销售者内部责任的分担规则或者生产者、销售者的最终责任。[②] 若非如此，则第42条和第43条的规定显然自相矛盾，因为根据第43条的规定，因产品存在缺陷造成损害的，消费者有权直接向销售者主张产品侵权责任并无须以销售者过错为要件，但是第42条却以过错为要件方可要求销售者承担责任。其三，生产者无法确定或者生产者无法、无力承担产品责任时，由销售者承担产品责任有利于最大限度地保护受害人的利益和顺利进行求偿。同时，从法律适用上，销售者除可以引用《侵权责任法》第26—31条的一般抗辩事由，还可引用《产品质量法》第41条的特别抗辩事由，以免销售者不公平地承担严重于生产者的责任。当然，根本的解决办法，还是未来修改法律时，统一《侵权责任法》《产品质量法》第41

---

① 参见高圣平《产品责任归责原则研究——以〈侵权责任法〉第41条、第42条和第43条为分析对象》，《法学杂志》2010年第6期。

② 参见杨立新《〈中华人民共和国侵权责任法〉条文释解与司法适用》，人民法院出版社2010年版，第254、277页；王利明主编《中华人民共和国侵权责任法释义》，中国法制出版社2010年版，第212页。

条至第 43 条的规定，和《消费者权益保护法》第 40 条、第 48 条的规定，即删除第 41 条和第 42 条的规定仅保留第 43 条的规定，明确销售者可依《产品质量法》第 41 条的规定免除责任。

4. 损害范围的确定。从各国通例来看，产品责任或服务责任限于因产品或服务的"缺陷"而引起的侵权责任。产品或服务本身的缺陷，不属于侵权损害赔偿的范围。因为导致生产者或销售者提供的产品或服务本身缺陷（或损失）的直接原因，并非经营者的侵权行为，而是违反生产者或销售者与消费者之间的约定或法律的规定的违约行为。虽然《侵权责任法》第 41 条从解释上包括产品缺陷本身，可以使得消费者从生产商那里就全部损害便捷获得赔偿，而不必依据《合同法》第 122 条进行请求权竞合使得产品或服务本身的损害与除此之外的损害顾此失彼，但是就法理逻辑而言难言妥当。未来立法，妥善的做法是改变《合同法》第 122 条请求权竞合的模式，而采纳请求权规范基础竞合的模式，消费者在同一诉讼中就其产品或服务缺陷本身的损害和由其导致的损害可以一并向销售者或者生产者提出。对于纯粹经济损失赔偿的问题，考虑到纯粹经济损失个案赔偿数额可能过大，超过预期，原告数量可能较为庞大，且纯粹经济利益本身难以查知，对纯粹经济利益进行全面保护，将会给尊重该利益的行为人施加过重负担。[1] 有鉴于此，对于纯粹经济损失的赔偿，可以基于产品缺陷和纯粹经济损失之间的因果关系的相当性和可预见性，在特定的情形下给予赔偿。[2]

5. 责任主体的范围。中国法律将产品的生产者和销售者都纳入产品责任主体的范围，但是对于"进口商"是纳入生产者，还是销售者并没有明确规定。而且鉴于目前《侵权责任法》第 42 条和第 43 条的矛盾，若进口商解释为第 42 条所称的销售者，则明显不利于消费者的保护。从解释论的角度，借鉴各国立法通例，应将产品的进口

---

① 参见海尔穆特·库齐奥《欧盟纯粹经济损失赔偿研究》，朱岩、张玉东译，《北大法律评论》2009 年第 1 期。

② 参见王利明《论产品责任中的损害概念》，《法学》2011 年第 2 期。

商视为生产者，亦承担无过错责任。当然，若未来立法修改统一销售者和生产者的归责原则，则进口商究属生产者或销售者并无不同。

总体上，由于产品责任和服务责任领域，多部法律的存在，理论纷争和司法实践中同案不同判导致法律的确定性和裁判的权威性大受影响。解释论可以为实现法律适用的统一化提供方法论上的指引，但是唯有修法而消除法律之间的混乱才是治本之策。在未来民法典制定之际，应当在民法典中对产品责任和服务责任的归责原则进行统一，将《产品质量法》中的产品责任规范移入民法典之中。

（二）惩罚性赔偿制度的修正

同中国台湾地区"消费者保护法"相同，惩罚性赔偿在中国消费者权益保护法中是较为有特色的制度。然而，尽管学理上部分学者倡议赋予侵权法预防和惩罚的功能，引进惩罚性赔偿，但是大陆法系国家基于民事和刑事责任的区分，在立法层面多不承认惩罚性赔偿。我国立法在私人损害赔偿中引进惩罚性制度，但是并非完全"美国式"的惩罚性赔偿，而是改造后的"惩罚性赔偿"。未来我国惩罚性赔偿制度应该重新进行定位，并且就惩罚性赔偿的构成要件、金额认定和责任竞合等进行完善。

1. 惩罚性赔偿制度的定位。基于惩罚性赔偿制度的功能在于维护消费者公益，是以惩罚和遏制为目的而进行的私人惩罚。若要真正实现惩罚性赔偿制度的目的和威慑功能，应该在私人公诉或者公益诉讼制度中完全引入美国式的惩罚性赔偿制度。对于恶意生产和销售缺陷产品的经营者和服务的提供者不限定赔偿数额，根据其主观恶意剥夺经营所得，并将其纳入公共赔偿基金。但就目前立法而言，从解释论的角度，这种"惩罚性赔偿金"更应该将其视为加重的损害赔偿金，并基于此定位科学构建我国的损害赔偿制度，即补偿性赔偿金为基础，加重损害赔偿金为补充。同时，应对《食品安全法》《侵权责任法》《消费者权益保护法》和《旅游法》及《商品房买卖合同司法解释》中的"惩罚性赔偿金"统一构成要件、赔偿金数额。

2. 加重赔偿金的构成要件。加重赔偿金的构成要件应该遵循补偿性赔偿金的一般构成要件，即应该以实际损害的存在为基础，强调损害之主观恶意，即故意，是"行为人对于构成侵权行为（或违约）之事实，明知并有意使其发生；或预见其发生，而其发生并不违背其本意者是"①。或者说，加重赔偿金的苛加重要的是判断其造成损害的故意之心理状态。《消费者权益保护法》第55条所谓的"欺诈"亦可包括在内。

3. 加重赔偿金数额的认定。对于加重赔偿金的数额的认定，不应该限定比例，而应该由法官根据个案中经营者不法行为的非难程度、造成消费者损害的严重程度、经营者的财务状况（大企业或小商人）以及遭受其他处罚的可能性等因素进行综合认定。具体数额以不超过损害额的三倍进行认定。

4. 加重赔偿金责任竞合问题。如前文所述，《消费者权益保护法》第55条对于区分欺诈和明知有缺陷两种情形，而采用不同的构成要件的做法，实际上徒增法律适用的烦琐。较好的做法是，统一增加赔偿的构成要件和数额认定标准。对于已经承担行政和刑事责任中的金钱处罚，又构成加重赔偿金责任的，应该考虑减轻加重赔偿金的数额。

以中国台湾地区"消费者保护法"第51条的规定为参考，建议《消费者权益保护法》第55条的规定修改如下：

> 因经营者恶意不法行为导致消费者人身和财产严重损害的，消费者有权请求增加损害赔偿的金额，增加赔偿的金额以损害额三倍为限，但当事人约定或者经营者承诺高于该金额的除外。
>
> 增加损害赔偿金的数额应参考经营者不法行为的非难程度、造成消费者损害的严重程度、经营者的财务状况以及遭受其他处罚的可能性等因素综合判定。

---

① 郑玉波著，陈荣隆修订：《民法债编总论》，中国政法大学出版社2004年版，第139页。

第三节　消费者私法的立法技术之革新

消费者私法是现代民法的有机组成部分，这决定了未来消费者私法的立法应当在民事立法科学化和体系化的框架下完成。在民法典制定的过程中，应当将那些比较成熟和完善的消费者私法规范纳入民法典之中。同时，对于不宜纳入民法典中的消费者私法规范，可以通过特别法的方式进行部分体系化，待其成熟后逐步植入民法典之中。可以说，民法典的制定过程，也是包括消费者私法在内的民事特别法逐步纳入民法体系和法典化的过程。当然，此过程并非一帆风顺的，需要经过扎实的理论准备、精心的规划和制度设计，在现实与理想之间找到适合中国消费者私法科学化立法的路径。

一　消费者私法的基本结构和体系

消费者私法的结构和体系是由消费者私法具体制度和规则构成的各种脉络关联。基于民法中的相关制度已经较为成熟，事实上只需要考察消费者保护的特殊规范并且将其植入民法的现有体系之中即可。以现行民法的体系和结构为基础，消费者私法的基本制度由法律行为制度、消费者合同制度和消费者安全制度三部分构成，以保障消费者的安全权和选择权为核心，以实现消费者的知情权、撤回权、撤销权和索赔权为目标。

1. 消费者私法总论。主要是界定消费者和经营者的内涵，通过明确的法律定义，清楚区分消费者和经营者之间的法律行为和普遍法律行为，为消费者特别保护提供问题情境。同时，基于消费者合同中的特殊合意瑕疵问题，如劝诱和压迫导致的意思表示瑕疵，扩张和发展传统意思表示理论和法律行为制度，应当说更能适应消费者特殊保护的需要。在未来民法典制度的过程中，这些规定可以植入民法典的总则之中。

2. 消费者合同法。在消费者合同法总则，针对消费者利益侵害的问题，即信息不对称和谈判能力不对等，消费者法的规制主要就体现在合同缔结和履行的三个阶段，即合同缔结前的接触阶段、合同缔约和订立阶段以及合同履行和救济阶段。其中前两个阶段是消费者合同法重点规制的领域，体现为缔约前的强制经营者披露信息的告知义务和对不正当商业行为如误导和强迫消费的规制，以及通过缔约过失责任、消费者撤销权和撤回权等进行救济。在合同缔结过程中，则体现于格式条款的订入和内容的规制，以及特殊交易形态，如上门交易、异地交易、电子商务等的规制。除这些消费者合同法的共通性规则外，在分则典型的消费者合同中，例如公共服务合同、消费品买卖合同、租赁合同、旅游合同、分时度假合同、消费借贷合同、保证合同、居间合同等，尚存在针对该类消费者合同的特殊规定，其主要针对经营者的特殊告知义务、撤回权等做出详细规定。

总体上，消费者合同法中，这些针对消费者的特殊制度设计，主要是围绕着实现消费者的消费自由和公正展开，通过消费者知情权的保障来为消费者选择权的实现提供基础条件，而消费者的撤回权、撤销权和索赔权等都是围绕消费者选择权和知情权的实现提供救济。当然，这些制度设计的目标，亦在通过确保合同内容的正常履行，使消费者能够获得符合其意愿并且质量有保障的商品和服务，避免消费者在消费过程中财产和人身安全受到侵害。在民法典中，可以将相应的内容分别植入合同法的总则和分则之中，形成一般合同和消费者合同在民法典中并存规定的局面。

3. 消费者安全法。其主要体现在侵权法中对于消费者有关的产品和服务缺陷责任做出有别一般侵权责任的特殊规定，主要针对消费者特殊保护的需要在责任构成要件、免责事由和举证责任分配等做出特殊规定。这些规定充分体现出消费者私法对于消费者人身和财产安全的特别制度安排，是消费者安全权得以实现的重要保证。这些规定在我国侵权责任法中已经部分得到体现，在民法典中可以将这些规定进一步梳理和整合。

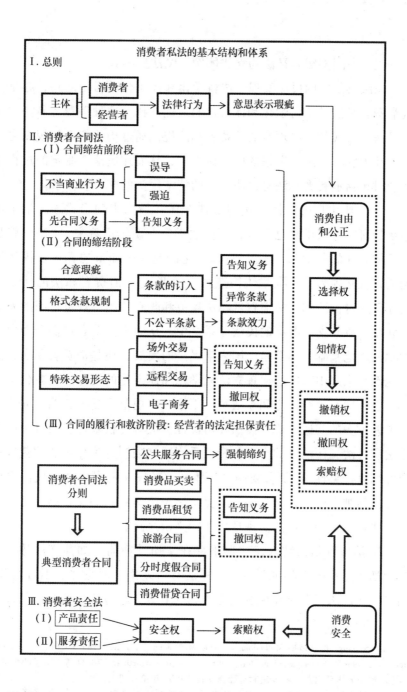

消费者私法的基本结构和体系

I.总则

主体 ── 消费者／经营者 → 法律行为 → 意思表示瑕疵

II.消费者合同法

（I）合同缔结前阶段

不当商业行为 ── 误导／强迫

先合同义务 → 告知义务

（II）合同的缔结阶段

合意瑕疵

格式条款规制 ── 条款的订入 ── 告知义务／异常条款

不公平条款 → 条款效力

特殊交易形态 ── 场外交易／远程交易／电子商务　告知义务／撤回权

（III）合同的履行和救济阶段：经营者的法定担保责任

消费者合同法分则 → 典型消费者合同

公共服务合同 → 强制缔约

消费品买卖／消费品租赁／旅游合同／分时度假合同／消费借贷合同　告知义务／撤回权

III.消费者安全法

（I）产品责任
（II）服务责任 → 安全权 → 索赔权

消费自由和公正 ⇩ 选择权 ⇩ 知情权 ⇩ 撤销权／撤回权／索赔权

消费安全

二 中国消费者私法的立法体例：民法典模式

民法典是中国民法实现立法科学化和体系化的必由之路，亦是实现消费者私法立法科学化和体系化的最优选择。这种消费者私法立法的民法典模式就是将现有的消费者私法规范通过构造概念和规则之间的内在关联将其纳入未来的民法典之中，从而在民法典制定的过程中实现对包括消费者私法等民法典外的特定民法的整合和体系化。

1. 法典化是民法体系化的最佳选择和最高表现形式。法学中体系化的研究方法由来已久，在德国法学巨擘萨维尼看来，"法学就是一门体系性的科学"，"法学的体系化研究……如果想真正发挥作用的话，就必须为一个统一体构造内在关联"。① 消费者私法的体系化就在于通过构造和寻找消费者私法规范和既有的民事规范之间的差异和联系，将其纳入既有的民法体系之中，从而为消费者提供全面保护的私法规范基础。不管是中国未来民法的发展，还是消费者私法，法典化都是未来中国民法实现立法科学化和体系化的目标。法典化不仅可以消除现有单行法之间立法精神不统一、规范重复和遗漏、立法技术参差不齐的问题，确立民法在市民社会应有的权威性，而且可以便于法官寻法，使法官的自由裁量权受到适度限制，确保司法的裁判一致性和可预见性。② 更重要的是，体系化的民法典可以使得民法自由平等之精神在中国社会扎根，使得中国民法达到新的文化高度。可以说，法典化是中国民法实现现代化的必由之路。

2. 消费者私法纳入民法典不存在实质性障碍。如前文所述，消费者私法尽管价值取向上与传统民法有所差别，但是并非不可调和。因为现代民法无非是在传统民法的基础上进行的适应性变革而已，并

---

① Savigny: Juristische Methodologie, Aldo Mazzaacane, Friedrich von Savignys Vorlesungen über Juristische Methodologie, Frankfurt: Vittorio Klostermann, 2004. 转引自杨代雄《萨维尼法学方法论中的体系化方法》，《法制与社会发展》2006 年第 6 期。

② 参见李开国《法典化：中国民法发展的必由之路》，《重庆大学学报》（社会科学版）1997 年第 4 期。

没有本质的差别。通过恰当的立法技术和体系整合，完全可以将消费者私法的规则纳入现行民法之中。学者所批评的德国债法现代化方案整合消费者私法的"败笔"是"后起"国家通过自身努力和智识完全可以避免的。单行法的模式虽然便宜立法，但是终究不符合民法体系化的要求和现代民法的发展趋势。从某种程度上讲，中国民法的体系化就是民法的法典化，是制定一部"体例科学、结构严谨、内部协调、规范全面"的具有中国特色的民法典①。这样一部民法典，如果缺失消费者私法的部分，那么民法典实际有效的部分就只剩下商人之间的规范和家庭法，民法典作为市民社会基本法的地位将名不符实。

总之，通过民法典的制定和消费者私法的法典化，在兼顾民法典的稳定性和妥当性的前提下将消费者私法纳入民法典之中，从而将消费者私法和其他民法规范融合为统一的整体，消除消费者私法和其他民事法律规范之间的重复和冲突，是实现中国民事立法和消费私法立法科学化的最优选择。

三 消费者私法纳入民法典的考量因素

消费者私法纳入未来民法典是实现中国民事立法科学化的最佳选择，但是要实现法典化的目标仍然有诸多因素需要考量。这些因素不仅涉及民法典制定的政治因素，而且涉及民法典与特别法之间的关系协调，以及法律规范的配置等技术性问题。

1. 民法典制定的政治因素。纵观各国民法典的制定，政治家的适时决断对于民法典的启动扮演着至关重要的作用。在近代民族国家民法典的制定中，政治使命，如实现民族国家之统一，都是民法典制定的主要动因。"人类历史上重要的法典编纂工作或者是强有力的政治统治者组织推动的结果，或者是政权统一后作为巩固统一政权的必要步骤。每一部重要民法典的产生，都是特定历史事件和社会背景的产物，它以强有力的集中统一的政治权力的存在为前提条件；正是强

---

① 参见王利明《民法典体系研究》，中国人民大学出版社 2008 年版，序言第 5 页。

有力的政治权力，才使得统一法律和司法的目标得以实现。"① 在民法典制定的政治决策背后，无疑渗透着立法者或者政治家的某种对民法典社会和政治功能的期待。在中国社会和经济转型的时期，民法典的制定更需要相对稳定和开明的政治环境。因为民法典所宣示的自由平等的价值观需要基于国家权力的自我限制和政治家对社会自治的容忍。对于消费者私法纳入民法典而言，其更加体现出国家对消费者保护的社会政策导向，即通过赋予消费者权利和以私法的方式来化解消费者和经营者之间的结构性失衡问题，还是通过无微不至的国家权力之手来进行保护，实际上亦是政治决策的结果。

2. 民法典和特别民法的关系。在未来民法典制定中，应当将属于民法典内容的单行法纳入民法典之中，对大量不能纳入民法典的单行法，则必须注重协调其与民法典的关系，即以法典为中心，以民事单行法为补充，构建一个完整的民事立法体系。② 就消费者私法而言，其仍然是不断发展的民法分支。在民法典制定的过程中，固然可以通过法典化的形式，将那些经过司法实践检验的和趋于成熟的民法规范纳入民法典之中。但是，那些适应特殊形势需要而制定的和暂时无法融入民法典体系的消费者私法则仍然需要以单行法的方式独立于民法典之外。而作为消费者私法一般原理的那些制度，如消费者和经营者的定义、消费者合同中的错误法、撤回权、格式合同、缔约中的告知义务、产品和服务缺陷责任等，以及特殊的消费者合同等都应该植入民法典的适当位置，作为保护消费者权利的普遍性规则。

3. 消费者私法的规范配置。基于强制性规范、半强制性规范、单方授权性规范和任意性规范各自不同的功能和价值导向，消费者私法中一方面应该为消费者保护设置底线性规范，另一方面则应该赋予消费者一定的自由决策空间。在规范配置中，应当尽量减少强制性规范的数量，以免过分干预交易和消费者的自主决策，例如，在撤回权

---

① 高富平：《民法法典化的历史回顾》，《华东政法学院学报》1999 年第 2 期。
② 参见王利明《论法典中心主义与我国民事立法的体系化》，《云南大学学报》（法学版）2009 年第 2 期。

的期限和加重性赔偿的金额问题上，如果当事人约定或者经营者单方承诺超过该期限的，应该认定为有效。也就是说，如果消费者合同中的个别事项，通过赋予消费者权利即可实现与经营者之间谈判地位的平等，则消费者自可自主决定是否行使权利。消费者私法中，多数情况下，法律只需要规定经营者最低限度的义务或者要求。但是，如果经营者愿意对消费者负担更重的有利于消费者利益的义务，则法律更应该鼓励。消费者私法中的规范配置，更多地应该以半强制性规范和单方授权性规范为主。如此，既可以使消费者权利得到最低程度的保障，亦可以培养消费者的消费自主意识和理性消费意识。

总之，消费者私法体系化的最优选择就是通过建立消费者私法与民法在概念和规则上的内在关联将其纳入民法典的适当位置。但是，消费者私法法典化目标的实现并非一蹴而就的立法工程，而是经由体系化的方法，辅以科学的立法技术，充分考虑民法典和特别法的关系，以及规范的合理配置，在此基础上进行的科学化立法过程。

四　消费者私法纳入民法典的路径

由于消费者私法形成规模乃 20 世纪后半叶之事，并且深受社会法的影响，概念和规则，甚至理念与普通民法存在诸多差异。结果是，大量消费者私法多以特别法的形式游离于民法典之外。如果要避免德国式的消费者私法整合中为人所诟病之处，就需要更多理论和智识上的准备。固然消费者私法植入民法典是最理想的方案，但是所面临的困难也促使本文采取现实主义的态度，即先行制定单行法，待民法典制定时将其植入合适的位置。

首先，制定急需的消费者私法单行法以迅速弥补消费者私法保护的漏洞。鉴于民法典的制定非一朝一夕即可完成的事业，不可能坐等民法典制定时再将消费者私法纳入其中。可行的办法就是，适用现代社会科技高速发展的信息社会的特征，先行制定一批消费者私法的单行法。例如，先行制定《消费者合同法》，将包括消费者合同意思表示瑕疵、格式条款、告知义务、特殊形态的交易如上门交易、异地交易、电子商务等，以及典型的消费者合同，公共服务合同、消费品买卖合同、租赁合同、旅游合同、分时度假合同、消费借贷合同、保证合同、居间合同等，在该法中予以规定。具体的规则和体系可以借鉴《意大利消费者法》和《日本消费者合同法》等。当然，中国《消费者合同法》的制定应当结合消费者保护的实践经验，平衡消费者和经营者之间的利益关系，并且要考虑到相关规则与未来民法典之间的协调，精心拟定相关条文。也就是说，即使消费者私法单行法的制定，亦应当进行立法规划，将其视为民法典制定过程的必要组成部分。具体规则应当参详民法典的体系，以模块化的方式制定，便于将来顺利纳入民法典之中。

其次，在民法典制定过程中，适时地将单行法植入民法典的适当位置。尽管消费者私法植入民法典不存在理念和制度上的障碍，但是作为普通民法的民法典将特别适用于消费者的私法规范纳入民法典时仍然存在技术上的障碍。普通民法是普遍适用的规则，不仅适用于消费者与经营者之间的交易，而且适用经营者之间和消费者之间的交易。将仅适用于消费者与经营者之间的交易规则纳入民法典时，将面临协调一般规则和特别规则的立法技术问题。例如，作为一般规则的合意瑕疵规则和消费者合同合意瑕疵规则之间的概念界定，作为一般规则的格式条款规则与消费者合同中格式条款规则之间的区分，一般性的信息提供义务和针对消费者的特别信息提供义务等。事实上，这些技术性问题本质上是对消费关系中消费者和经营者之间劣势地位的判断或者结构性失衡的认定问题。因此，如何能够科学合理地依循一定的规则对这些情境加以识别，关涉消费者和经营者之间利益冲突的公正处理。尽管《德国民法典》已经提供先行的立法经验，但事实上正是由于其仓促修法和机械地将消费者私法的内容照搬入民法典，导致消费者私法与现有规则之间不相协调，被学者所批评。可以说，德国债法现代化中消费者私法的融入方案和立法技术并不能为中国民法典制定中消费者私法的植入提供较为成熟的范式。在这种情况下，民法典制定过程中需要科学规划和设计，如本书第四章第一节，将消费者私法有机地融入民法典的法律行为、合同法和侵权法等章节。

总之，民法典的制定是一项系统而庞大的立法工程，将消费者私法纳入民法典是实现消费者私法立法科学化和体系化的最终目标，需要立法者在制定民法典的过程中将消费者私法纳入立法规划和实施方案中。当然，在民法典出台前，可以采取制订消费者特别法的方案，即现实主义的路径，将纳入民法典中的消费者私法先行制定和实施，以便为民法典制订提供较为成熟的消费者私法规范方案。可以说，民法典的制定过程实为充分调动学者智识，整合既有法律资源，梳理立法得失和司法经验的系统化的社会工程。

结　　论

一　观点总结

　　面对经营者的不当商业行为和经济力量的滥用进行有组织的斗争和立法诉求，已经成为现代消费者运动的基本趋向。在传统大陆法系国家，多采用民法典债法的修改将消费者保护的规定纳入其中，以此来回应消费者保护运动的诉求，这已经成为现代民法发展的潮流。为回应中国消费者运动对于消费者保护的诉求，中国民法应当将消费者保护的理念贯穿在其制度设计之中，采用妥当的立法技术将那些达成共识的消费者保护的一般性规则植入民法典。

　　1. 民法是市民社会的基本法，中国民法应当适应深化市场经济改革的需要，回应消费者运动和现实生活的要求，将消费者保护植入民法典的理念之中。

　　在消费者运动的影响下，消费者保护已经进入民法和民法典的视野。例如，德国债法现代化法已经将消费者保护的一般性规则植入民法典之中，而正在修改的日本债法以及其他大陆法系国家的民法典修订过程中，消费者保护已经成为民法典修正的基本理由。改革开放三十多年来，中国民法所赖以生长的经济和社会基础都已经发生重大变革，经济体制逐步从计划经济走向成熟的市场经济。伴随着中国社会快速的工业化和城市化，原有的乡村社会正在逐步走向解体，消费者形象成为市民生活的常态。中国民法必须以回应市民社会的现实生活为导向，以现代民法的自由和平等思想引导民法制度的革新，将保护消费者在内的弱势群体的利益视为民法的当然使命。

2. 中国民法和民法典中应当改造传统债法，科学构建消费者合同法律制度，实现侵权法中产品和服务缺陷责任的统一，改革惩罚性赔偿制度，以民法规制来矫正消费过程中的结构性失衡问题，回应消费者运动的基本诉求。

消费者运动亦称消费者保护运动，就是要对消费关系的整个缔约过程和消费品缺陷问题进行立法规制。在消费者合同领域，针对消费者和经营者之间的商品和服务的交易过程，现代民法在合意瑕疵理论、信息提供义务的法定化和格式条款的私法规制等制度中，通过科学合理地配置有利于消费者的规则，从信息不对称和经济实力不对称两个方面矫正消费过程中的结构性失衡问题。在侵权法领域，现代民法主要针对消费者的安全保障，将无过错责任扩张至产品缺陷责任和服务缺陷责任领域，在部分国家和地区甚至借鉴英、美等国家的惩罚性赔偿制度解决消费者求偿权中的弱势地位。中国民法应当借鉴发达国家的立法经验，特别是欧洲民法典草案的内容，针对我国消费者问题突出的领域，回应消费者保护的社会要求，在民法制度变革的过程中结合民法典的制定，不断充实和完善相关法律规则。

3. 制定一部 21 世纪的符合中国国情的市民社会的民法典是中国民法典编纂的历史使命，将消费者私法纳入民法典符合现代民法发展的潮流，也是适应中国社会消费者运动需要的实用理性的产物。

消费者私法是以保护消费者利益为目的的民法分支。在现代民法体系中，消费者私法已经初具规模和体系特征，这是消费者私法纳入民法典或由特别法上升到一般法的坚实基础。但是，有别于传统民法规范的配置，消费者私法中更多体现为具有一定强制性的半强制性规范和单方授权性规范。消费者私法采用民法典模式是消费者私法体系化的最终目标，但是限于理论准备不足和缺乏成功的立法体例，各国多采用现实主义的做法，先行制定单行的消费者私法。随着市场化改革的稳步推进，民法典的编纂已经成为重大的政治决策。将消费者私法纳入民法典之中，符合民法体系化和实用理性的追求。当然，消费者私法纳入民法典可以采用现实主义的路径，即先行制定单行法，待民法典制定时将其植入合适的位置。

二　创新之处

以消费者运动的起源与变迁为视角，将消费者问题的解决置于传统民法和现代民法所赖以生成的社会经济基础，以历史分析的方法来阐释现代民法解决消费者问题的法哲学基础，重新解读现代民法的基本理念，深化了现代民法消费者保护的思想基础。

在消费者私法的具体制度完善方面，针对消费者立法中的疏漏和不足，提出了部分立法建议和条文设计方案。

深入分析现代民法中消费者私法制度的功能和价值，以比较的方法对消费者私法的制度进行体系化的梳理，初步构建了消费者私法的体系。

将消费者私法与中国民法典的制定相结合，探讨了中国民法变革过程中的消费者私法的立法障碍和立法体例，提出了将消费者私法一般性规定植入民法典的观点。

三　不足之处

消费者私法内容庞杂，难以做到系统而深刻地阐述和分析，特别是仅适用于部分消费者合同的特殊规则，如强制缔约义务；具体类型的消费者合同中的特殊规则，如告知义务在远程合同、上门交易、贷款合同中的特别规则等，为本书的体系性和结论的一般性考虑，都被简约化处理。由此造成在消费者私法和民法典关系的处理上，一般规则和特别规则如何衔接，缺乏具体而明晰的参考范本，显得本书结论的说服力度略显不足。

尽管已经注意到中国消费者私法在司法实践中的问题，并且在对相关制度进行检讨时针对裁判中的问题有意识地运用了法教义学的方法进行分析，但是由于能力和精力所限，未能系统性地采用实证研究的方法对制度运行的实效进行全样本分析，由此造成对消费者合同类型化梳理的深度不够。

参考文献

一 中文文献

（一）中文著作

[1] 金福海：《消费者法论》，北京大学出版社 2005 年版。

[2] 张严方：《消费者保护法研究》，法律出版社 2003 年版。

[3] 李昌麒、许明月编：《消费者保护法》，法律出版社 2012 年版。

[4] 钱玉文：《消费者权利变迁的实证研究》，法律出版社 2011 年版。

[5] 吴景明、雅客主编：《我国新消费形式下消费者权益保护法律问题研究》，中国法制出版社 2013 年版。

[6] 崔吉子：《东亚消费者合同法比较研究》，北京大学出版社 2013 年版。

[7] 苏号朋：《格式合同条款研究》，中国人民大学出版社 2004 年版。

[8] 张建军：《格式合同的司法规制研究》，中国政法大学出版社 2014 年版。

[9] 刘静：《产品责任论》，中国政法大学出版社 2000 年版。

[10] 金福海：《惩罚性赔偿制度研究》，法律出版社 2008 年版。

[11] 卢谌、杜景林：《德国民法典债法总则评注》，中国方正出版社

2007 年版。

[12] 杜景林、卢谌:《德国新债法研究》,中国政法大学出版社 2004 年版。

[13] 杜景林、卢湛:《德国债法改革:德国民法典的最新进展》,法律出版社 2003 年版。

[14] 朱岩编译:《德国新债法条文及官方解释》,法律出版社 2003 年版。

[15] 杜景林、卢谌:《德国民法典评注总则、债法、物权》,法律出版社 2011 年版。

[16] 吴景明:《消费者权益保护法》,中国政法大学出版社 2007 年版。

[17] 全国人大常委会法制工作委员会民法室编:《消费者权益保护法立法背景与观点全集》,法律出版社 2013 年版。

[18] 梁慧星:《民法总论》,法律出版社 2007 年版。

[19] 李中原:《欧陆民法传统的历史解读以罗马法与自然法的演进为主线》,法律出版社 2009 年版。

[20] 何勤华:《西方法学史》,中国政法大学出版社 2000 年版。

[21] 尹田:《法国物权法》,法律出版社 1998 年版。

[22] 谢怀栻:《外国民商法精要》,法律出版社 2002 年版。

[23] 朱晓喆:《近代欧陆民法思想史十六至十九世纪》,清华大学出版社 2010 年版。

[24] 张文显:《二十世纪西方法哲学思潮研究》,法律出版社 1996 年版。

[25] 王泽鉴:《债法原理》第 2 版,北京大学出版社 2013 年版。

[26] 黄宗智:《中国的隐性农业革命》,法律出版社 2010 年版。

[27] 陈启杰、曹泽洲、孟慧霞等:《中国后工业社会消费结构研究》,上海财经大学出版社 2011 年版。

[28] 李适时编:《中华人民共和国消费者权益保护法释义最新修正版》,法律出版社 2013 年版。

［29］ 王利明：《民法总则研究》，中国人民大学出版社 2003 年版。

［30］ 郑玉波：《民法总则》，中国政法大学出版社 2003 年版。

［31］ 王利明：《人格权法研究》，中国人民大学出版社 2005 年版。

［32］ 朱庆育：《民法总论》，北京大学出版社 2013 年版。

［33］ 顾祝轩：《民法概念史总则》，法律出版社 2014 年版。

［34］ 王泽鉴：《民法概要》，北京大学出版社 2009 年版。

［35］ 韩世远：《合同法总论》，法律出版社 2011 年版。

［36］ 史尚宽：《债法总论》，中国政法大学出版社 2000 年版。

［37］ 尹田：《法国现代合同法契约自由与社会公正的冲突与平衡》，法律出版社 2009 年版。

［38］ 王泽鉴：《民法学说与判例研究》（第 1 册），北京大学出版社 2009 年版。

［39］ 王泽鉴：《民法学说与判例研究》（第 4 册），北京大学出版社 2009 年版。

［40］ 王泽鉴：《民法学说与判例研究》（第 7 册），北京大学出版社 2009 年版。

［41］ 王泽鉴：《民法学说与判例研究》（第 8 册），北京大学出版社 2009 年版。

［42］ 应飞虎：《信息、权利与交易安全：消费者保护研究》，北京大学出版社 2008 年版。

［43］ 苏号朋：《格式合同条款研究》，中国人民大学出版社 2004 年版。

［44］ 王泽鉴：《侵权行为法》，北京大学出版社 2009 年版。

［45］ 邱聪智：《民法研究》（一），中国人民大学出版社 2002 年版。

［46］ 王卫国：《过错责任原则：第三次勃兴》，中国法制出版社 2000 年版。

［47］ 王利明：《侵权责任法研究下》，中国人民大学出版社 2011 年版。

［48］ 王胜明：《中华人民共和国侵权责任法解读》，中国法制出版社

2010 年版。

[49] 许传玺:《美国产品责任制度研究》,法律出版社 2013 年版。

[50] 何山主编:《〈中华人民共和国消费者权益保护法〉释义及实用指南》,中国民主法制出版社 2013 年版。

[51] 詹森林:《民事法理与判决研究(四)》,元照出版社 2006 年版。

[52] 全国人大常委会法制工作委员会民法室、贾东明主编:《中华人民共和国消费者权益保护法解读》,中国法制出版社 2013 年版。

[53] 陈聪富:《侵权归责原则与损害赔偿》,北京大学出版社 2005 年版。

[54] 曾世雄:《损害赔偿法原理》,中国政法大学出版社 2001 年版。

[55] 王全兴:《经济法基础理论专题研究》,中国检察出版社 2002 年版。

[56] 董保华等:《社会法原论》,中国政法大学出版社 2001 年版。

[57] 苏永钦:《走入新世纪的私法自治》,中国政法大学出版社 2002 年版。

[58] 陈自强:《民法讲义 Ⅱ——契约之内容与消灭》,法律出版社 2004 年版。

[59] 韩忠谟:《法学绪论》,中国政法大学出版社 2002 年版。

[60] 王泽鉴:《民法总则》(增订版),中国政法大学出版社 2001 年版。

[61] 李永军:《合同法》,法律出版社 2004 年版。

[62] 邱聪智:《民法研究(一)》,中国人民大学出版社 2002 年版。

[63] 曾世雄:《民法总则之现在与未来》,中国政法大学出版社 2001 年版。

[64] 耿林:《强制规范与合同效力:以合同法第 52 条第 5 项为中心》,中国民主法制出版社 2009 年版。

[65] 苏永钦:《走入新世纪的私法自治》,中国政法大学出版社 2002

年版。

[66] 苏永钦：《民事立法与公私法的接轨》，北京大学出版社 2005
年版。

[67] 王利明：《法学方法论》，中国人民大学出版社 2012 年版。

[68] 苏永钦：《私法自治中的经济理性》，中国人民大学出版社 2004
年版。

[69] 史尚宽：《民法总论》，中国政法大学出版社 2000 年版。

[70] 朱淑丽：《欧盟民法法典化研究》，上海人民出版社 2013 年版。

[71] 徐国栋：《人性论与市民法》，法律出版社 2006 年版。

[72] 范忠信：《中西法文化的暗合与差异》，中国政法大学出版社
2001 年版。

[73] 黄宗智：《过去和现在：中国民事法律实践的探索》，法律出版
社 2009 年版。

[74] 黎淑慧：《消费者权利消费者保护法》，扬智文化事业股份有限
公司 2003 年版。

[75] 谢怀拭：《大陆法国家民法典研究》，中国法制出版社 2005
年版。

[76] 王利明：《民法典体系研究》，中国人民大学出版社 2008 年版。

[77] 郑玉波著，陈荣隆修订：《民法债编总论》，中国政法大学出版
社 2004 年版。

（二）中文译著

[1]［日］我妻荣：《新订民法总则》，于敏译，中国政法大学出版社
2008 年版。

[2]［德］齐默曼：《德国新债法历史与比较的视角》，法律出版社
2012 年版。

[3]［德］马克思：《〈政治经济学批判〉导言》，《马克思恩格斯选
集》（第 2 卷），人民出版社 1972 年版。

[4]［德］恩格斯：《家庭、私有制和国家的起源》，《马克思恩格斯

选集》（第 4 卷），人民出版社 1972 年版。

［5］［德］乌尔里希·贝克：《风险社会》，译林出版社 2004 年版。

［6］龙宗智、［德］Rudolf Steinberg 主编：《欧盟债法条例与指令全集》，吴越等译，法律出版社 2004 年版。

［7］［德］马克思、恩格斯：《马克思恩格斯全集》（第 6 卷），人民出版社 1961 年版。

［8］［德］K. 茨威格特、H. 克茨：《比较法总论》，潘汉典等译，法律出版社 2003 年版。

［9］［英］E. E. 里奇、［英］C. H. 威尔逊主编：《剑桥欧洲经济史（第 5 卷）：近代早期的欧洲经济组织》，高德步等译，经济科学出版社 2002 年版。

［10］［美］罗斯科·庞德：《法理学》（第一卷），邓正来译，中国政法大学出版社 2004 年版。

［11］［日］大木雅夫：《比较法》，范愉译，法律出版社 1999 年版。

［12］［美］哈罗德·J. 伯尔曼：《法律与革命》（第 2 卷）中文修订版，袁瑜琤、苗文龙译，法律出版社 2008 年版。

［13］［德］弗朗茨·维亚克尔：《近代私法史　上》，陈爱娥、黄建辉译，上海三联书店 2006 年版。

［14］［德］弗朗茨·维亚克尔：《近代私法史　下》，陈爱娥、黄建辉译，上海三联书店 2006 年版。

［15］［英］韦恩·莫里森：《法理学从古希腊到后现代》，李桂林等译，武汉大学出版社 2003 年版。

［16］［德］弗里德里希·卡尔·冯·萨维尼：《论立法与法学的当代使命》，许章润译，中国法制出版社 2001 年版。

［17］［德］罗尔夫·克尼佩尔：《法律与历史论〈德国民法典〉的形成与变迁》，朱岩译，法律出版社 2003 年版。

［18］［英］洛克：《政府论下篇：论政府的真正起源、范围和目的》，叶启芳、瞿菊农译，商务印书馆 1964 年版。

［19］［德］迪特尔·施瓦布：《民法导论》，郑冲译，法律出版社

2006 年版。

［20］〔德〕拉德布鲁赫：《法学导论》，中国大百科全书出版社 2003
年版。

［21］〔法〕雅克·盖斯旦、吉勒·古博，《法国民法总论》，陈鹏等
译，法律出版社 2004 年版。

［22］〔英〕H. J. 哈巴库克、M. M. 波斯坦主编：《剑桥欧洲经济
史　第6卷　工业革命及其以后的经济发展：收入、人口及技
术变迁》，王春法等译，经济科学出版社 2002 年版。

［23］〔美〕C. E. 布莱克、E. C. 赫尔姆赖克：《二十世纪欧洲史上》，
山东大学外文系英语翻译组译，人民出版社 1984 年版。

［24］〔美〕贝尔：《后工业社会和来临对社会预测的一项探索》，高
锋译，新华出版社 1997 年版。

［25］〔美〕E. 博登海默：《法理学法律哲学与法律方法》，邓正来
译，中国政法大学出版社 1999 年版。

［26］〔美〕伯纳德·施瓦茨：《美国法律史》，王军等译，中国政法
大学出版社 1989 年版。

［27］〔英〕P. S. 阿狄亚：《合同法导论》，赵旭东等译，法律出版社
2002 年版。

［28］〔德〕罗伯特·霍恩、海因·科茨、汉斯·G. 莱塞：《德国民
商法导论》，楚建译，中国大百科全书出版社 1996 年版。

［29］〔德〕拉德布鲁赫：《法哲学》，王朴译，法律出版社 2005
年版。

［30］欧洲民法典研究组、欧盟现行私法研究组编：《欧洲示范民法
典草案欧洲私法的原则、定义和示范规则》，中国人民大学出
版社 2011 年版。

［31］〔德〕卡尔·拉伦茨：《德国民法通论》（上册），王晓晔等译，
法律出版社 2003 年版。

［32］〔德〕卡尔·拉伦茨：《德国民法通论》（下册），王晓晔等译，
法律出版社 2003 年版。

［33］［日］山本敬三：《民法讲义Ⅰ·总则》，解亘译，北京大学出版社 2004 年版。

［34］［德］维尔纳·弗卢梅：《法律行为论》，法律出版社 2013 年版。

［35］［德］莱因哈德·齐默曼、西蒙·惠特克主编：《欧洲合同法中的诚实信用原则》，丁广宇等译，法律出版社 2005 年版。

［36］［美］弗里德里奇·凯斯勒、格兰特·吉尔摩、安东尼·T. 克朗曼：《合同法：案例与材料》，屈广清等译，中国政法大学出版社 2005 年版。

［37］［德］海因·克茨：《欧洲合同法上》，周忠海等译，法律出版社 2001 年版。

［38］［美］罗伯特·考特、托马斯·尤伦：《法和经济学》，上海人民出版社 2012 年版。

［39］［美］波斯纳：《法律的经济分析原书第 7 版》，法律出版社 2012 年版。

［40］［美］欧文：《产品责任法》，中国政法大学出版社 2012 年版。

［41］［美］美国法律研究院：《美国侵权法重述第三版：产品责任》，肖永平等译，法律出版社 2006 年版。

［42］［德］克雷斯蒂安·冯·巴尔：《欧洲比较侵权行为法下》，张新宝译，法律出版社 2001 年版。

［43］［奥］赫尔穆特·考茨欧、瓦内萨·威尔科克斯主编：《惩罚性赔偿金：普通法与大陆法的视角》，窦海阳译，中国法制出版社 2012 年版。

［44］［德］迪特尔·梅迪库斯：《德国民法总论》，邵建东译，法律出版社 2000 年版。

［45］［德］韦斯特曼：《德国民法基本概念》原书第 16 版增订版，中国人民大学出版社 2013 年版。

［46］［日］美浓部达吉：《公法与私法》，中国政法大学出版社 2003 年版。

［47］［美］约翰·罗尔斯：《正义论》，中国社会科学出版社 1988 年版。

［48］［德］齐佩利乌斯：《法学方法论》，法律出版社 2009 年版。

［49］［德］布洛克斯、瓦尔克：《德国民法总论》第 33 版，中国人民大学出版社 2012 年版。

［50］［美］艾伦·沃森：《民法法系的演变及形成》，李静冰、姚新华译，中国政法大学出版社 1992 年版。

［51］［美］约翰·亨利·梅利曼：《大陆法系》，顾培东、禄正平译，法律出版社 2004 年版。

（三）中文论文

［1］梁慧星：《统一合同法：成功与不足》，《中国法学》1999 年第 3 期。

［2］洪艳蓉：《现代民法中的弱者保护》，《河南省政法管理干部学院学报》2000 年第 4 期。

［3］谢鸿飞：《现代民法中的"人"》，《北大法律评论》2000 年第 2 期。

［4］蒋赛静：《从契约到身份——论现代民法中身份的复归》，《河北工业大学学报》（社会科学版）2011 年第 2 期。

［5］王海军：《论现代民法在"从契约到身份"运动中的困境与突破——以民法的终极价值为视角》，《政法学刊》2007 年第 1 期。

［6］刘颖：《从身份到契约与从契约到身份——中国社会进步的一种模式探讨》，《天津社会科学》2005 年第 4 期。

［7］马俊驹：《从身份人格到伦理人格——论个人法律人格基础的历史演变》，《湖南社会科学》2005 年第 6 期。

［8］马俊驹、刘卉：《论法律人格内涵的变迁和人格权的发展—从民法中的人出发》，《法学评论》2002 年第 1 期。

［9］齐云：《对意大利〈消费法典〉的双重透视——以民法典与部门法典的关系为视角》，载陈小君主编《私法研究 第 13 卷》，法

律出版社 2012 年版。

［10］谢鸿飞：《民法典与特别民法关系的建构》，《中国社会科学》
　　　2013 年第 2 期。

［11］谢鸿飞：《中国民法典的生活世界、价值体系与立法表达》，
　　　《清华法学》2014 年第 6 期。

［12］张学哲：《德国当代私法体系变迁中的消费者法——以欧盟法
　　　为背景》，《比较法研究》2006 年第 6 期。

［13］杜颖：《日本〈消费者契约法〉制定的历史背景》，载梁慧星
　　　《民商法论丛》第 23 卷，金桥文化出版有限公司 2002 年版。

［14］万群：《美国契约法理论的历史发展及思想渊源》，载梁慧星主
　　　编《民商法论丛》（第 6 卷），法律出版社 1998 年版。

［15］杨琴：《中国六十年：消费者保护法的演进历程》，《贵州大学
　　　学报》（社会科学版）2009 年第 6 期。

［16］孙颖：《论消费者组织的运作与发展》，《法学评论》2010 年第
　　　1 期。

［17］刘俊海：《新〈消费者权益保护法〉是全面建设消费者友好型
　　　社会的法律基石》，《中国工商管理研究》2014 年第 3 期。

［18］梁慧星：《从传统民法到现代民法——二十世纪民法回顾》，
　　　《中外法学》1997 年第 2 期。

［19］朱晓喆：《从中世纪罗马法到传统民法的思想转型以 16 世纪人
　　　文主义法学为中心》，《中外法学》2007 年第 1 期。

［20］邓慧、袁古洁：《理性法典化运动背景之探讨及其借鉴——以
　　　〈法国民法典〉之编纂为借鉴》，《武汉大学学报》（哲学社会
　　　科学版）2011 年第 3 期。

［21］A. F. J. 蒂堡、傅广宇：《论制定一部德意志统一民法典之必要
　　　性》，《比较法研究》2008 年第 3 期。

［22］［日］星野英一：《私法中的人——以民法财产法为中心》，王
　　　闯译，载梁慧星主编《民商法论丛》（第 8 卷），法律出版社
　　　1997 年版。

［23］王泽鉴：《人格权保护的课题与展望——人格权的性质及构造：精神利益与财产利益的保护》，《人大法律评论》2009 年第 1 辑。

［24］李奇伟：《论现代民法的综合趋向》，《南华大学学报》（社会科学版）2013 年第 2 期。

［25］周建国：《同质性还是异质性？——关于现代社会特征的一种解释》，《社会科学家》2009 年第 12 期。

［26］胡俊宏：《〈消费法典〉的编纂与意大利消费者保护法的新近发展》，载胡俊宏、雷佳译《意大利消费法典》，中国政法大学出版社 2013 年版。

［27］孙良国：《从形式主义到实质主义——现代合同法方法论的演进》，《华东政法大学学报》2007 年第 5 期。

［28］李永军：《从契约自由原则的基础看其在现代合同法上的地位》，《比较法研究》2002 年第 4 期。

［29］［德］康德拉·茨威格特、海因·克茨：《合同法中的自由与强制》，孙宪忠译，载梁慧星主编《民商法论丛》第 9 卷，法律出版社 1998 年版。

［30］格兰特·吉尔默：《契约的死亡》，载梁慧星主编《民商法论丛》第 3 卷，法律出版社 1995 年版。

［31］王文胜译：《欧洲合同法典（总则编）》，载陈小君主编《私法研究》第 15 卷，法律出版社 2014 年版。

［32］［日］内田贵：《契约的再生》，胡宝海译，载梁慧星主编《民商法论丛》第 3 卷，法律出版社 1995 年版。

［33］江平：《空前启后功不可没——〈民法通则〉颁布十周年记》，《研究生法学》1996 年第 2 期。

［34］陈小君、易军：《论中国合同法的演进》，《法商研究——中南政法学院学报》1999 年第 6 期。

［35］张严方：《中国消费者保护法立法的未来走向》，《中国社会科学院研究生院学报》2006 年第 1 期。

［36］侯利宏：《论消费者权利及〈消费者权益保护法〉》，《中国社会科学院研究生院学报》1996年第4期。

［37］于敏：《日本消费者合同法综述》，《私法》2004年第2期。

［38］山本敬三：《民法中"合意瑕疵"论的发展及研究》，杜颖译，《私法》2001年第1期。

［39］吴逸越：《弱势群体保护视野下的意思表示解释规则——以〈德国民法典〉为视角》，《长春理工大学学报》（社会科学版）2013年第3期。

［40］牟宪魁：《说明义务违反与沉默的民事诈欺构成——以"信息上的弱者"之保护为中心》，《法律科学》2007年第4期。

［41］李伟：《德国新债法中的附随义务及民事责任》，《比较法研究》2004年第1期。

［42］汪华亮：《保险合同信息提供义务的理论基础新论》，《云南行政学院学报》2009年第4期。

［43］李静：《违反信息义务致损的民事救济——从德国法与英美法之比较展开讨论》，《法商研究》2007年第6期。

［44］张建军：《合同"异常条款"之探究》，《法学评论》2008年第4期。

［45］张民安：《法国侵权责任根据研究》，载吴汉东主编《私法研究》（第3卷），中国政法大学出版社2003年版。

［46］程啸、张发靖：《现代侵权行为法中过错责任原则的发展》，《当代法学》2006年第1期。

［47］麻昌华：《21世纪侵权行为法的革命》，《法商研究》2002年第6期。

［48］孙宏涛：《产品责任立法中的产品概念分析》，《海南大学学报》（人文社会科学版）2012年第4期。

［49］张岚：《产品责任法发展史上的里程碑——评美国法学会〈第三次侵权法重述：产品责任〉》，《法学》2004年第3期。

［50］王利明：《论产品责任中的损害概念》，《法学》2011年第

2 期。

[51] 葛云松:《纯粹经济损失的赔偿与一般侵权行为条款》,《中外法学》2009 年第 5 期。

[52] 张江莉:《论销售者的产品责任》,《法商研究》2013 年第 2 期。

[53] 金福海、王林清:《论消费者权益保护法规定的服务责任》,《烟台大学学报》(哲学社会科学版)2000 年第 4 期。

[54] 赵康、刘璇:《服务侵权责任是独立的质量侵权责任》,《政法学刊》2000 年第 4 期。

[55] 詹云燕:《海峡两岸消费者保护法关于商品与服务责任的比较与借鉴》,《亚太经济》2005 年第 4 期。

[56] 孙颖:《服务侵权的无过错责任》,《法学》2008 年第 11 期。

[57] 柴振国、赵英:《论服务责任——以消费者权益保护法为中心》,《河北法学》2005 年第 1 期。

[58] 杨立新、杨震:《有关产品责任案例的中国法适用——世界侵权法学会成立大会暨第一届学术研讨会的中国法报告》,《北方法学》2013 年第 5 期。

[59] 王利明:《美国惩罚性赔偿制度研究》,《比较法研究》2003 年第 5 期。

[60] 董春华:《美国产品责任法中的惩罚性赔偿》,《比较法研究》2008 年第 6 期。

[61] 杨立新:《我国消费者保护惩罚性赔偿的新发展》,《法学家》2014 年第 2 期。

[62] 杨立新:《〈消费者权益保护法〉规定惩罚性赔偿责任的成功与不足及完善措施》,《清华法学》2010 年第 3 期。

[63] 王利明:《惩罚性赔偿研究》,《中国社会科学》2000 年第 4 期。

[64] 朱广新:《惩罚性赔偿制度的演进与适用》,《中国社会科学》2014 年第 3 期。

［65］孙颖：《现代风险社会消费者安全权的扩张与保护》，《西部法学评论》2013 年第 2 期。

［66］赵红梅：《经营者义务：对谁负担的义务——〈中华人民共和国消费者权益保护法〉修订的社会法理路》，《法商研究》2010年第 4 期。

［67］王金根：《欧洲民法典草案及其对我国民法典制定的借鉴意义》，《西部法学评论》2010 年第 6 期。

［68］亚科布·海玛：《1992 年荷兰新民法典概况》，刁君姝、田志钢译，《比较法研究》2006 年第 1 期。

［69］张民宪、马栩生：《荷兰产品责任制度之新发展》，《法学评论》2005 年第 1 期。

［70］刘青文：《〈消费者合同法〉立法建议》，《中德法学论坛》，2010 年。

［71］刘恬：《任意性规范与意思自治关系之德国法考察》，《郑州大学学报》（哲学社会科学版）2012 年第 2 期。

［72］朱庆育：《私法自治与民法规范凯尔森规范理论的修正性运用》，《中外法学》2012 年第 3 期。

［73］王轶：《论合同法上的任意性规范》，《社会科学战线》2006 年第 5 期。

［74］王轶：《民法典的规范配置——以对我国〈合同法〉规范配置的反思为中心》，《烟台大学学报》（哲学社会科学版）2005 年第 3 期。

［75］刘凯湘、夏小雄：《论违反强制性规范的合同效力——历史考察与原因分析》，《中国法学》2011 年第 1 期。

［76］王利明：《关于合同无效确认的若干问题》，《法制与社会发展》2002 年第 5 期。

［77］黄忠：《违法合同的效力判定路径之辨识》，《法学家》2010 年第 5 期。

［78］许中缘：《民法规范类型化之反思与重构》，《人大法律评论》

2010 年第 1 期。

[79] 李中原：《16 世纪到 19 世纪欧洲大陆民法学思潮的演进——以法国和德国为中心》，载吴汉东主编《私法研究》第 5 卷，中国政法大学出版社 2005 年版。

[80] 魏磊杰、王明锁：《民法法典化、法典解构化及法典重构化——二百年民法典发展历程述评》，《私法》2005 年第 2 期。

[81] 张礼洪：《民法典的分解现象和中国民法典的制定》，《法学》2006 年第 5 期。

[82] 魏磊杰：《德法债法改革之比较：一个宏观的视角》，载陈小君主编《私法研究》第 10 卷，法律出版社 2011 年版。

[83] 许中缘：《论民法典与民事单行法律的关系——兼评我国物权法草案》，《法学》2006 年第 2 期。

[84] 崔建远：《中国债法的现状与未来》，《法律科学》2013 年第 1 期。

[85] 茅少伟：《寻找新民法典："三思"而后行——民法典的价值、格局与体系再思考》，《中外法学》2013 年第 6 期。

[86] 郑小明：《民法理念的形成与我国现代民法制度的建构》，《南昌大学学报》（人文社会科学版）2009 年第 4 期。

[87] 梁慧星：《〈消费者权益保护法〉第 49 条的解释适用》，载梁慧星主编《民商法论丛》第 20 卷，金桥文化出版社（香港）有限公司 2001 年版。

[88] 高圣平：《产品责任归责原则研究——以〈侵权责任法〉第 41 条、第 42 条和第 43 条为分析对象》，《法学杂志》2010 年第 6 期。

[89] 杨代雄：《萨维尼法学方法论中的体系化方法》，《法制与社会发展》2006 年第 6 期。

[90] 李开国：《法典化：我国民法发展的必由之路》，《重庆大学学报》（社会科学版）1997 年第 4 期。

[91] 王利明：《论法典中心主义与我国民事立法的体系化》，《云南

大学学报》（法学版）2009 年第 2 期。

［92］海尔穆特·库齐奥：《欧盟纯粹经济损失赔偿研究》，朱岩、张玉东译，《北大法律评论》2009 年第 1 期。

［93］大村敦志：《近 30 年来日本的民法研究》，渠涛译，《清华法学》2012 年第 3 期。

（四）博士论文

［1］孙颖：《消费者保护法律体系研究》，博士学位论文，中国政法大学，2006 年。

［2］童列春：《私法中的身份调整》，博士学位论文，西南财经大学，2010 年。

［3］李闫哲：《消费者保护法律制度比较研究》，博士学位论文，西南政法大学，2007 年。

［4］董文军：《平等视野中的消费者权利研究》，博士学位论文，吉林大学，2006 年。

［5］张靖：《我国消费者保护中的冷却期制度研究》，博士学位论文，湖南大学，2011 年。

［6］卢春荣：《消费者撤回权制度比较研究》，博士学位论文，复旦大学，2012 年。

［7］董春华：《中美产品缺陷法律制度基本问题比较研究》，博士学位论文，中国政法大学，2009 年。

［8］黄鸿图：《惩罚性损害赔偿制度之研究》，博士学位论文，中国政法大学，2006 年。

［9］余艺：《惩罚性赔偿研究》，博士学位论文，西南政法大学，2008 年。

［10］张诺诺：《惩罚性赔偿制度研究》，博士学位论文，吉林大学，2010 年。

［11］侯国跃：《契约附随义务研究》，博士学位论文，西南政法大学，2006 年。

［12］钟瑞栋:《民法中的强制性规范》,博士学位论文,厦门大学,2007年。

［13］李祖坤:《合同无效的司法处理》,博士学位论文,吉林大学,2011年。

［14］吴治繁:《民法法典化的历史追究》,博士学位论文,西南财经大学,2011年。

二 外文文献

［1］北川善太郎、川昭伍编,消費者保護法の基礎,青林書院新社,1977.

［2］池田恒男,高橋眞編著,現代市民法学と民法典,日本評論社,2012.

［3］若原紀代子,民法と消費者法の交錯,成文堂,1999.

［4］村千鶴子,市民のための消費者契約法,中央経済社,2012.

［5］長尾治助,中田邦博,鹿野菜穂子,レクチャー消費者法,法律文化社,2011.

［6］中田邦博,鹿野菜穂子,ヨーロッパ消費者法・広告規制法の動向と日本法,日本評論社,2011.

［7］長尾治助,消費者保護法の理論,信山社:発売所大学図書,1992.

［8］Gheorghiu, Gabriela, *Consumer protection-worthlessness or necessity*, Saarbrücken: LAP LAMBERT Academic Publishing, 2012.

［9］Whaley, D. J., *Problems and materials on consumer law*, Austin: Wolters Kluwer Law & Business, 2009.

［10］Himachalam, D., *Consumer protection in India*, Ambala Cantt: Associated Publishers, 2006.

［11］Miller, C. J., Harvey, B. W., & Parry, D. L., *Consumer and trading law: Text, cases, and materials*, Oxford: Oxford University

Press, 1998.

[12] Harvey, B. W. , & Parry, D. L. , *The law of consumer protection and fair trading*, London: Butterworths, 1992.

[13] Ramsay, I. , Consumer *law*, New York NY: New York University Press, 1992.

[14] Walker, P. M. , *Consumer law*, London: Longman, 1992.

[15] Krämer, L. , *EEC consumer law*, Bruxelles: Story-scientia, 1986.

[16] Ramsay, I. , Consumer protection: Text and materials, *London: Weidenfeld & Nicolson*, 1989.

[17] Stanesby, A. , *Consumer rights handbook*, London: Pluto press, 1986.

[18] Goldring, J. , & Maher, L. W. , *Consumer protection law in Australia*, Sydney: Butterworths, 1979.

[19] Barber, Richard J. , *Government and the Consumer*, 64 Mich. L. Rev. 1203 1965 – 1966.

[20] Meglena Kuneva, Closing the Gap: Consumer Policy in a Globalized World, 32 *Fletcher F. World Aff.* 173 2008.

[21] Daniel D. Polsby, Does Consumer Choice Need to be Managed? Should Government Attempt to Influence Consumer Preference?, *Fall*, 1999 23 *Harv. J. L. & Pub. Pol'y* 197.

[22] David Cohen, What Role should the Federal Government Play in Consumer Protection? 21 *Can. Bus. L. J.* 86 1992 – 1993.

[23] Nicola Howell, Developing a Consumer Policy for the 21st Century, 33 *Alternative L. J.* 80 2008.

[24] Tjakie Naude, *The Consumer's Right to Safe, Good Quality Goods and the Implied Warranty of Quality Under Sections 55 and 56 of the Consumer Protection Act 68 of 2008*, 23 S. Afr. Mercantile L. J. 336 2011.

[25] Kelly A. Leggio, Limitations on the Consumer's Right to Know: Set-

tling the Debate Over Labeling of Genetically Modified Foods in the United States, 38 *San Diego L. Rev.* 893 2001.

[26] Gretchen Larsen& Rob Lawson, Explorations and Insights Consumer Rights: a Co-Optation of the Contemporary Consumer Movement, *Journal of Historical Research in Marketing*, Vol. 5, No. 1, 2013.

[27] Jan Smits, Full Harmonization of Consumer Law? A Critique of the Draft Directive on Consumer Rights, *European Review of Private Law*, 2010.

[28] Aman Chatterjee, Sheetal Sahoo, Consumer Protection: Problems and Prospects, *Postmodern Openings*, 2011, Year 2, Vol. 7, September.

[29] Christian Twigg-Flesner & Daniel Metcalfe, The proposed Consumer Rights Directive-less haste, more thought? *European Review of Contract Law*, 2009.

[30] Michael Bridge, What is to be Done about Sale of Goods?, L. Q. R. 2003, 119 (Apr).

后　记

本书是在本人博士论文的基础上修改而成。

本书的最终完成首先要感谢恩师陈小君老师的鞭策和宽容。正是五年前的不弃，将资质平庸的我忝列师门，才有可能对本书的论题做深入研究。而在校期间给予我们的宽松学术氛围，又让本人可以心无旁骛地享受阅读和研究的快乐。更重要的是，身教甚于言传的恩师，在学术研究和为人处世方面亲身垂范，在生活上无微不至给予关怀，让我可以在读博期间毫无后顾之忧地专心从事研究和进行规范的学术训练。在此，仅聊以数语来表达我的感激之情。

消费者运动的产生有其深刻的经济和社会背景，在中国深入进行市场化改革的过程中，"生产者"为中心的市场经济法制已经受到越来越多的挑战，以"消费者"为中心的市场经济法制无疑是众多发达国家和我国现代市场经济法制的必然选择。民法为市民社会和市场经济而生，如果对于现代市场经济发展的潮流和消费者的普遍诉求"置若罔闻"，则其必将成为"博物馆的陈列品"。

正是基于对消费者法在中国市场化改革中这种基础地位的初步认识，本人在导师的建议下将研究的视野由传统民商法领域拓展到了消费者法，并且在私法的范围内对其进行系统性和制度性的研究，因此成就了本书的选题和研究的内容。当然，就最终的研究成果来看，由于外语水平的局限和国外研究资料的不足，比较法上的力度和深度都有所欠缺。同时，由于对中国司法实践中涉及的消费者保护案例和判决仍然缺乏系统性的整理，所以本书研究的结论多理论抽象，对于司法裁判而言，尚欠缺直接的应用价值。

本书成稿之时正逢党的十八届四中全会《中共中央关于全面推进依法治国若干重大问题的决定》提出编纂民法典，并且启动了《民法总则》的制定。在本书出版之时，《民法总则》已顺利通过实施。虽然其在第 128 条规定采用民事特别法的模式保护消费者的特别权益，并未将消费者保护法纳入民法典之中，但是本书的内容和结论对于未来消费者立法和民法典各分编的编纂，甚至未来民法典的编修，仍然是有意义的。

本书的完成要感谢答辩委员会的全体老师，他们是曹诗权老师、温世扬老师、雷兴虎老师、徐涤宇老师、樊启荣老师、俞江老师和张红老师等。同时，也要感谢高飞老师、耿卓老师、陈晓敏博士、陆剑博士后、李俊博士和高海、陈晋、张英豪、刘新红等同门师兄弟对本书提出的宝贵而真诚的意见。感谢哈斯巴根、李勇、张永辉、秦冠英、鲍洪杰等同学在读博期间给予本人的无私帮助和鼓励。感谢隆英强博士、廖娟博士、张兆成博士、祁全明博士和刘颖博士以及那些一直以来给予本人关心和帮助的同事和亲朋好友们，此等感情没齿难忘。

最后，要感谢父母、妻子以及岳父岳母的鼎力支持，若无他们精神上的支持和家庭事务上的承担，我不敢想象能否安心地完成学业，此恩此情，平生难以为报。同时，亦要感谢尚在幼年的孩子们对本人学业和工作的"理解和宽容"，每每念及此处，心中不免感慨良多，在得与失之间，唯一无法弥补的可能是，在他们幼年的记忆里父亲角色的"缺失"。

王天雁

2015 年 5 月 17 日定稿于中南大南湖学生公寓

2017 年 11 月 27 日二次修改于甘肃兰州寒舍